나의 주님, 나의 인생
My Lord, My Life

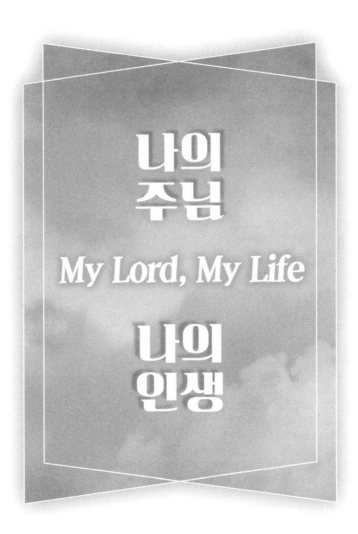

나의 주님

My Lord, My Life

나의 인생

홍 성 철
John Sungchul Hong

세계복음화문제연구소
(The World Evangelization Research Center)는
한국 교회가 세계 복음화를 위하여
한 모퉁이를 담당해야 한다는 사명으로 사역하고 있습니다.

이 도서에 실린 모든 내용은
세계복음화문제연구소의 **도서출판 세 복**이 출판권자이므로,
학문적 논문의 인용을 제외하고는
본 연구소의 동의 없이 무단 복제할 수 없습니다.

나의 주님, 나의 인생
My Lord, My Life

지 은 이   홍 성 철
발 행 인   홍 성 철
초판 1쇄   2022년 09월 14일

발 행 처   **도서출판 세 복**
주   소   경기도 파주시 문발로 123
전   화   070-4069-5562
홈페이지   http://www.saebok.kr
E-mail   werchelper@daum.net
등록번호   제1-1800호 (1994년 10월 29일)

총 판 처   솔라피데출판유통
전   화   031-992-8691
팩   스   031-955-4433

ISBN 978-89-6334-037-1 03230
값 20,000원

ⓒ **도서출판 세 복** 2022

My Lord, My Life

John Sungchul Hong

Contents

추천사

사랑하고 존경하는 홍성철 박사가 책 한 권 원고를 보낼 테니 읽어보고 추천사를 써 줄 수 있겠느냐고 물어왔다. 기꺼이 즐거움으로 쓰겠다고 답했다. 마침내 원고가 들어왔다. 어느 정도의 분량인가 하고 보니 41편으로 된 꽤 분량이 되는 원고였다. 와, 이걸 언제 다 읽고 추천사를 쓴다는 말인가? 좀 부담이 되었다.

우선 나는 체력이 약해서 많은 시간을 책상에 앉아 있을 수 없다. 집중력이 매우 약하다는 말이다. 게다가 나도 현재 책을 쓰고 있는 중이다. 그 작은 집중력을 사용하여 매일 조금씩 쓰고 있는 것이다.

그래서 41편 중 앞에서 한두 편 중간에 한두 편 말미에서 한두 편 읽어보고 추천사를 쓸까 하는 얄팍한 생각도 해보았다. 그렇게 원고를 읽기 시작했다. 그런데 첫 편을 읽고 나니 다음 편이 궁금했다. 그리고 흥미로웠다. 재미가 있다는 말이다.

그리하여 일단 나의 글쓰기를 미루고 한 주간은 이 원고를 읽는 데다 우선순위를 두기로 했다. 내 글을 쓸 때는 한 시간 정도 겨우 앉아서 집중할 수 있는데 이 원고를 읽는 데는 두 시간씩 집중하게 되었다. 그리하여 이틀 만에 다 읽었다.

읽는 동안 여러 차례 눈물을 흘렸다. 아마도 약 십여 차례 눈물을 흘린 것 같다. 어느 책을 읽으면서 이런 눈물을 경험했을까 싶다. 그만큼 감동적이었다. 홍성철 박사를 쓰신 하나님의 스토리가 감격스러웠고 감사했다.

흔히들 사도행전 29장이라는 말을 요즘 많이 써왔다.

사도행전에서 일어났던 성령의 역사에 의한 사도들의 행전이 진행되었던 것처럼, 오늘날 우리에게도 임하여서 사도행전적 역사가 일어나기를 바라는 마음에서 사용하는 말이다. 이 21세기에 과연 사도행전 29장이 쓰인다면 이 홍성철 박사를 사용하신 이야기가 포함되어 편집되지 않을까 싶다.

이 책을 읽는 독자들마다 조금씩은 다르겠지만 분명 각자에게 주시는 은혜와 축복이 있을 것을 확신하면서 일독을 권하는 바이다.

이강천 목사
서울신학대학교 교수 역임
바나바훈련원 초대 원장 역임

추천사

홍성철 목사님의 글이나 간증, 특히 예수님을 영접하고 구원받은 이야기에는 5년 전, 천국으로 먼저 이사한 나의 남편 유용규 목사의 이야기가 등장한다. 그럴 때마다 떠오르는 성경 말씀이 바로 잠언 말씀이다:

"철이 철을 날카롭게 하는 것 같이 사람이 그의 친구의 얼굴을 빛나게 하느니라" (잠 27:7).

은혜롭고 의미 있는 이번 저서, 이혜숙 사모님의 표현대로라면, '어쩌면 홍 목사님의 마지막 저서가 될지도 모를' 이 저서에서도 본인이 어떻게 예수님을 믿게 되었는지를 소개하는 내용에 어김없이 유 목사 이야기가 등장한다. "다윗과 요나단"이라는 소제목을 통해서…, 그리고 죠이선교회의 이야기 가운데에서도….

유 목사가 천국에서 이 저서를 보고 얼마나 자랑스럽고 흐뭇한 미소를 지을까 상상하며, '사실 이 추천사는 유 목사의 몫인데…'라는 생각에 만감이 교차한다. 유 목사가 살아생전 홍 목사님을 생각할 때마다 마치 홍 목사님의 공적이 자신의 것이라도 된 것처럼 긍지와 자랑스러움으로 얼굴이 빛나던 모습이 떠오른다. 그리고 천국에서 가장 사랑하는 친구를 맞이하면서 '나의 기쁨이요 면류관'이라며 주님 앞에서 춤이라도 출 것 같은 상상을 해 본다. 실제로 홍 목사님은 유 목사의 얼굴을 빛나게 해 준 친구였으니까.

어느새 50년이 넘는 추억이 된 이야기지만, 1970년 4월, 우리가 신혼여행에서 돌아온 지 며칠 되지 않았을 때, 홍 목사님이 우리 신혼집을 찾아왔다. 그 당시 우리 집은 방 2개짜리 아주 작은 집이었다. 나는 신혼 방에서 쫓겨나(?) 시어머님 방에서 밤새도록 잠도 안 자고 계속 이야기를 나누는 두 친구의 대화 내용이 너무 궁금해서 방문을 살짝 열어 놓고 이야기를 엿듣고 있었다. 마치 하나님께서 아브라함을 찾아오셨을 때, 남편과 하나님의 대화를 엿들으면서 자신의 이름이 언급되고 두 분 사이에 오가는 비밀 이야기 내용에 혼자 속으로 웃었던 사라처럼….

구체적으로 어떤 대화를 나누었는지 상세한 내용은 생각나지 않지만 두 친구가 밤새 한잠도 안 자고 나누는 대화가 얼마나 진지하고 진솔하며 은혜로운지 마치 은밀한 부흥회에 참석하고 있는듯한 흥분과 감동으로 가슴이 벅찼던 신기한 기억은 아직도 생생하다.

그 후 우리 부부는 홍 목사님의 배우자를 위해 기도하면서 죠이선 교회에서 가장 영성이 뛰어나고 헌신한 사역자의 아내가 될 수 있는 아름다운 자매를 찾아냈다. 그 당시 뉴질랜드에서 유학 중이었던 홍 목사님을 염두에 두고 기도해보면 어떠냐고 권면하였다. 그 후 유학을 마치고 돌아온 홍 목사님도 그 자매를 염두에 두고 기도하면서 결혼하게 되었다. 우리 두 가정은 목동 법무부 단지 한 필지를 공동 구매하여 나란히 두 채의 집을 짓고 중간에 샛문을 내어 들락거리면서 한 가족처럼 여러 해를 살았다. 홍 목사님의 슬하에 두 따님과 우리 사 남매가 태어나서 어린 시절을 함께 보냈던 잔잔한 추억들을 수 놓으면서….

홍 목사님은 이 저서에서 어떻게 지금의 사모님과 결혼을 하게 되었는지, 그리고 결혼 후 사모님의 영성과 헌신과 탁월한 은사와 내조를 "나의 사라"라는 장제목으로 상세히 소개해 놓았다.

『나의 주님, 나의 인생』은 젊은 시절 세상적인 모든 야심과 욕망을 버리고 성령님의 중매로 예수 그리스도의 신부가 된 한 청년이 어떻게 하나님 말씀에 사로잡혀 영광스러운 하나님의 종으로 헌신하면서 감격스럽고 벅차고 생동감 넘치는 삶을 살게 되었는지, 그리고 그 결과 얼마나 풍성하고 더 풍성한 열매를 맛보게 되었는지를 진지하고 진솔하게 고백하고 있다.

독자는 이 책을 읽으면서 마치 신혼 시절 남편과 남편의 가장 친밀하고 사랑하는 친구와의 밤새 나누는 이야기를 옆방에서 방문을 살짝 열어 놓고 귀를 기울이면서 은밀한 부흥회에 참석하는 것과 같은 흥분과 감동으로 가슴이 뛰는 경이롭고도 설레는 흥미진진한 경험을 하게 될 것을 기도하며 기대해 본다.

저자와 같은 마음으로 우리 주님께 "주님의 은혜가 너무 커요!"라는 감사와 감격으로 '주님 사랑해요!'라고 고백하면서….

양은순 박사
HIS University 총장

서문

　기독교를 무시하며 그리스도인들을 괴롭혔던 내가 25살에 그리스도 예수를 나의 구주로 영접했다. 그 후 많은 교육과 훈련을 거쳐서 50살에 서울신학대학교의 교수가 되었다. 또 25년이 흘러서 나는 정기적인 사역을 마무리하였다. 처음부터 끝까지 하나님의 은혜였다. 그분의 은혜가 아니었다면 어떻게 내가 예수님을 만났고, 어떻게 목회자를 훈련하는 신학교에서 가르쳤고, 또 어떻게 한국에서는 물론 세계 여러 나라에서 하나님의 말씀을 전할 수 있었겠는가?

　정기적인 사역을 마친 후에도 끊임없이 하나님의 말씀을 전하며 또 저술 활동을 계속할 수 있었던 것은 두말할 여지 없이 하나님의 은혜 때문이다. 하나님의 은혜가 아니면 도저히 가능하지 않은 인생이며 사역이었다. 그런 나의 인생을 문자화한다는 것은 말도 되지 않았다. 구태여 억지로라도 한다면, 그것은 하나님의 은혜로 시작해서 은혜로 끝났다고 하면 충분했다. 그런데 내 생각이 바뀌는 일련의 과정 때문에 나의 인생을 문자화했다.

　첫 번째 과정은 내가 목회자를 위한 세미나를 인도할 때였다. 마침 민수기를 가르치고 있었는데 33장을 읽으면서 묵상하고 있었다. 평상시에는 전혀 관심 밖의 장인데, 그날따라 그 장을 꼼꼼히 살피고 있었다. 이스라엘 백성이 출애굽에서부터 모압 평지에 도달

한 40년 동안 광야의 여정을 묘사하고 있었는데, 나의 눈길을 사로잡은 것은 그 백성이 진을 친 곳의 이름이 일일이 기록되어 있다는 사실이었다.

그런데 이스라엘 백성은 그들에게 편리한 곳에 아무렇게나 진을 치지 않았다. 그들은 '여호와의 명령대로' 따라갔고 또 진을 쳤다. "모세가 여호와의 명령대로 그 노정을 따라 그들이 행진한 것을 기록하였으니, 그들이 행진한 대로의 노정은 이러하니라" (민 33:2). 그들은 유월절 다음날 하나님의 인도하심을 따라 라암셋을 떠났다 (민 33:3). 그다음 하나님은 그들을 인도하셔서 숙곳에 진을 치게 하셨다 (민 33:5).

그들이 40년 동안 진을 친 곳은 모두 41곳이었다. 모세는 하나님이 진을 치게 하신 장소를 하나도 빼지 않고 신실하게 기록하였다. 그런 사실을 깨달으면서 하나님이 나도 역시 출애굽 후, 다시 말해서, 구원받은 후 한 걸음씩 인도하신 역사를 생각나게 하셨다. 그러나 모세는 진과 진 사이의 상세한 여정에 대해서는 전혀 언급하지 않았다는 깨달음으로 인해, 나는 나의 자서전을 자세히는 말고 중요한 '진'에 대해서만 묘사할 수 있다는 생각이 들었다.

그렇지만 나같이 부족한 종의 이야기에 귀를 기울일 사람은 별로 없을 것이라고 여겨져 목회자 세미나에서 가르친 민수기 33장의 깨달음을 덮어두었다. 그렇게 여러 해가 지났는데, 우리 둘째 딸이 성탄 선물로 'StoryWorth'를 보냈다. 그 사연은 딸이 한 주에 하나씩 질문을 주면 우리 부부가 그 질문에 대해 글을 쓰는 것이다. 예를 들면, '중고등학교 시절에 기억나는 것은?'이라는 질문에 우리는 옛날을 회고하면서 글을 써나갔다.

그렇게 1년 동안 쓴 글을 모으니까 484쪽의 방대한 책이 되었다. 그 책을 쓰는 동안 과거사를 더듬어보면서 어떤 때는 웃을 수밖에 없었고, 어떤 때는 눈물을 흘릴 수밖에 없었다. 그렇게 나의 과거를 반추하면서 갑자기 민수기 33장이 생각났다. 그러면서 그렇다! 나의 신앙 노정도 제목을 설정해서 쓸 수 있다는 확신이 들기 시작했다. 나는 둘째 딸에게 참으로 고마운 마음을 갖고 있다. 이것이 『나의 주님, 나의 인생』을 저술하게 된 두 번째 과정이었다.

세 번째 과정은 미주 기독교 주간지인 크리스찬타임스The Korean Christian Times에 실린 이정근 목사의 글이었다. 나는 그분을 1971년부터 아는 제법 막역한 사이였다. 그는 서울사범대학교 국어국문과에서 훈련을 받은 후 목사가 되어 목회를 성공적으로 했을 뿐 아니라, 미주성결신학대학교 총장을 역임했다. 그가 그 신문에 매주 집필한 내용은 나의 시선을 사로잡았다. 그의 글들을 읽으면서 나는 제법 구체적으로 나의 『나의 주님, 나의 인생』이 익어갔다.

이미 언급했지만, 이스라엘 백성이 광야를 지나는 동안 41곳에서 진을 친 것처럼, 나의 자서전 격인 『나의 주님, 나의 인생』도 똑같이 41장이다. 이스라엘 백성이 진과 진 사이에 일어난 것들을 일일이 기록했다면, 그 내용이 얼마나 많았겠는가? 물론 많은 것들은 이스라엘 후손에게나 그리스도인들에게 거의 도움이 되지 않는 내용일 것이다. 『나의 주님, 나의 인생』도 마찬가지이다! 41장 이외에도 많은 것이 있지만, 그런 것들은 별로 의미가 없을 것이다.

물론 처음부터 41장이었던 것은 아니다. 처음에는 나의 신앙 여정에 중요한 22개의 제목을 설정했다. 그러나 한 장 한 장 쓰면서 생각지도 못했던 사건이나 역사가 떠올랐다. 그렇게 해서 마침내

41장으로 이루어진 책이 되었는데, 놀랍게도 이스라엘 백성이 민수기 33장에서 진을 친 곳과 수가 일치했다. 두말할 필요도 없이, 나의 순례자의 길에 동행하신 주님의 은혜라고밖에 말할 수 없다.

『나의 주님, 나의 인생』은 대부분 기억에 의존했기에 오류가 있을 수 있다. 나의 기억력에도 한계가 있기 때문이다. 그런 한계를 극복하기 위해 우선 나의 아내가 많은 도움을 주었다. 우리는 함께 상의하면서 수정할 것은 수정하고, 적절하게 뺄 것은 빼고 더할 것은 더했다. 그뿐 아니라, 그 내용에 나오는 분들에게는 해당하는 장을 보내서 그들로부터 직접 확인도 했다. 그러면서 많은 수정을 보게 되었는데, 그렇게 도움을 준 분들에게 고마움을 표하고 싶다.

그런데도 이 책의 내용 가운데 잘못된 정보가 들어있다면, 그것은 전적으로 나의 책임임을 밝혀둔다. 그런 경우 알려주면 나는 주저하지 않고 사실을 확인한 후 수정할 것이다. 이 책의 내용은 나 개인을 중심으로 일어난 사건과 역사이지만, 동시에 나와 연루된 사람들과 기관들의 역사도 포함되지 않을 수 없다. 그런 까닭에 어떤 역사歷史는 관심이 있는 독자에게는 조금이라도 도움이 되기를 바라는 마음도 없잖아 있다.

바울 사도의 간증을 인용하여 감히 나에게 적용할 수 있다면 참으로 영광일 것이다. "내가 나 된 것은 하나님의 은혜로 된 것이니, 내게 주신 그의 은혜가 헛되지 아니하여 내가 모든 사도보다 더 많이 수고하였으나, 내가 한 것이 아니요 오직 나와 함께 하신 하나님의 은혜로라" (고전 15:10). 바울 사도처럼 나도 '나의 주님'My Lord을 자랑하고 싶어서 이 책을 썼다. '나의 주님'으로 인해 '나의 인생'My Life의 방향이 결정되었기 때문이다.

나를 부르시고 사용하신 '나의 주님'께 모든 영광을 돌리길 원한다. 그렇지만 그분이 나의 신앙 여정에서 붙여주신 귀한 분들에게도 감사하지 않을 수 없다. 특히 두 분에게 감사하고 싶은데, 그분들은 기쁨으로 추천의 글을 보내주셨다. 근 50년이나 알고 지낸 이강천 목사님은 기독교대한성결교단에서 내가 가장 존경하는 분 가운데 한 분이다. 그분은 우리 교단이 배출한 가장 영성이 탁월한 분으로서, 서울신학대학교 재직 시에는 학생들의 영적 아버지였다.

바나바훈련원을 창립한 후부터 초대 원장으로 얼마나 많은 목사가 그분의 지도를 받으면서 영적인 갈급함을 해소했는지 주님만이 아신다. 그렇게 영적으로 채워진 목사들과 선교사들이 그들의 사역 현장에서 영적으로 얼마나 크나큰 영향을 끼치고 있는지 아무도 헤아릴 수 없다. 그렇게 귀한 분이 금쪽같은 시간을 내어 나의 부족한 글을 읽고 또 추천사를 보내주었다. 그분의 글로 인해 이 책은 그만큼 빛날 것이다.

또 한 분은 양은순 총장이다. 우리는 1960년대 후반부터 가까이 지내는 60년 지기知己이다. 그분은 나를 그리스도 앞으로 인도한 유용규 형제의 아내로서 지성과 영성을 겸비한 여장부이다. 그녀가 여장부가 아니었다면, 어떻게 한국의 가정사역을 시작하면서 그렇게 넓게 그리고 깊게 영향을 미칠 수 있었겠는가? 그녀는 한국은 물론 세계 곳곳에서 가정사역에 관한 강의를 했는데, 그 회수만도 6,000회에 달한다.

그녀는 한국에서 가정선교교육원을 시작하여 많은 상담자를 배출하더니, 백석대학교 상담대학원 원장을 역임했다. 그 후 하나님의 인도하심을 따라 미국으로 건너가서 가정사역 지도자를 배출하기 위해 HIS University를 창설하고 그 학교의 총장으로 후학을 가르치고 있다. 그렇게 바쁜 분이 시간을 내어 나의 책을 읽고 추천의 글을 보냈다. 그 글을 읽으면서 나는 과거를 생각하며 기쁨의 눈물을 흘리기도 했다. 그분에게도 진심으로 감사한다.

다시 한번, 나의 모든 삶의 여정을 은혜로 인도하신 '나의 주님'께 모든 영광을 돌린다.

◇◆◇

내가 나 된 것은 하나님의 **은혜**로 된 것이니,
내게 주신 그의 **은혜**가 헛되지 아니하여
내가 모든 사도보다 더 많이 수고하였으나
내가 한 것이 아니요,
오직 나와 함께 하신 하나님의 **은혜**로라!

고린도전서 15:10

◇◆◇

1장

참된 해방

내가 스물다섯이 되던 해에 나의 삶을 송두리째 바꾼 엄청난 변화가 있었다. 그것은 예수 그리스도를 나의 구주로 만나면서 일어난 변화였다. 그 전과 후를 대조해보면 그 변화가 얼마나 컸던지 짐작이 가고도 남는다. 우선, 인생의 목적이 분명해졌다. 그 전에는 인생의 목적을 찾기 위해 방황하는 삶을 살았다. 물론 나름의 목적이 없었던 것은 아니었는데, 그것은 영어 교수가 되는 것이었다. 그 목적을 이루려고 영어에 모든 것을 걸었었다.

영어에 대한 애착은 고등학교 2학년 때부터 불타기 시작했다. 영어 시험을 준비하려고 친구를 찾는데, 그는 가르쳐 주기도 했으나 나의 마음을 흔들어놓았다. 겨울방학이 되면 나도 영어를 공부하겠다는 말에, 나 같은 사람은 영어를 터득할 수 없다고 빈정댔다. 상한 마음으로 『영어구문론』英語構文論을 폈으나, 전혀 이해되지 않았다. 그럴 수밖에 없었던 것은 be 동사조차도 몰랐으니 말이다. 그

23

래서 그 책을 무작정 암송하기로 했다.

모든 영어 문장과 설명을 외우기 시작했다. 의미도 모르고 암송한다는 것은 참으로 힘든 작업이었다. 하루에 4시간만 자면서 708쪽이나 되는 그 책을 통째로 암송했는데, 자그마치 7개월이나 걸렸다. 영어가 이해되기 시작했을 뿐 아니라, 다른 사람에게 영어에 대한 의견을 개진할 수 있게 되었다. 본래 수학에 자신이 있던 나는 서서히 영어 쪽으로 관심을 돌렸고, 마침내 영어영문학을 전공하기에 이르렀다.

영어에 관한 한 또 다른 혁명이 있었다. 대학교 2학년 때에 어느 저명한 교수가 교재를 읽는데 발음이 틀리는 것이었다. 너무나 놀라서 사전을 찾아보니 내가 틀렸다. 큰 충격을 받은 나는 모든 단어의 발음기호를 사전에서 찾아 기록했는데, 그처럼 피나는 노력으로 영어 발음기호에 대해 일가견을 갖게 되었다. 그때부터 영어에 대해 상당히 자신감을 가지게 되었는데, 또 다른 충격이 나를 기다리고 있었다. 영국인 교수의 말을 전혀 알아들을 수 없었다.

영어 회화도 해야 한다는 강박관념 때문에 미군들을 사귀기 시작했다. 그들 가운데 한 장교가 나를 죠이클럽JOY Club으로 인도했다. 나중에 알게 되었지만, J는 Jesus를, O는 Others를, Y는 You를 뜻하는데, 예수님을 첫째로, 그다음 다른 사람을, 그리고 너를 마지막에 두면 기쁨이 생긴다는 것이다. 그 클럽에서는 모든 프로그램이 영어로 진행되었는데, 미국 선교사들이 성경을 영어로 가르쳤다. 결국, 영어로 인해 난생처음 예수님에 대해 듣게 되었다.

그렇게 영어에 인생을 건 내게 끊임없는 질문이 퍼부어졌다. 영어 교수가 되면, 그다음엔? 가정도 꾸리고 집도 사면, 그다음엔?

마침내 은퇴하면, 그다음엔? 유럽 여행도 가고 영어의 본거지인 영국도 둘러보면, 그다음엔? 결혼 후 겨울이 30번쯤 지나면 끝나는 짧은 인생이 마무리되면, 그다음엔? 아무도 피할 수 없는 죽음의 문제는? 결국, 영어 교수가 되려는 인생의 목적도 진정한 목적이 될 수 없다는 사실을 인정하지 않을 수 없었다.

예수 그리스도를 나의 구주로 만난 후, 생긴 두 번째 변화는 인생의 의미를 알게 된 것이었다. 나는 이런 질문을 스스로 던지곤 했었다. '나는 어디에서 왔는가?' '나는 무엇을 위해 사는가?' '나는 어디로 가는가?' '왜 나는 열악한 한국에서, 그것도 가난하고 무식한 부모 밑에서 태어났는가?' 나는 이런 질문들에 대한 해답을 찾으려고 발버둥 쳤다. 어떤 때는 운동에서, 어떤 때는 여자에서, 어떤 때는 책에서, 어떤 때는 술에서 찾으려고 했다.

어떤 것에서도 인생의 의미를 찾지 못하여 종교에서도 찾아보려 했다. 나는 절에 들어가서 3개월쯤 보냈는데, 너무나 좋아 보였다. 산도 푸르고 물도 맑은 절의 환경은 이상적인 것처럼 보였으며, 그곳에서 인생의 의미를 찾을 수 있을 것만 같았다. 나는 대학을 졸업하면 스님이 되기로 마음먹었다. 이 짧은 생애에서 인생의 의미를 찾는 것보다 더 중요한 것은 없을 것 같았기 때문이었다. 그런데 대학교 4학년 여름, 졸업하기 6개월 전에 예수 그리스도를 만났다!

어떻게 예수 그리스도를 구주로 만났단 말인가? 그 시발점은 군대였다. 군대에서 사귄 훌륭한 청년이 교회를 가보자는 것이었다. 그 청년이 다른 군인들과 다른 이유는 그가 거듭났기 때문이라는 것이다. 나는 그렇게 말도 안 되는 것을 지껄이는 그를 교회에서 구원해내기로 작정했는데, 그도 나의 구원을 위해 기도하겠다는 것이다. 제대 후에도 그는 전도를 위해 가끔 나를 찾아왔는데, 한 번은 성경과 찬송가를 선물로 주고 갔다.

그의 정성에 감동되어 나는 교회를 가보기로 했다. 난생처음 들은 설교는 '십일조'에 대한 것이었다. 나는 비웃으며 교회를 나왔다. 그러나 한번 가보고 결정하는 것은 경솔할 수 있다는 생각에 한 달 후에 그 교회를 다시 찾았다. 이번에는 교회에 그랜드 피아노가 필요하니 특별헌금을 하라는 설교였다. 교회는 돈을 걷는 곳이라는 결론을 내렸다. 다시는 교회에 발을 들여놓지 않기로 마음먹으면서 말이다.

다시 군대에서 사귄 그 친구의 소개로 미군 장교를 만나기 시작했는데, 그 장교가 나를 죠이클럽으로 데리고 갔다. 영어가 아니었다면 결단코 가지 않을 곳이었는데, 성경에 대해 전하는 곳이었기 때문이었다. 그런데 프로그램 가운데 하나인 간증 시간에 한 청년이 유창한 영어로, '예수 믿고 인생을 목적을 찾았다'는 것이었다. 다른 청년은 인생의 의미를 찾았다고 했다. 또 다른 청년은 평안을 찾았다고 했다.

나는 즉시 그 클럽에서 나왔다. 나도 찾지 못한 인생의 목적과 의미를 찾았다고 공언하는 사기꾼들과 함께 있을 수 없어서였다. 집으로 터벅터벅 걸어가면서 생각했다. '위선자들!' 어떻게 그런 거짓말을 공개적으로 할 수 있단 말인가? 그런데 '만일 그들의 말이 사실이라면?'이란 생각도 떠올랐다. 물론 사실일 리가 없지만 말이다. 그처럼 마음의 씨름을 하다가 이런 결정을 했다. '그들이 가짜라는 것을 확인할 때까지만 가보자!'

그때부터 일주일에 한 번씩 죠이클럽에 갔다. 구석에 앉아서 그들을 관찰하기 시작했는데, 그들이 가짜라는 것을 찾아내기 위해서였다. 그런데 놀랍게도 시간이 지날수록 그들이 진짜같이 느껴졌다. 그렇게 6개월쯤 지났는데, 어떤 청년이 수양회에 가자는 것이었다. 그곳에서 무얼 하냐고 물었더니, 운동하고 토론하며 설교도 듣는다는 것이다. 처음 두 가지가 마음에 들어서 참석하기로 했다.

수양회에서 주로 하는 것은 운동이나 토론이 아니라 설교를 듣는 것이었다. 그런데 설교자마다 인간의 죄와 심판을 강조하는 것이었다. 나는 그들이 죄를 많이 지었기에 그렇게 설교한다고 생각했다. 전혀 나와는 상관없는 뜬구름같은 이야기였다. 그곳에 참석한 청년들 가운데 8명이 나와 같은 입장을 견지하면서 설교의 내용을 받아들이지 않았다. 우리끼리 모여서 그들에게 설득되지 말자는 다짐까지 했다.

그러나 시간이 지나면서 하나씩 설득되어 예수 그리스도를 받아들였는데, 마침내 나만 남게 되었다. 어느 날 밤 나는 잠을 이루지 못하고 갈등하고 있었다. '하나님이 계실까?' '내가 죄인인가?' '죽으면 심판이 있는가?' 해답 없는 질문들이 끊임없이 몰려왔다. 자정이 됐을 무렵 나는 다른 방에서 자는 청년을 깨우기로 했다. 그를 찾아가는 데, 놀랍게도 그가 나를 찾아오고 있었다. 나중에 들었는데, 그는 나를 위해 열심히 기도하다가 나를 찾아 나섰다는 것이다.

우리의 대화는 그렇게 시작되었는데, 자그마치 두 시간이나 계속됐다. 그는 자신의 간증을 곁들이면서 이야기를 풀어나갔다. 새벽 두 시경에 마쳤는데, 그냥 마치지 않고 기도하자는 것이었다. 그가 나의 구원을 위해 흐느끼면서 기도하고 있었다. 왜 친하지도 않은 사람을 위해 우는지 알 수 없었으나, 잔잔한 감동이 내게 몰려왔다.

그는 나에게 복음을 들었으니 결단을 내리라고 당부한 후, 방으로 들어갔다.

만물이 잠들어 고요한데 나의 마음은 고요하기는커녕 파도처럼 요동치고 있었다. 나도 모르게 무릎을 꿇고 기도했는데, 그 기도는 내가 하나님께 올린 최초의 기도였다. '하나님, 살아 있다면 보여주세요!' 나는 하나님이 하얀 옷과 하얀 신을 신고, 하얀 지팡이를 잡고, 하얀 구름을 타고 하얀 수염을 휘날리면서 오실 것을 기대했다. 그러나 그분은 나타나지 않으셨고, 나는 답답했으나 어떻게 할 바를 알지 못했다.

결국, 나는 이런 기도를 했다. '내가 죄인이라는 사실을 알려주면, 하나님이 살아 있다는 것을 믿겠습니다.' 그 순간 죄가 떠올랐다! 나중에 알게 된 사실이지만, 실제로 나에게는 죄가 산더미처럼 많았다. 내가 죄인이라는 사실과 하나님의 존재를 인정하자, 심판에 대해 두려워지기 시작했다. 바로 그때 그 청년이 들려준 말, 곧 십자가가 떠올랐다. 나는 십자가에서 죽으신 예수 그리스도께 이렇게 말했다. "예수님, 나의 모든 죄를 용서해주세요!"

나는 그분을 나의 구주로 영접했고, 그리고 나의 생애를 그분께 의탁했다. 그 순간, 놀라운 일이 일어났는데, 파도 같은 나의 마음이 이상하게 잔잔해졌다. 무슨 일이 일어났는지는 모르겠으나, 너무나 나의 마음이 고요해졌다. 방으로 들어가자 성경을 읽어야 한다는 욕구가 일어나서 성경을 펼쳤더니 요한복음이었다. 1장을 읽었으나 그 뜻은 전혀 이해되지 않았다. 그 밤을 하나님께 의탁하고 잠자리에 들어갔다.

다음 날 눈을 떴는데, 나의 마음에는 기쁨이 넘쳐흘렀다. 그래서 요한복음 2장을 아무 뜻도 모르면서 읽었다. 세수하려고 밖으로 나왔는데, 놀라운 광경이 펼쳐졌다. 하늘과 구름, 산과 나무들, 바위와 흙―이 모든 것들이 너무나 찬란하게 보였다. 마치 내가 하나님의 나라에 들어온 것을 두 팔을 벌려서 환영하는 것 같았다. 그렇다! 그날 새벽 2시경 나는 거듭난 것이었다. 그날은 대한민국이 해방된 날로, 나도 그날, 곧 1966년 8월 15일에 죄로부터 해방되었던 것이다!

2장
"새로운 피조물"

나는 죄에서 해방된 놀라운 경험을 하고 수양관을 떠났다. 버스를 타고 집으로 가는데 모든 것이 다르게 보였다. 그때까지 무심히 본 것들이 새롭게 보였다. 버스도 새롭고, 사람들도 달리 보였다. 그렇게 세상이 새롭게 보인 것만이 아니었다. 나의 인생도 새롭게 변화되어 있었다. 그전에는 거의 매일 술에 취해서 집에 돌아오곤 했는데, 이제는 술과 담배에 손도 대기 싫었다. 실제로 그 후 50여 년 동안 나는 그런 것들에 손을 댄 적이 없다.

그렇게 오랫동안 친구삼았던 술과 담배를 한순간의 갈등도 없이 끊었다는 사실이야말로 내가 "새로운 피조물", 곧 새로운 사람이 되었다는 것을 증명하고도 남았다. 나의 결심과는 전혀 상관없는 하나님의 역사였다. 내가 예수 그리스도를 나의 구주로 받아들이자, 주님은 나를 송두리째 바꾸셨다. 성령님이 나의 마음속에 들어오셔서 속에서부터 겉까지 바꾸셨는데, 이런 변화는 어떤 인간도, 어떤 학문도, 어떤 종교도 이루어 낼 수 없는 그런 변화였다.

속사람부터 바뀌었다는 경험은 한 두 가지가 아니었다. 내가 얼마나 까다로웠던지 형수는 다른 가족이 아닌 나 때문에 시집살이를 호되게 했단다. 그런데 나의 변화를 가장 가까이서 보고 놀란 사람이 바로 형수였다. 그때 형이 취업차 외국에 있었는데, 형수는 나를 의지해서 시부모를 모시며 고달픈 삶을 견디어 내었단다. 나는 지금도 형과 형수를 부모처럼 존경하고 후원하면서 깊은 신뢰 관계를 유지하고 있다.

우리 부모님은 일제강점기에 태어나셔서 학교도 가보지 못했다. 나는 마음속으로 부모님을 무시했을 뿐 아니라, 등록금도 제대로 마련해주지 못하는 상황에 대해 원망도 많이 했었다. 그런데 내가 "새로운 피조물"이 되자 부모님에 대한 나의 마음과 태도는 완전히 바뀌었다. 나는 진심으로 부모님에게 고마운 마음을 갖기 시작했다. 그들로 인해 내가 존재하게 되었을 뿐 아니라, 자식들의 교육을 위해 과감하게 서울로 이사했기에 그만큼 공부도 할 수 있었다.

내가 교사가 되었을 때, 십일조만 제외하고 월급을 모두 부모님에게 드렸다. 그 전에는 과외로 학생들을 가르치면서 받은 돈을 누구에게도 준 일이 없었는데, 이것도 역시 "새로운 피조물"이 된 증거였다. 몇 년 후 내가 뉴질랜드로 유학을 가게 되었는데, 아버지가 통장을 내게 건네주셨다. 사연인즉 내가 드린 월급을 몽땅 저축하셨다는 것이다. 나는 아버지가 주신 용돈이 내가 드린 것에서 주신 줄 알았었다.

물론 그 통장을 다시 아버지께 드렸는데, 처음부터 돌려받을 것을 기대하면서 드리지 않았기 때문이다. 내가 미국에서 유학할 때

아버지가 돌아가셨는데, 가족들의 말에 의하면 아버지는 얼마 동안 내 이름을 반복적으로, 그것도 큰 소리로 부르면서 보고 싶어 하셨다는 것이다. 그 후 나는 어머니를 지극정성으로 모셨다. 비록 멀리 형과 함께 사셨지만, 적어도 한 달에 한 번씩은 찾아가서 용돈도 넉넉히 드리고 함께 자면서 사랑의 대화를 나누었다.

나는 종종 어머니를 모시고 여행도 다녔는데, 한국에서는 물론 미국에서도 그랬다. '부모를 공경하라'는 말씀이 삶으로 실현되었다 (출 20:12, 엡 6:2). 그런 어머니가 돌아가셨을 때, 나는 얼마나 많이 울었는지 모른다. 비록 우리가 어렸을 때, 어머니는 막내를 많이 편애하여 나에게 적잖은 상처를 주었지만, 나는 "새로운 피조물"이 되어 어머니를 특별히 사랑했다. 우리 가족 중에서 어머니를 위해 그렇게 눈물을 펑펑 흘린 사람은 나밖에 없는 것 같았다.

형수와 부모에 대해서만 나의 자세가 변화된 것은 아니었다. 친구에 대해, 여자에 대해, 그리고 동물에 대해서도 마찬가지였다. 한 번은 고려대학교의 동창인 친구가 우리 집을 찾아왔는데, 그 이유는 내가 절교를 선언했기 때문이었다. 그는 나의 무릎을 얼싸안고 사정했으나 나는 그를 뿌리쳤다. 그에게 돌아가라는 나의 말을 듣지 않자, 내가 자리를 박차고 집을 나왔다. 지금 생각해도 나는 참으로 비정한 인간이었다.

몇 달이 지나서 우연히 버스 안에서 그 친구를 보았는데, 그때는 내가 구원받은 후였다. 나는 급히 그의 옆으로 가서 그의 손을 잡으면서 용서를 빌었다. 그 친구는 너무나 감격하여 다음 정류장에서 함께 내려 식당으로 갔다. 같이 점심을 먹으면서 내가 예수 그리스도를 믿고 변화된 경험을 들려주었다. 그는 너무나 놀라서 교회에 출석하기 시작하다가, 그 교회의 지도자 중 한 사람이 되었다.

나는 성격이 날카로웠을 뿐 아니라 참으로 예민한 사람이었다. 그래서 깊은 잠을 이루지 못했다. 그런데 새벽에 강아지가 짖으면 그 소리에 나도 깨어서 더는 잠을 이루지 못했다. 나는 신경질이 나서 그 강아지를 마구 때렸다. 그 강아지는 참으로 귀엽고도 나를 잘 따랐는데 말이다. 구원받은 후 한 번은 그 강아지가 나의 가죽 성경을 물어뜯어서 찢어놓았다. 그 성경은 어느 선교사가 선물로 준 영어 성경으로 내가 참으로 아끼는 것이었다.

집에 돌아와서 그 찢어진 성경을 보는 순간 화가 치밀어 올랐다. 나는 그 강아지를 붙잡았다. 그리고 힘껏 때리려고 주먹을 들었다. 그때 갑자기 이런 생각이 들었다. '이 강아지가 무얼 알겠는가?' 나는 주먹을 내리고 그 강아지를 꼭 껴안았다. 나의 눈에서는 눈물이 흐르고 있었다. 나는 그 경험을 통해 강아지들을 좋아하기 시작했다. 어떤 종류의 강아지이든 상관없이 좋아한다. 그뿐 아니라, 모든 동물을 좋아하게 되었다.

나는 너무 예민해서 깊은 잠을 이루지 못한다고 했다. 그러다가 어느 날 이런 말씀을 읽게 되었다, "너희가 일찍이 일어나고 늦게 누우며 수고의 떡을 먹음이 헛되도다. 그러므로 여호와께서 그의 사랑하시는 자에게는 잠을 주시는도다" (시 127:2). 이 말씀이 나의 눈과 마음을 확 사로잡았다. 이 말씀은 나에게 주시는 약속일뿐 아니라 능력이었다. 나는 이처럼 놀라운 약속을 주신 하나님께 감사드렸다.

과거 25년 동안 잠을 설치며 괴로워하던 예민함이 사라지는 순간이었다. 나는 주님께 이렇게 기도했다. '사랑하시는 자에게는 잠을 주신 것'을 감사합니다! 하나님은 나를 얼마나 사랑하시는지 그분의 독생자까지 십자가에서 나를 위해 죽게 하셨다. 그렇다! 하나님은 나를 사랑하신다! 그리고 사랑하시는 자에게 잠을 주신다고 약속하셨다. 그때부터 50여 년이 지난 지금까지 잠의 문제로 갈등해본 적이 없다. 오히려 나의 문제는 잠을 너무 많이 자는 것이었다.

"새로운 피조물"이란 표현은 바울 사도가 한 말인데, 인용해보자. "그런즉 누구든지 그리스도 안에 있으면 새로운 피조물이라; 이전 것은 지나갔으니 보라 새 것이 되었도다"(고후 5:17). 이 말씀에서 '피조물'은 '스스로 바꿀 수 없지만, 타인에 의해 바뀌었다'는 것을 함축한다. 그렇다! 나를 속속들이 바꾸신 분은 주님이시다! 예민함을 둔감함으로 바꾸실 수 있는 분은 오직 나의 주님뿐이시다.

한 번은 학생들에게 영어를 가르치는데 너무나 피곤했다. 나는 학생들에게 잠깐 휴식하라고 한 후 이렇게 기도하면서 눈을 붙였다. '10분만 잘게요!' 정확하게 10분 후에 깨어서 다시 강의를 시작했다. 이것은 절대로 가능하지 않았던 경험이었다. 그 후 전도 여행을 위해 장거리 기차 여행이나 비행기 여행을 할 때도 주님은 어김없이 나에게 깊은 잠을 허락하신다. 회개와 십자가의 복음을 마음껏 전하라고 배려해주시는 주님의 은총이다.

나는 엄격한 유교 가정에서 태어나 성장했다. 그렇게 성장하면서 나도 모르는 사이에 주변의 여자들을 무시하고 깔보는 사람이 되었다. 아버지는 남자가 부엌으로 내려가면 안 된다고 엄히 가르치셨다. 그 결과 나는 내 밥그릇과 내 숟가락이 아니면 밥상을 받지 않았다. 그런데 어느 날 부흥회에 참석했다가 밤늦게 귀가했다. 아버지의 엄명으로 형수는 저녁을 차려줄 수 없었다. 내가 엉거주춤 부엌으로 내려갔는데, 내 일생에서 처음이었다.

내 밥그릇과 내 숟가락을 찾을 수 없었다. 누가 먹다 남은 밥과 김치를 찾았다. 그 밥에 김치를 넣어 비빈 후 내 것이 아닌 숟가락으로 밥을 먹었는데, 그런 경험은 난생처음이었다. 그런데 그 밥을 위해 감사하는데, 얼마나 감사했던지 눈물이 펑펑 쏟아졌다. 그날 나는 밥과 김치와 눈물로 밥을 비벼서 먹었는데, 그 맛은 문자 그대로 꿀맛이었다. 그 경험을 통해 변화된 것이 또 있는데, 그것은 여자에 대한 나의 생각이었다.

그렇게 아무 불평 없이 밥과 설거지 등 온갖 집안일을 도맡아서 한 어머니와 형수가 귀하게 여겨졌다. 한발 더 나아가서 그때부터 주변의 여자들이 너무나 아름답게 보였다. 여자는 하나님이 창조하신 모든 피조물 중에서 가장 뛰어난 걸작품으로 여겨졌다. 그처럼 귀한 진리를 깨닫지 못했다면, 나의 인생과 결혼생활은 삭막하기 그지없었을 것이다. 그러나 하나님의 은혜로 "새로운 피조물"이 되어 하나님이 창조하신 여자를 귀하게 여기면서 풍성한 삶을 누리게 되었다.

"새로운 피조물"이 되었다는 것은 인생의 목적이 바뀌었다는 사실도 포함한다. 나는 나를 위해 영어 교수가 되려는 목적을 가졌었는데, 이제는 무엇을 하든지 다 하나님의 영광을 위해 산다. 그뿐 아니라, 인생을 살아가는 방법도 바뀌어서, 무엇을 하든지 정당하고 정직하게 살아가려고 최선을 다한다. "새로운 피조물"이 되었다는 것은 인생의 종착역도 바뀌었다는 것도 포함한다. 나의 종착역은 하나님이 계신 천국天國이다. 얼마나 놀라운 변화인가!

내 인생의 목적이 바뀐 것은 예수 그리스도를 '믿음'으로 시작되었다. 그분이 나의 죄와 심판을 해결해주셨기에 가능한 변화였다. 인생을 살아가는 방법은 한 마디로 '사랑'이다. 그리스도인들을 조건 없이 사랑하며, 믿지 않는 사람들을 사랑으로 믿게 하려는 것이다. 종착역이 천국이라는 '소망' 때문에 매일 힘차게 살아간다. 바울 사도의 말대로 '믿음, 소망, 사랑'의 삶을 영위하도록 "새로운 피조물"로 만드신 주님을 찬양할 수밖에 없다.

3장
두 가지 성품

내가 고려대학교 3학년 재학 중에 경험한 에피소드가 있는데, 그 것은 '영미문학'이란 과목의 시험을 볼 때였다. 그 당시 가정이 너무 가난해서 등록금은 내가 해결해야 했다. 나는 장학금으로 해결하려 고 시험 때는 죽기 살기로 공부했다. 그런데 시험지를 받아보니 참 으로 난감한 문제가 생겼다. 두 문제가 출제되었는데, 한 문제는 내 가 준비하지 않은 것이었다. 장학금은 고사하고 과락^{科落}의 위기에 처하게 되었다.

마침 교수가 창밖을 보면서 시를 읊고 있었다. 나는 그 기회를 놓 치지 않고 책을 꺼내서 그 문제의 답을 베꼈다. 결과는 대성공이었 는데, 90점을 맞았기 때문이다. 그렇게 해서 또 장학금을 받았고 학업을 계속할 수 있었다. 친구들은 부러워하면서 공부를 잘하는 비결을 묻자, 나는 어깨를 펴고 으쓱댔다. 죄의식이나 수치감은커 녕 자랑스럽게 여기고 있었다. 물론 그때는 구원을 받은 그리스도인이 아닌 자연인이었다.

내가 영어 교수가 되려고 대학원에 들어갔는데, 그때는 구원받은 지 얼마 되지 않았다. 첫 학기 시험을 보는데 공부 대신 밤낮으로 성경만 읽었다. '중세 영어'라는 과목의 시험이었는데, 문제를 하나도 풀 수 없었다. 나는 기도했다. "주님, 성경 읽느라고 준비하지 못했는데, 어떻게 하면 되겠습니까?" 물론 주님은 묵묵부답이셨다. 그런데 이게 무슨 일인가? 교수가 시험이 끝나면 시험지를 모아서 연구실로 가져오라고 하면서 나갔다. 기도의 응답이었나?

나는 교과서를 꺼내서 문제들을 차곡차곡 풀었고, 결과는 96점이었다. 그런데 그때부터 엄청난 죄의식에 사로잡혔다. 나의 삶은 흩어졌고, 지리멸렬해졌다. 기쁨과 평안은 꿈같은 이야기로 나와는 전혀 상관없었다. 하나님의 말씀을 읽어도 무슨 말인지 모르겠고, 기도해도 냉랭하기만 했다. 나의 기도가 천장까지 올라갔다가 다시 내려오는 것 같았다. 어린 신앙인인 나는 어떻게 할 바를 알지 못했다. 주님께 용서를 빌었으나 그것도 거부되는 것 같았다.

그렇게 한 달쯤 지나자 더 견딜 수 없어서 이태웅 형제를 찾아갔다. 이런저런 이야기를 마치고 기도하고 자자고 그가 제안했다. 내가 할 말이 있다고 하자 하라고 했는데, 차마 입이 떨어지지 않았다. 그렇게 실랑이를 하다가 나는 엉엉 울기 시작했다. 나는 시험을 보면서 교수를 속인 사실을 흐느끼면서 털어놓았는데, 갑자기 그 형제도 울기 시작했다. 왜 우느냐고 물었더니, 형제가 그렇게 아파하는 것을 보니 그의 마음도 아프다는 것이다.

그 형제의 도움으로 오랜만에 자유와 기쁨을 되찾았다. 그러면 왜 먼저는 죄의식이 없었는데, 이번에는 그렇게 괴로워했는가? 그 이유는 내가 구원받은 순간 성령이 나의 마음과 삶 속에 들어오셨기 때문이다. 그때부터 나는 "두 가지 성품"을 지니게 되었는데, 하나는 육신의 성품이고 또 하나는 성령의 성품이다. 내 안에 있는 성령은 나의 일거수일투족은 물론 내 생각과 느낌도 아신다. 내가 죄와 연루될 때는 성령도 슬퍼하신다.

바울 사도는 말했다. "하나님의 성령을 근심하게 하지 말라; 그 안에서 너희가 구원의 날까지 인치심을 받았느니라" (엡 4:30). 내가 구원받을 때 성령이 내 안에 들어와서 인을 치셨는데, 인을 쳤다는 말은 내가 그분의 소유가 되었다는 뜻이다. '근심하게 하지 말라'는 슬프게 하지 말라는 뜻이다. 그렇다! 구원받은 내가 죄를 생각하거나, 말하거나, 행동하면, 즉각적으로 기쁨과 평안을 잃는다. 비록 하나님과의 관계는 유지되지만 말이다.

그런 까닭에 구원받은 그리스도인은 죄에 대해 예민해지는데, 성령의 내주 때문이다. 성령이 죄를 지적할 때 그리스도인은 즉각적으로 그 죄를 시인하고 용서받아야 한다. 하나님의 말씀이다: "만일 우리가 우리 죄를 자백하면, 그는 미쁘시고 의로우사 우리 죄를 사하시며 우리를 모든 불의에서 깨끗하게 하실 것이요" (요일 1:9). 자백과 용서를 통해 그리스도인은 기쁨과 평안을 되찾으며, 하나님과의 교제를 다시 누리게 된다.

나는 참으로 많은 죄를 지었으며, 그럴 적마다 자백하고 용서받았다. 나에게 이 말씀은 제2의 복음이었다. 어떤 때는 아침에 하나님의 말씀을 읽지 않고 하루를 시작했는데, 그때마다 나의 마음에 갈등이 생겼다. 그 갈등도 역시 "두 가지 성품" 때문에 생긴 것이다. 어떤 때는 너무 바빠서 기도하지 못했는데, 그때도 역시 갈등이 생겼다. 나는 그럴 적마다 자백하고 용서를 받았다. 그렇다면 얼마나 자주 자백해야 했는가? 죄를 지을 때마다 자백해야 했다.

바울 사도도 틀림없이 "두 가지 성품"으로 괴로워한 적이 있었던 것 같다. 그렇지 않다면 이런 말씀을 기록하지 않았을 것이다. "육체의 소욕은 성령을 거스르고 성령은 육체를 거스르나니, 이 둘이 서로 대적함으로 너희가 원하는 것을 하지 못하게 하려 함이니라"(갈 5:17). 다시 말해서 이처럼 "두 가지 성품"이 내 안에서 싸우는 동안 나는 좌초된 선박처럼 조금도 앞으로 나아갈 수 없었다.

나의 신앙을 돌이켜보면 "두 가지 성품" 때문에 어떤 때는 올라가고^{up} 어떤 때는 내려갔다^{down}. 내가 성령을 따라 살면 나의 삶은 up 되었고, 죄와 연루되면 down 되었다. 그런데 신앙이 떨어지기는 쉬워도 올라가기란 참으로 어렵다는 것도 경험했다. 죄를 짓지 않아도 아무것도 하지 않으면, 저절로 내려갔다. 그러나 다시 up 하려면 잘못된 것을 자백해야 하고 또 그것을 버려야 했다.

하나님의 말씀은 그런 사실을 분명히 언급했다. "자기의 죄를 숨기는 자는 형통하지 못하나, 죄를 자복하고 버리는 자는 불쌍히 여김을 받으리라"(잠 28:13). 나는 구원받기 전에 음담패설淫談悖說로 사람들을 많이 웃겼다. 불행하게도 구원받은 후에도 종종 음담패설에 연루되었다. 그럴 적마다 나는 자백하고 또 자백하면서 그런 몹쓸 버릇을 버리게 해달라고 부르짖었다. 심지어는 내 왼손에 '입'이라고 쓰고 다녔다.

그렇게 쓴 것도 무용지물인 것처럼 잊고, 나는 또 잡담했다. 그 경험을 통해 나는 두 가지 사실을 깨닫게 되었는데, 하나는 내 안에 '죄', 곧 죄성이 있다는 것이고, 또 하나는 내 안에 '선한 것'이 없다는 것이다. 바울 사도의 고백을 인용해보자. "이제는 그것을 행하는 자가 내가 아니요, 내 속에 거하는 죄니라. 내 속 곧 내 육신에 선한 것이 거하지 아니하는 줄을 아노니 원함은 내게 있으나 선을 행하는 것은 없노라"(롬 7:17-18).

그렇다! 내 육신에는 선한 것이 거하지 않는다. 내가 원하지 않는 죄에 연루되는 것은 내 안에 있는 죄의 성품 때문이었다. 두말할 필요도 없이 나는 죄와 멀리하려고 했다. 그러나 내 안에 있는 죄의 성품 때문에 나는 죄를 짓고 또 지었다. 그렇게 범죄한 경험을 하나 더 들어보자. 세월이 지나서 내가 죠이클럽의 회장이 되었을 때였다. 신앙부장의 자리에 나를 믿음으로 인도한 청년을 세우려 했으나, 많은 사람이 반대했다. 이태웅을 선택하라는 것이었다.

그때부터 나는 이태웅을 미워하기 시작했다. 그런데 그 당시 하나님은 말씀으로 나를 책망하셨으나, 나는 굽히지 않았다. 그분의 말씀이다: "그 형제를 미워하는 자마다 살인하는 자니 살인하는 자마다 영생이 그 속에 거하지 아니하는 것을 너희가 아는 바라"(요일 3:15). 이 말씀에 의하면, 나는 살인자일 뿐 아니라, 나에게는 영생조차도 없다는 것이다. 나는 갈등하고 또 갈등했으나, 그를 미워하는 마음을 극복할 수 없었다.

물론 자백하고 또 자백했으나, 미움은 나의 마음을 완전히 사로잡고 있었다. 그가 죠이클럽을 떠나게 해달라고도 기도했으나, 무응답이었다. 그가 자동차 사고라도 나게 해달라고 기도했으나 그는 건강하기만 했다. 결국, 나는 미워하는 마음을 해결하지 못하고 죠이클럽을 떠났다. 그때부터 나의 신앙생활은 날개 없는 추락을 하면서 한없이 떨어졌다. 하나님의 말씀도 읽지 않고 기도도 하지 않았다. 나는 하나님을 떠나기로 작정했다.

그러다가 죠이클럽 겨울 수양회에 참여하게 되었고, 거기서 성령의 충만을 경험했다. 주님의 은혜였다. 그리고 마침내 미움의 문제를 극복하였다. 그렇다! 나에게는 선한 것은 없고 죄의 성품이 있었다. 나의 결심으로는 해결할 수 없었던 미움이 성령 충만의 경험을 통해 해결되었고, 그 후부터 신앙생활이 깊어졌다. 한발 더 나아가서 그때부터 전도의 열매를 풍성히 맺기 시작했다. 하나님의 말할수 없는 긍휼과 은혜가 아니면 가능하지 않은 역사였다.

그런데 놀랍게도 그런 갈등을 통해 중요한 가르침을 받았는데, 그것은 경험적인 갈등이 내가 구원받았다는 확실한 증거라는 사실이었다. 물론 구원의 확신은 무엇보다 하나님의 말씀에 근거해야 한다. 사도 요한은 믿음을 가진 자들은 구원의 확신이 있다고 말했다. "내가 하나님의 아들의 이름을 믿는 너희에게 이것을 쓰는 것은 너희로 하여금 너희에게 영생이 있음을 알게 하려 함이라"(요일 5:3). 두말할 필요도 없이 영생은 구원받은 사람에게 주어진다.

두 번째 구원의 확신을 주는 분은 성령이다. 바울 사도의 확언이다. "성령이 친히 우리의 영과 더불어 우리가 하나님의 자녀인 것을 증언하시나니"(롬 8:16). 우리에게 믿음이 있다는 것은 성령의 증언이다. 성령의 임재가 없는데 우리가 어떻게 믿음을 갖겠는가? 우리가 다른 그리스도인들을 사랑한다는 것도 성령의 증언이다. 우리에게 천국에 대한 소망이 있다는 것도 성령의 증언이다. 성령의 임재가 없다면 있을 수 없는 믿음, 사랑, 소망이다.

세 번째 구원의 확신은 경험적인 것인데, 만일 우리가 죄를 저지르면 갈등이 생기는 사실을 통해서이다. 구원받지 못한 사람들은 죄를 범할 때 양심의 가책은 느낄 수 있지만, 내적으로 깊이 갈등하지 않는다. 우리가 죄의식을 느끼며 갈등을 갖는다는 사실은 우리 안에 성령이 계시다는 확실한 증거이다. 우리가 예수 그리스도의 보배로운 피로 죄를 용서받아서 깨끗하게 되었기에 성령이 내주하시는 것이다.

4장

확신의 첫걸음

예수 그리스도를 구주로 영접한 후에도 나는 자연스럽게 수양회 집회에 계속 참석했는데, 장소도 같고, 회중도 같고, 설교자도 같았다. 그런데 같지 않은 것이 하나 있었는데, 그것은 나였다. 나는 맨 앞자리에서 설교를 들었는데, 어제는 개떡같이 설교하던 목사가 오늘은 찰떡같이 설교를 잘하는 것이었다. 한 마디 한 마디가 내 귀에 쏙쏙 들어오는 것이었다. 그 설교자는 구원에 대해 더 알고 싶은 사람은 자기를 만나라고 초청했다.

나는 주저하지 않고 그분과 대화하기 시작했다. 나는 이렇게 말문을 열었다. "교회도 가본 적이 없고, 성경도 전혀 모를 뿐 아니라, 그리스도인을 무척 박해했는데, 구원받을 수 있습니까?" 그 질문과 함께 어젯밤에 있었던 일에 대해 말씀드렸다. 그분은 내 손을 잡으면서 이렇게 말했다. "홍 형제, 형제는 어젯밤에 구원받았습니다!" 50대인 그 목사가 20대 밖에 안된 나를 형제라고 부르다니 너무나 놀라웠다.

　그분은 이렇게 이어갔다. 앞으로 구원에 대해 의심이 생기면 하나님의 말씀을 의지하라면서, 요한복음 1장 12절을 읽어주었다. "영접하는 자 곧 그 이름을 믿는 자들에게는 하나님의 자녀가 되는 권세를 주셨으니." 구원의 의심은 나와는 거리가 멀다고 생각하면서 석연치 않게 그 말씀을 받았다. 그 후 나는 어느 선교사가 준 한영 신약성경을 읽기 시작했는데, 내용 전체가 나에게는 새로웠다.

　얼마 후, 나는 죠이클럽에서 형제자매들에게 성경을 이렇게 빨리 통독했노라고 은근히 자랑하면서 내 성경을 보여주었다. 갑자기 그들은 이구동성으로 그것이 전부가 아니라고 하면서, 구약성경을 보여주었다. 나는 그때까지 구약성경이 있는 줄도 몰랐다. 나는 하나님께 구약성경을 달라고 기도하기 시작했다. 그 당시 내가 제사를 거부했다는 이유로 부모님이 용돈을 전혀 주시지 않았기에 성경을 살 돈이 없었다.

　하루는 시내로 가는 길에 어떤 그리스도인 친구를 만났다. 헤어지면서 악수를 했는데, 그는 내 손에 무엇인가를 주었다. 펴보니 돈이었는데, 그저 주님의 명령에 순종했을 뿐이라고 했다. 그 돈으로 오랜만에 버스도 탔고, 성경전서도 샀다. 그 성경은 나의 신앙은 물론 사역의 기초를 쌓는 중요한 도구가 되었다. 그 성경을 밤낮으로 읽고, 줄 긋고, 동그라미를 그리고, 단어들을 연결하고, 깨달은 말씀을 난외에 적었다. 그 성경은 닳고 닳아서 더는 사용할 수 없게 되었다.

　집에서는 찬송도 할 수 없고 기도도 할 수 없다는 부모님의 엄명 때문에, 나는 아침마다 성경과 찬송가를 들고 산으로 올라갔다. 오가는 길에 찬송가 '예수로 나의 구주 삼고…'를 불렀다. 거기에 바위가 있었는데, 그 바위에 앉아서 나는 성경을 읽고 기도하며 찬송했다. 그 바위에 이름을 붙였는데, '내 바위'^{My Rock}라고 했다. 비가 오나 눈이 오나, 바람이 부나 추우나 가리지 않고 나는 아침마다 그 바위에 앉아서 하나님과 정겨운 교제를 나누었다.

그렇게 기쁨이 충만한 삶은 6개월 동안 계속되었다. 그런데 나처럼 아기 그리스도인도 열심히 전도하는데, 믿은 지 오래되었는데도 전도하지 않는 그리스도인들을 비난하기 시작했다. 주님은 그 비난을 반기지 않으셨는지, 즉시 기쁨이 사라졌다. 하루는 어디를 가고 있는데, 이런 생각이 떠올랐다. "나는 구원받았는가? 그렇다면 왜 기쁨이 없는가? 만일 구원받지 못했다면 종착역은 지옥인데, 어떻게 할래?"

너무 무서워서 진땀이 흘렀다. 나는 발길을 돌려 집으로 달려갔다. 그리고 하나님의 말씀, 곧 요한복음 1장 12절을 읽었다. 그렇다! 나는 그리스도 예수를 믿고 영접했기에 하나님의 자녀가 되었다! 변치 않는 말씀으로 인하여 다시 구원의 확신을 회복한 것이다. 일주일 후에 비슷한 의심을 했고, 그때도 역시 집으로 달려가서 그 말씀을 읽었다. 다시 구원을 확신하게 되었다. 하나님의 말씀 때문에 너무나 감사했다.

그러다가 이런 질문이 생겼다. '의심이 생길 적마다 집으로 달려오겠니? 만일 집에서 멀리 있을 때는 어떻게 하겠니?' 그 순간 이런 생각이 떠올랐는데, 곧 그 말씀을 외우자는 것이었다. 나는 두꺼운 종이에 그 구절을 적은 후 가지고 다니면서 외우기 시작했다. 시간이 나는 대로 밤낮을 가리지 않고 열심히 외웠는데도 외워지지 않았다. 너무 실망해서 포기할 생각까지 했지만, 그래도 포기하지 않았다. 마침내 그 구절을 외웠는데 자그마치 두 주나 걸렸다.

그때부터 구원에 대한 의심이 생기면, 언제 어디서든 그 말씀을 암송하면서 의심을 극복할 수 있었다. 그러자 또 이런 생각이 들었다. '왜 계속 외우지 않겠니?' 나는 성경을 읽다가 은혜로운 말씀을 만나는 대로 외우기 시작했는데, 차차 그 속도가 빨라졌다. 그렇게 외운 구절을 열심히 복습한 후 새로운 구절을 외우기 시작했다. 매 구절을 10일 동안 반복해서 복습한 후 졸업을 시켰는데, 그렇게 졸업한 구절을 적은 종이를 작은 상자에 넣기 시작했다.

얼마의 세월이 흐른 후, 그 상자를 보니 성구를 적은 종이가 빼곡하게 차 있었다. 그때 한글과 영어로 동시에 외웠는데, 그렇게 마음 판에 새겨진 말씀이 얼마나 큰 힘이 되었는지 모른다. 후에 하나님의 말씀을 가르치거나 설교할 때, 그 말씀들이 막강한 능력을 발휘했다. 한국인뿐 아니라, 전 세계를 다니면서 영어로 강의하거나 설교할 때도 큰 힘이 되었다. 구원에 대한 의심을 통해 하나님의 말씀을 외우도록 인도하신 주님께 감사할 뿐이다.

하루는 늦잠을 잤기에 허둥지둥 기도도 하는 둥 마는 둥 밥을 먹기 시작했다. 신일중학교 영어 선생이었는데 지각할 수 없었기 때문이었다. 그때 갑자기 이런 생각이 떠올랐다. 주님은 나를 위해 십자가의 죽음까지 마다하지 않으셨는데, 나는 영의 양식인 하나님의 말씀을 제쳐놓고 육신의 양식만 퍼먹다니! 나는 방으로 들어가서 무릎을 꿇고 눈물로 회개하기 시작했다. 그리고 주님께 이렇게 약속했다. '이제부터 성경을 안 읽으면 아침을 안 먹겠습니다!'

구태여 영어로 표현하면 'No Bible, No Breakfast!'이다. 그렇

게 결심을 한 지 어언 50여 년이 지났다. 그러나 그 약속을 지금까지 어긴 적이 없다. 내친김에 한 가지 더 결심했는데, 곧 'No Bible, No Bed!'이다. 성경을 읽지 않으면 잠자리에 들어가지 않겠다는 결심이다. 그 결심도 지금까지 어긴 적이 없다. 그렇게 결심한 것은 결혼 후에도 계속되었는데, 우리 가정의 가훈이 되기도 했다.

성령의 충만을 경험한 후에도 그 습관은 계속되었는데, 계속만된 것이 아니라 한층 깊어졌다. 그때부터 새벽 2시에 일어나서 성경을 읽었는데, 아침마다 4시간씩 읽은 후 2시간씩 기도했다. 그뿐아니라, 학교에서 퇴근 후 집에서 성경을 읽었는데, 주중에는 5~6시간씩, 주말에는 9~10시간씩 읽었다. 그렇게 성경을 읽을 수 있도록 시간을 낼 수 있는 학교라는 직장을 주신 주님께 얼마나 감사했는지 모른다.

내가 예수 그리스도를 받아들인 후 들었던 첫 번째 기도에는 전도도 들어있었다. 나를 구원해주신 주님을 전하지 않을 수 없었다. 기회가 주어지는 대로 전도했는데, 버스 안에서도 했고, 길에서도 했고, 산과 공원에서도 했다. 그런데 나의 열정적인 전도는 늘 실패여서, 너무나 답답했다. 그러던 차에 대학생선교회Campus Crusade for Christ에서 지도자를 위한 전도훈련에 참석하여, 4영리를 가지고 전도하는 법을 배우게 되었다.

훈련받을 때는 쉬웠는데, 막상 전도하니 녹록하지 않았다. 아무도 내가 전한 예수 그리스도를 받아들이지 않았다. 아마 99번은 그렇게 허탕을 쳤으리라. 그날 전도하러 나가기 전에 이렇게 기도했다. '주님, 오늘도 허탕이면 다시는 전도하지 않겠습니다.' 그런데 그날 어느 고등학생이 예수 그리스도를 그의 구주로 영접하는 것이 아닌가? 너무나 기뻐서 과거의 허탕은 문제가 되지 않았다. 그때부터 일주일에 한 번씩 만나 그 학생을 양육하기 시작했다.

한 번은 전도하러 먼 친척이 입원해 있는 병원에 갔다. 병실에 들어가서 보니 6명의 부인이 있었다. 나는 감히 입을 열지 못하고 그냥 인사하고 나왔다. 마침 그 병실로 들어가는 의사에게 그 친척의 병세를 물으니 대소변을 볼 수 없어서 3개월 시한부라는 것이다. 나는 다시 들어가서 그분에게 전도하기 시작했는데, 주로 간증을 했다. 그러나 그분은 아무 반응도 하지 않았다. 또 허탕이로구나 하고 생각하고 있는데, 어떤 분이 뒤에서 내 손을 잡아당겼다.

내 손을 잡아당긴 그 부인은 울면서 이렇게 말했다. "내가 받아들이겠어요!" 나는 요한복음 1장 12절을 읽어준 후, 같이 기도하면서 그 부인은 예수 그리스도를 영접하였다. 나는 곧 퇴원할 친척분에게 수요일에 찾아가겠다고 약속했다. 그 수요일에 그분은 마음의 문을 열고 예수님을 그녀의 구주로 받아들였다. 그분은 육십 평생 불교 신자였는데, 그날 구원받은 것이다! 나는 양육을 위해 다음 주 수요일에 그분을 방문했다.

함께 예배를 드리면서, 그 당시 그분에게 내가 인용할 수 있는 유일한 구절인 요한복음 1장 12절을 읽어드렸다. 모든 순서를 마치고 일어나려 하는데, 그분이 기다리라고 하면서 부어서 뚱뚱해진 배를 뒤뚱거리면서 만둣국을 끓여왔다. 나는 그날처럼 식사 기도를 길게 한 적이 없었다. 다 먹고 체하지 않게 해달라고 기도했는데, 그 기도는 100% 응답을 받았다. 다 먹었는데도 체하지 않았다. 다음 수요일에 다시 오겠다고 한 후 그 집을 나왔다.

토요일에 전화가 왔는데, 그분이 운명했다는 것이다. 사람들은 그분의 죽음을 슬퍼했지만, 나는 그분이 어디로 갔는지 너무 잘 알고 있었다. 그분은 죽음 직전에 예수 그리스도로 인하여 죄를 용서받고 구원받았기에 주님 품에 안겼다. 비록 평생을 불교와 죄악에 찌들어 살았지만, 마지막 순간에 모든 종교와 죄악을 훌훌 털고 자유의 영혼이 되었던 것이다. 어느 날 나도 천국에서 그분을 만나서 교제를 나누게 될 것이다.

5장

"다윗과 요나단"

다윗이 요나단과 나눈 우정은 축복이요 하나님의 섭리였다. 만일 요나단이 다윗을 사랑하여 보호하지 않았다면, 다윗은 인생의 꽃을 피워보기도 전에 요나단의 아버지인 사울 왕에게 죽임을 당했을 것이다. 그렇게 사랑하던 요나단이 죽자 다윗은 이렇게 애도했다. "내 형 요나단이여! 내가 그대로 애통함은 그대는 내게 심히 아름다움이라. 그대가 나를 사랑함이 기이하여 여인의 사랑보다 더하였도다"(삼하 1:26). 요나단을 친구로 삼은 다윗은 행복한 사람이었다.

나에게도 요나단과 같은 친구가 있었는데, 유용규라는 청년이었다. 내가 그를 처음 만난 것은 죠이클럽에 갔던 첫날이었다. 그가 나를 따듯하게 환영해주었는데, 그 환영하는 모습이 너무 순수하여 어떤 가식도 찾아볼 수 없었다. 그 후 6개월이 지났을 때 나를 수양회에 초청해준 사람도 역시 그 청년이었다. 그의 진솔하고 깨끗한 태도에 끌려 나는 수양회에 대해 아무것도 모르면서 참석하게 되었다.

그날, 그러니까 내가 예수 그리스도를 만난 1966년 8월 15일, 나를 도와준 청년은 다름 아닌 유용규였다. 나중에 안 사실이지만, 그는 그날 밤 10시 30분부터 12시까지 나의 구원을 위해 간절히 기도했다는 것이다. 그 기도 끝에 그는 나를 깨워서 복음을 전하기로 했단다. 나도 그 시간에 그를 깨워 대화하려고 했는데, 그 결정은 그의 기도에 대한 하나님의 응답이었다. 그렇지 않다면 다른 방에 있던 우리가 어떻게 같은 시간에 나올 수 있었겠는가?

　우리는 외등 아래의 잔디밭에 앉아서 이야기를 시작했다. 이야기를 이끌어간 것은 유용규였다. 그는 인간의 죄, 죄에 대한 심판, 예수 그리스도의 구속적 죽음 등에 대해 차곡차곡 설명했다. 그러면서 그는 자신이 어떻게 구원받았는지 구체적으로 말해주었다. 앞장에서 언급했듯, 그는 기도로 대화를 마쳤는데, 나의 구원을 위해 흐느끼며 기도했다. 그의 기도는 나의 심금을 울렸고, 그리고 마침내 나는 예수 그리스도를 구주로 받아들였다.

　다음 날 아침 그가 내게 물었다. "어제 어떻게 결정했는가?" 나의 마음에 기쁨이 넘친다는 대답을 듣자 그는 너무나 기뻐했다. 그는 내 손을 잡고 축하의 노래를 부르면서 식당으로 갔다. 그 노래는 '할렐루, 할렐루야, 주 찬양해'였는데, 나는 난생처음으로 할렐루야라는 말을 들었다. 그 노래의 의미는 몰랐지만, 그 친구가 진심으로 기뻐한다는 것을 느낄 수 있었다. 그때부터 우리의 우정은 다윗과 요나단처럼 깊어져 갔다.

　그는 나를 위해 이렇게 기도했다. '홍 형제가 이제부터 성경 읽고, 기도하며, 교제하고, 전도하는 삶을 살게 해주세요.' 그 기도의 내용이 나의 신앙생활의 토대가 될 줄 그는 몰랐을 것이다. 그 네 가지가 나의 마음에 깊이 각인되었고, 그때부터 매일 성경 읽고, 기도하기 시작했다. 물론 다른 형제자매들과 교제도 나누고, 그리고 점진적으로 전도에 매진하게 되었다. 그렇게 전도하다가 전도학 박사가 될 줄 누가 알았겠는가?

그 이후 우리의 우정을 깊어지게 만드는 일들이 연속해서 일어났다. 내가 그처럼 회심한 후 한 달쯤 지났을 때 추석이 되었고, 자연히 우리 가정에서는 제사를 지냈다. 나는 그 제사상에 절할 수 없었다. 그때부터 내 가족으로부터 엄청난 박해가 시작되었으며, 어떤 때는 집에서 쫓겨나기도 했다. 놀랍게도 그 친구의 집이 같은 동네에 있었다. 나는 몇 번이고 그의 집으로 달려가서 그의 방에서 잠을 잤다. 그는 홀어머니를 모시고 사는 넉넉지 못한 형편이었다.

권사이신 그의 어머님과 그는 언제나 나를 따듯하게 받아주었다. 비록 찬 없는 밥을 먹었지만, 그야말로 꿀맛이었다. 그의 집이 같은 동네에 있다는 것은 우연이지만, 동시에 하나님의 섭리였다. 구원 받은 지 1년 남짓 되었을 때 나는 죠이클럽의 회장이 되었다. 내가 임원 선발 문제로 갈등한 적이 있었는데 그와 함께 버스를 타고 집으로 올 적마다 그가 들려준 성경 이야기는 그 갈등을 해결하는 열쇠가 되었을 뿐 아니라, 성경에 대해서도 눈을 뜨게 해주었다.

그는 참으로 탁월한 양육자였다. 내가 어느 지도자를 미워하면서 죠이클럽은 물론 하나님을 떠나기로 한 적이 있었다. 나는 회장임에도 불구하고 모임에 출석하지 않은 것은 물론, 성경도 읽지 않고 기도도 하지 않았다. 공허한 마음을 달래기 위해 어느 이쁜 여자와 데이트를 시작했다. 데이트 비용을 충당하기 위해 공금도 건드렸다. 어느 토요일에 그 여자와 고속버스를 타고 시외로 가기로 했는데, 그날 그 여자의 손도 잡을 생각이었다.

그렇게 들떠있는데, 유용규 형제가 찾아왔다. 그 당시 그는 결혼해서 봉천동에 살고 있었는데, 정릉에 있는 우리 집까지 오려면 2시간 이상 걸렸다. 그를 보자 나는 무척 화가 났다. 만일 회개하라든지 죠이클럽에 나와야 한다고 하면, 주먹으로 그를 치면서 죠이클럽도 하나님도 떠나겠다고 소리칠 작정이었다. 그는 아무 말도 없이 5분쯤 있다가 가겠다며 일어났다. 한 발은 방에 다른 발은 방 밖에 둔 상태에서 나를 돌아다보는 그의 눈에는 눈물이 흐르고 있었다.

그는 이렇게 말했다. "하나님은 당신을 사랑하셔. 나도 당신을 사랑해!" 나중에 들은 말인데, 내가 그 클럽에 나가지 않는 3개월 동안 그는 매일 한 시간 반씩 나를 위해 기도했다는 것이다. 그날 데이트는 망치고 말았다. 그의 눈물이 계속 내 눈앞에서 아롱거렸기 때문이다. 허무한 마음으로 집에 와서는 오랜만에 성경을 집어서 아무 데나 폈다. 다음의 말씀이 눈에 확 들어왔다. "대저 의인은 일곱 번 넘어질지라도 다시 일어나거니와…"(잠 24:16a).

나는 벌떡 일어나서 죠이클럽의 겨울수양회 장소로 달려갔는데, 그곳은 우이동에 있는 영락교회 기도원이었다. 그날 밤부터 엄청 많은 눈이 와서 우리는 그곳에 갇힌 셈이 되었다. 나는 회원들의 얼굴을 볼 면목이 없어서 집회 시간마다 맨 앞에 앉아 있었다. 그리고 쉬는 시간마다 눈을 헤치고 산 위로 올라가서 하나님께 부르짖었다. 거기다가 내가 회장이랍시고 두 강사가 머무는 방에 나를 배정해 주었다. 참으로 고문이 아닐 수 없었다.

어느 날 밤에 눈을 떴는데, 강사 한 분이 무릎을 꿇고 있었다. 그

때는 새벽 2시였다. 나는 계속 자다가 또 눈을 떠보니 강사 둘이 무릎을 꿇고 기도하고 있었다. 새벽 4시였다. 나는 그때까지 그렇게 기도해본 적이 없었다. 회개할 제목이 더 생긴 것이다. 마침내 수양회 마지막 날이 되었고, 수양회는 성찬식으로 마무리되었다. 강사분이 떡을 위해 유용규를 지명하며 기도하라고 했다. 그 형제는 떡을 위해 기도하면서 얼마나 많이 흐느꼈는지 모른다.

예수 그리스도의 몸이 자기를 위해 그처럼 처참하게 십자가에서 찢기고 부서졌다고 하면서 몸부림치는 것이었다. 그가 그렇게 기도할 때 성령님이 내게 임하셨다. 그냥 임하신 게 아니라, 충만하게 임하셨다. 나도 통곡하기 시작했는데, 시간 가는 줄 모르고 눈물 콧물을 쏟고 있었다. 그렇다! 유용규 형제는 나를 구원의 길에 들어서게 하는 매개였을 뿐 아니라, 나로 성령 충만을 경험하게 한 매개였다.

우리의 우정은 그리스도 예수로 맺어진, 그야말로 다윗과 요나단 같이 갈수록 깊어졌다. 그즈음에 어느 교회 학생회를 위한 부흥회를 인도하게 되었다. 그처럼 번듯한 집회에서 설교하자니 너무 긴장되어, 유용규 형제에게 기도해달라고 부탁했다. 그는 나를 돕기 위해 특송을 하겠다고 자청했다. 원래는 신앙의 선배인 그가 설교해야 마땅했으나, 그는 나의 설교를 돕기 위해 특송할 수 있는 것이 기쁨이라고 했다.

첫 집회에서 복음을 전하면서 구원의 초청을 했다. 많은 학생이 그 초청에 응했으며, 그들을 두 그룹으로 나누어서 유용규 형제와 내가 상담하면서 그들이 그리스도 예수를 그들의 구주로 영접할 수 있도록 도왔다. 우리는 같이 집으로 돌아오면서 상담의 결과를 나누었는데, 참으로 기쁨이 충만했다. 요나단이 다윗을 위해 기꺼이 희생한 것처럼, 이 형제는 그의 영적 '자녀'를 위해 기꺼이 희생했다. 그는 진정으로 나의 '요나단'이었다!

유용규 형제의 사랑은 계속되었다. 나도 결혼하게 되어 그와 많은 것을 상의하였는데, 그중 하나가 집 문제였다. 그는 나와 함께 집과 땅을 보러 다녔다. 그 분야에서 나보다 앞서 경험했기에 도움이 컸다. 많은 곳을 찾아다닌 끝에 목동의 법무부 단지에 속한 필지를 사기로 했다. 그와 공동으로 제법 큰 필지를 시세보다 싸게 사서 나누었다. 몇 년 후 우리는 그곳에 두 가정을 위해 두 채의 집을 지었다. 그 두 집은 두 가정이 도약하는 발판이 되었다.

그 형제의 집은 크게 도약할 수 있는 기초가 되었다. 후에 그는 상도제일교회의 담임목사가 되어 교회 사택으로 옮기자, 그 집을 가정사역을 위해 주님께 드렸다. 그 교육원에서 그의 아내를 중심으로 많은 사람을 훈련할 수 있었다. 몇 년 후, 유용규 목사 가정은 미국 로스앤젤레스 지역으로 가서 건물을 마련하고 가정사역 전문가를 훈련하는 HIS University를 설립했다. 그의 아내가 그 대학교의 총장이 되었다. 나에 대한 사랑을 주님이 수백 배로 갚아주셨다.

나에게도 집은 말할 수 없이 중요했다. 우선, 그 형제와 이웃하면서 많은 사랑을 주고받았다. 서로 쉽게 오갈 수 있도록 두 집을 가르는 벽에 작은 문까지 만들어 가족들끼리 자유롭게 드나들었다. 그뿐 아니라, 나의 가정도 안정되어 마음 놓고 사역할 수 있었다. 내가 태국의 선교사로, 그리고 미국 유학으로 한국을 떠났다가 약 10년 후, 귀국했을 때도 들어갈 집이 있다는 것은 큰 힘이 되었다.

만일 집이 없었더라면 마음 놓고 폭넓은 사역을 하기가 쉽지 않았을 것이다.

나에게 요나단과 같은 유용규 형제-이제는 목사요 박사지만-가 2016년에 갑자기 하나님의 부르심을 받았다. 그를 위한 추모예배에서 설교하면서 나는 흐르는 눈물을 억제할 수 없었다. 비록 그가 주님 곁으로 가서 언젠가 우리는 다시 만나겠지만, 그래도 잠시나마 이별을 아쉬워하지 않을 수 없었다. 비록 그는 떠났지만, 그는 두 흔적을 남겼기에 완전히 떠난 것이 아니라고 나는 설교했다. 두 흔적은 그의 아내 양은순 박사와 전도자 홍성철 박사라고…!

6장
성령 충만 후

　내가 죠이클럽의 회장이 되었을 때, 어떤 그리스도인과 갈등을 갖기 시작했다. 그 갈등이 점점 커지더니 나중에는 미움으로 발전했다. 그가 죠이클럽을 떠났으면 하는 마음이 간절했으나, 그는 참으로 신실하게 다녔다. 그가 병이라도 들어 당분간이지만 나오지 않았으면 했으나, 그것도 헛된 생각이었다. 그를 보기가 역겨워 그가 앞쪽에 앉으면 나는 뒤쪽에 앉으면서 피했지만 좁은 공간에서 마주치지 않을 수 없었고, 마침내 나는 죠이클럽을 떠나고 말았다.

　그렇게 몇 개월을 지내다가 유용규 형제의 방문으로 죠이클럽 수양회에 참석하게 되었다. 이미 지난번에 묘사한 대로, 그 수양회 마지막 날 성령 충만을 경험하게 되었다. 버스를 타고 집으로 가는데, 그 버스 안에 있는 사람들을 둘러보니 너무나 불쌍하게 보였다. 그들도 구원받지 않으면 지옥으로 던져질 터이니 말이다. 그들의 영적 처지를 생각하면서 나는 뜨거운 눈물을 흘렸다. 구원받은 후, 아무 관계도 없는 사람들의 영혼을 위해 흘린 최초의 눈물이었다.

그 당시 나는 삼선고등학교 영어 강사였다. 처음부터 내가 그리스도인이라는 사실을 공포하면서 어떻게 해서든지 학생들에게 전도하려고 애를 썼다. 학생들과 농구와 축구도 같이하면서 접근하려고 했다. 어떤 때는 그들에게 빵과 우유를 사주고 대화하면서 전도도 하려고 했다. 그렇게 6개월이 지났는데도 반응은 냉랭하기만 했다. 그런 상황에서 나는 성령 충만을 경험하게 되었던 것이다.

학생들의 구원을 위해 기도하기 시작했는데, 하루에 2시간씩 기도했다. 새벽 2시부터 하나님의 말씀을 읽고 기도하면서 학생들을 위해 처절하게 울부짖었고, 그리고 학교로 갔다. 그렇게 몇 개월이 지나갔는데, 어느 토요일 오후 8명의 학생을 만났다. 그들 중 한 명은 교회를 다녔으나 나머지는 그렇지 않았다. 한 학생이 작은 성경을 내 눈앞에 흔들면서 나를 놀렸다. 물론 나는 항상 성경전서를 가방에 넣고 다녔는데, 그 학생이 먼저 성경을 꺼내 들었다.

나는 그 학생에게 말했다. "그 성경을 빌려주지 않겠니?" 그 학생은 이렇게 대답했다. "예, 목사님, 설교하세요. 우리가 듣겠습니다." 학생들은 모두 깔깔대고 있었다. 그 순간 성령이 내게 임하셨고, 그리고 번개처럼 한 말씀을 주셨는데, 곧 누가복음 21장이었다. 그 장은 마지막 때에 있을 징조에 관한 내용이었다. 물론 나도 하나님의 말씀을 잘 몰랐지만, 그 내용을 떠듬거리면서 학생들에게 설명해주었다.

놀라운 광경이 펼쳐졌는데, 그들 모두가 얼굴이 창백해지더니 무릎을 꿇었다. 그들은 부들부들 떨면서 이렇게 외쳤다. "선생님, 어떻게 해야 구원을 받습니까?" 나는 그때까지 그런 모습을 본 적이 없어서 무척 당황했다. 일주일 후, 어느 신앙 선배를 초청하여 그들이 예수 그리스도를 그들의 구주로 영접하게 했다. 그 8명은 같은 날 같은 시간에 구원을 받은 것이었다. 그들의 변화는 너무나 뚜렷했고, 그들이 누리는 기쁨은 말과 글로 표현할 수 없을 정도였다.

그들이 얼마나 변화되었는지, 점심시간에 반마다 찾아다니면서 예수 그리스도를 전하기 시작했다. 그들은 전도하면서 더 알고 싶은 사람은 수업이 끝난 후 옥상으로 올라오라고 초청했다. 그중 한 학생이 나에게 헐떡이며 오더니 옥상에 147명이 모였다고 보고했다. 그 학교 전체가 술렁이기 시작했다. 어떻게 학생들이 그렇게 변화되었으며, 왜 그렇게 많은 학생이 모였는지 다른 선생님들은 알 도리가 없었다.

그 8명 중 한 학생은 약간 말을 더듬었는데, 그가 구원받은 지 21일째 되는 날에 어떤 깡패 친구에게 예수 그리스도를 전했다. 성령이 역사하셔서 그 깡패가 구원을 받았다. 그는 몽둥이를 가지고 다니면서 학생들을 두드려 패곤 했는데, 이제는 몽둥이 대신 성경을 들고 다니면서 예수 그리스도를 전하고 있었다. 깡패였던 학생은 김광수인데, 그의 집안은 독실한 불교 가정으로 절도 지어서 바쳤다는 것이다.

장손인 그가 불교를 버리고 예수 그리스도께 갔다고 부모는 말할 수 없이 심하게 그를 박해하기 시작했다. 그의 아버지는 초등학교 교장으로 뼈대 있는 집안이었다. 많은 박해에도 불구하고 그가 신앙을 버리지 않자, 그의 어머니가 음독자살을 시도했다. 어느 날 유용규 형제와 집에서 교제하고 있었는데, 그 학생이 들어오자 통곡했다. 그의 어머니가 서울대학병원 응급실로 옮겨졌는데, 의사의 말이 소생할 수 있는 가망성이 없다는 것이다.

우리 셋은 무릎을 꿇고 울면서 주님께 울부짖었다. "주 예수를 믿으라; 그리하면 너와 네 집이 구원을 받으리라"는 말씀을 의지하면서 기도했다 (행 16:31). 기도를 마쳤을 때, 형언할 수 없는 평안이 우리를 포근히 감쌌다. 나는 그 학생에게 하나님이 우리의 기도를 들어주셨다고 했고, 그 말대로 그의 어머니는 기적적으로 살아났다. 그 과정을 지켜보던 그 학생의 아버지도 그리스도 예수를 받아들였으며, 그의 어머니는 후에 집사가 되었다.

김광수가 군대에서 복무할 때, 면회 간 적이 있었는데, 중대장이 그를 목사라고 부르면서 존경을 표했다. 그가 부대원 거의 모두를 그리스도 앞으로 인도했다는 것이다. 제대 후, 그는 한양공과대학교에서 공부하다 전학하여 서울신학대학교에서 훈련을 받고 목사가 되었다. 그는 필리핀의 선교사로 활약을 하면서 교회를 일곱 곳이나 개척했다. 그는 한국에서도 널리 알려진 전도자였는데, 안타깝게도 신장병을 앓다가 하나님의 부르심을 받았다.

나는 8명의 학생을 양육해야 한다는 사명감에 불타고 있었다. 그들에게 토요일마다 우리 집으로 오라고 했는데, 그들만 오지 않고 전도대상자들을 데리고 왔다. 그렇게 오는 학생들의 수가 자꾸만 늘어나더니 50명이 될 때도 있었다. 믿은 지 2년도 안 된 어린 신앙인인 내가 그들에게 하나님의 말씀을 가르친다는 것은 불가능한 일이었다. 누구에게 성경을 체계적으로 배운 적도 없는, 그래서 잘 알지도 못하는 신출내기에 불과한데….

늘 하던 것처럼 새벽 2시에 일어나 주님께 매달리면서 하나님의 말씀을 깨닫게 해달라고 기도했다. 그런데 아무리 기도하고 성경을 읽어도 깨달음이 없었다. 형수가 아침을 먹으라는데, 아침이 문제가 아니었다. 점심도 건너뛰었다. 학생들이 오후 3시 30분에 오는데, 다행히도 3시쯤 말씀 한 군데를 깨닫게 해주셨다. 그때부터 세수도 하고 정리도 하면서 학생들을 맞이할 준비를 했다. 우리는 함께 찬송한 후, 조금 전에 주님이 주신 말씀을 읽고 설명했다.

학생들은 흐느끼기 시작했고, 새로 온 학생들은 예수 그리스도를 그들의 구주로 영접하기도 했다. 두말할 필요도 없이 우리 가운데 성령이 임하셔서 역사하고 계셨다. 우리의 모임은 상당히 오랫동안 계속되었다. 학생들의 신앙이 견고해지는 것을 보는 즐거움은 이루 말할 수 없었다. 그런데 엄청나게 중요한 일이 생겼는데, 그것은 양육하기 위해 혼신을 바친 나를 주님은 기특하게 보셨는지 나의 신앙도 쑥쑥 자라게 하셨다.

학생들의 구원은 계속되었는데, 토요일 모임이 아닌 다른 날에 구원을 경험한 학생들도 있었다. 한 번은 어느 학생이 우리 집에 찾아왔는데, 그 목적은 나를 한편 공격하고 또 한편 설득하기 위해서였다. 그 학생은 하나님의 실존을 과학적으로 설명해 보라고 했다. 그는 하나님이 존재하지 않는다는 사실을 과학적으로 증명할 수 있다고 장담했다. 그런데 그 학생도 일주일 후에 예수 그리스도를 그의 구주로 영접했다.

또 다른 학생은 나를 찾아와서 내가 미쳤다고 했다. 그 학생은 박성만이었는데, 그렇게 대들다가 예수 그리스도를 영접하면서 놀라운 변화를 경험했다. 그의 말에 의하면, 집으로 돌아가는 길이 너무나 평온하고 행복했다는 것이다. 그는 고려신학교에서 훈련을 받은 후, 미국으로 건너갔다. 조지아Georgia주의 콜럼버스Columbus에서 반석 장로교회를 개척하여 은퇴할 때까지 그 교회에서 신실하게 사역했다. 그의 명성은 멀리 그리고 널리 퍼져나갔다.

그 학교에서 처음 믿은 8명 중 하나는 김창용인데, 그가 최초로 전도한 학생은 김광수였다. 우리는 함께 기도하고, 성경을 공부하고, 눈물과 웃음을 나누는 정겨운 교제를 이어갔다. 김창용은 고등학교를 졸업한 후, 서울대학교 치대에서 교육을 받고 의사가 되었다. 그 후 미국에서 상담학을 전공하여 아세아연합신학교에서 교수로 가르치기도 했다. 현재도 어느 폐교를 인수하여 수양관으로 만든 후, 그 수양관을 운영하면서 복음 진작에 혼신을 바치고 있다.

그 8명 중 하나는 송영선이다. 그도 역시 반항적인 학생이었으나, 하나님의 사랑에 이끌리어 과거를 정리하고 예수 그리스도께로 나왔다. 그는 미국의 바이올라대학교와 탈봇신학교에서 훈련을 받은 후 목사가 되었다. 그는 미국에서 빌립보교회를 개척하여 성장시켰는데, 그의 비결은 전도와 훈련이었다. 그는 9권의 책을 저술했는데, 그 가운데『머슴교회』는 그의 신앙과 교회를 소개한 책이다. 그 책의 내용으로 목회자들을 위한 세미나를 통해 도움을 주고 있다.

또 다른 학생이 있는데, 그는 남전우이다. 그는 감리교신학교와 서울신학대학교에서 훈련을 받고 사역자가 되었다. 그의 주된 사역은 죠이클럽에서 죠이선교회JOY Mission로 이름이 바뀐 그 선교회에서 이루어졌다. 그는 죠이선교회의 대표라는 중책을 맡아서 대학생 선교에 이바지했다. 그뿐 아니라, 4권의 책을 저술하여 출판했는데, 모두 훈련을 강조한 책들이다. 그의 훈련을 대표하는 책은『천국의 제자된 서기관』일 것이다.

삼선고등학교는 작은 공립학교로 신앙과는 거리가 멀었는데도, 이처럼 저명한 사역자들이 배출되었다는 것은 하나님의 역사와 은혜가 아니면 결단코 가능하지 않았을 것이다. 놀랍게도 그 매개는 예수 믿은 지 얼마 되지 않은 시간 강사였다. 하나님이 그 시간 강사를 그렇게 사용하신 것은 그가 성령의 충만을 경험했기 때문이다. 성령으로 충만 받은 후, 말씀 읽기와 기도에 전념했기에 하나님이 그처럼 부족한 청년을 사용하신 것이다.

내가 은혜로운 말씀들을 택해서 암송하기 시작했다고 3장에서 언급한 바 있는데, 많은 구절이 요한복음에 들어있는 말씀이었다. 당연히 요한복음을 다른 책보다 더 읽게 되었으나, 나에게는 너무나 어려운 책이었다. 도대체 무엇을 알려주려는지 알 도리가 없었다. 그렇다고 누구에게 물어볼 수도 없었을 뿐만 아니라, 성경 핸드북이나 주석 등 성경 이해에 도움을 주는 자료에 대해 전혀 모르던 때인지라 답답하기만 했다.

나는 어떻게 해서든지 요한복음을 깨닫고 싶었다. 그래서 월요일에는 앉은 자리에서 요한복음을 처음부터 끝까지 읽기로 했는데, 대략 2시간 걸렸다. 화요일에는 2시간 동안 요한복음 1장을 읽기로 했다. 다시 수요일과 금요일에는 통독하고, 목요일과 토요일에는 2장 3장 4장…을 차례로 2시간씩 읽기로 했다. 그런데 2시간 동안 한 장을 읽는다는 것은 참으로 지혜롭지 못한 결정이라는 사실을 깨닫는 데 오래 걸리지 않았다.

아무리 장이 길어도 10분이면 너끈히 읽고도 남았다. 어떻게 한 장을 읽으면서 2시간을 보낸단 말인가? 나는 고민 끝에 색연필을 8개 구했는데, 물론 모두 다른 색이었다. 그리고 이렇게 결정했다: 죄에 대한 말씀은 검정으로 밑줄을 긋고, 예수님의 죽음과 피는 빨갛게 긋고, 그분의 부활과 승천과 재림은 노랗게 밑줄을 긋자. 하나님의 말씀은 짙은 파랑, 성령은 엷은 파랑으로 각각 긋자. 육신과 세상과 사탄은 적황색을 긋자.

어떤 때는 밑줄을 긋고, 또 어떤 때는 원을 그렸다. 읽어도 읽어도 이해가 되지 않는 단어나 구절은 그 난외에 의문표(?)를 달았다. 어떤 구절에는 의문표가 여러 개씩 달렸는데, 다음번에 그리고 또 다음번에 읽어도 이해되지 않기 때문이다. 그러다가 그다음 읽을 때 이해가 되면 그 의문표를 지웠다. 수도 없이 많은 의문표를 붙였다가 지웠다가를 반복하면서, 나의 요한복음은 해어지기 시작했다. 그뿐 아니라 요한복음 대부분이 색연필로 그어져 있었다.

그렇게 줄을 긋고 원을 그리면서 처음으로 알게 된 것이 있었는데, 그것은 빛에 관한 것이었다. 요한복음의 서론은 1장 1~18절인데 그 안에 빛이 일곱 번 나왔다. 빛이란 단어마다 원으로 표시했더니 그 단어가 일곱 번 나온다는 사실이 또렷이 드러났다. 그 당시 나는 빛의 의미도 깊이 알지 못했다. 다만 그 빛이 예수 그리스도를 가리킨다는 것밖에는 알지 못했다. 그렇지만 그 빛이 일곱 번씩 반복되면서 완전한 빛이라는 것을 알고 얼마나 기뻤는지 모른다.

요한복음을 읽으면서 간혹 그런 기쁨도 누렸지만, 역으로 슬픔은 그보다 훨씬 컸다. 요한복음을 통독하고 났는데도 책을 덮는 순간 아무것도 생각나지 않는 것이었다. 처음 몇 달 동안은 그런 현상을 당연하게 여겼는데, 우선 성경에 대한 지식이 전혀 없었기 때문이다. 그다음 요한복음 1장 12절 한 절을 암송하는데 14일이나 걸릴 만큼 머리가 나쁘다는 것을 인정했기 때문이다. 나는 기쁨과 슬픔을 번갈아 느끼면서 요한복음과 계속 씨름해 나갔다.

그렇게 몇 달이 지난 어느 날, 나는 그 날을 결코 잊지 못할 것이다! 그날도 요한복음을 다 읽고 덮었을 때, 생각나는 것이 하나도 없었다. 나는 무릎을 꿇고 기도하기 시작했는데, 눈물이 펑펑 쏟아졌다. 나는 주님께 이렇게 불평했다. "주님, 내가 성경적인 배경이 없다는 것도 알고, 머리가 나쁘다는 것도 압니다. 그러나 어떻게 이렇게 요한복음의 내용이 하나도 생각나지 않을 수 있습니까?"

그렇게 통곡하면서 기도하고 있었는데, 갑자기 요한복음 1장이 내 머리에서 펼쳐지기 시작했다. 물론 나는 여전히 무릎을 꿇고 눈을 감고 있었다. 그다음 2장이 펼쳐졌다. 마치 두루마리가 한쪽에서 펴져서 다른 쪽으로 감기는 것처럼 말이다. 그다음 3장, 그다음 4장, 그다음 5장…그렇게 21장까지 주마등같이 펼쳐졌다. 슬픔의 눈물이 기쁨의 눈물로 바뀌었다! 얼마나 신비로우면서도 영광스러운 순간이며 경험이었는가!

그때부터 요한복음은 '나의 책'이 되었다. 나의 전도 사역에서 많은 경우 요한복음의 말씀을 인용해서 전했는데, 얼마나 많은 사람이 예수 그리스도를 그들의 구주로 영접했는지 누가 다 헤아릴 수 있겠는가? 수백, 수천의 죄인들이 죄의 허물을 훌훌 벗어버리고 성도가 되게 한 책이었다. 12장 "부흥의 바람"에서 묘사한 것처럼, 죠이선교회의 영적 부흥도 요한복음의 말씀을 통해서였다. 그날 메시지를 준비하지는 못했지만, 주님은 '나의 책'을 통해 나를 사용하셨다.

특히 요한복음에 기록된 예수 그리스도의 개인 전도는 나의 핵심적인 전도 메시지가 되었는데, 곧 요한복음 3장, 4장 및 5장이다. 3장에서 니고데모에게 전도하신 내용은 기독교의 관문이라고 해도 지나친 말이 아닐 것이다. 그 내용을 전하면서 목사들, 장로들, 권사들, 신학생들, 교인들, 불신자들이 '물과 성령으로 거듭나는 것'을 목격하는 것은 전도자인 나에게 주어진 하나님의 은혜이자 특권이라고 말하지 않을 수 없다.

요한복음 3장에 제시된 전도가 종교적인 사람들을 위한 것이라면, 4장에 묘사된 사마리아 여인에게 접근한 예수님의 전도는 도덕적으로 타락한 사람들을 위한 것이다. 그런가 하면 5장에 묘사된 38년 된 중환자에 대한 전도는 육체적으로 타락한 사람들을 위한 것이다. 결국, 이 석 장에 나오는 세 인물은 모든 인간을 대표한다고 할 수 있다. 인간은 육체적으로 타락했거나, 도덕적으로 타락했거나, 아니면 종교적으로 타락했기 때문이다.

바울 사도도 역시 그와 같은 세 종류의 인간을 포함하면서, 모든 인간이 죄인이라고 선포했다 (롬 3:9). 그는 그렇게 선포하기 전에 세 종류의 인간이 얼마나 타락했는지를 묘사했다. 육체적으로 타락한 사람들의 모습을 그만큼 적나라하게 묘사한 사람은 없을 것이다 (롬 1:18-32). 이어서 그는 도덕적으로 타락한 사람들을 묘사했다 (롬 2:1-16). 마지막으로 종교적으로 타락한 사람들을 묘사하면서, 종교 중의 종교인 유대교를 실례로 들었다 (롬 2:17-3:8).

한 번은 어느 신학교에서 요한복음을 가르쳤는데, 그때 요한복음

성경적 세계관의 틀과 문화를 도구로
다음 세대를 세우는 토론식 성경공부 교재

시리즈

삶이 있는 신앙

정치
경제
사회
문화
미디어
대중매체

BIBLE

추천   **전광식** 고신대학교 전 총장
신국원 총신대학교 명예교수
홍민기 브리지임팩트사역원 이사장

우리가 만든 주일학교 교재는 성경적 세계관의 틀과 문화를 도구로 합니다.

왜 '성경적 세계관의 틀'인가?

진리가 하나의 견해로 전락한 시대에, 진리의 관점에서 세상의 견해를 분별하기 위해서

◇ 성경적 세계관의 틀은 성경적 시각으로 우리의 삶을 보게 만드는 원리입니다.

◇ 이 교재는 성경적 세계관의 틀로 현상을 보는 시각을 길러줍니다.

왜 '문화를 도구'로 하는가?

어린이, 청소년, 청년들의 삶에 가장 큰 영향을 끼치는 것이 문화이기 때문에

◇ 문화를 도구로 하는 이유는 우리의 자녀들이 문화 현상 속에 젖어 살고, 그 문화의 기초가 되는 사상(이론)을 자신도 모르게 이미 받아들이고 있기 때문입니다.

◇ 공부하는 학생들의 삶의 현장으로 들어갑니다(이원론 극복).

✦ **다른 세대가 아닌 다음 세대 양육**

자기 생각에 옳은 대로 하는 포스트모던적인 사고의 틀을 벗어나, 하나님의 말씀에 기초해서 생각하고 행동하는 성경적 세계관(창조, 타락, 구속)의 틀로 시대를 읽고 살아가는 "믿음의 다음 세대"를 세울 구체적인 지침서!

✦ **가정에서 실질적인 쉐마 교육 가능**

각 부서별(유년, 초등, 중등, 고등)의 눈높이에 맞게 집필하면서 모든 부서가 "동일한 주제의 다른 본문"으로 공부하도록 함으로써, 가정에서 부모와 자녀가 함께 성경에 대한 유대인들의 학습법인 하브루타식의 토론이 가능!

✦ **원하는 주제에 따라서 권별로 주제별 성경공부 가능**

성경말씀, 조직신학, 예수님의 생애, 제자도 등등

✦ **3년 교육 주기로 성경과 교리에 대한 기본적인 이해가 가능하도록 구성(삶이 있는 신앙)**

- 1년차 : 성경말씀의 관점으로 본 창조 / 타락 / 구속
- 2년차 : 구속사의 관점으로 본 창조 / 타락 / 구속
- 3년차 : 하나님 나라의 관점으로 본 창조 / 타락 / 구속

"토론식 공과는 교사용과 학생용이 동일합니다!" (교사 자료는 "삶이있는신앙" 홈페이지에 있습니다)

① 목적

부지불식간(不知不識間)에 대중문화와 또래문화에 오염된 어린이들의 생각을 공과교육을 통해서 성경적 세계관으로 전환시킨다. 이를 위해 현실 세계를 분명하게 직시함과 동시에 그 현실을 믿음(성경적 세계관)으로 바라보며, 말씀의 빛을 따라 살아가도록 지도한다(이원론 극복).

② 구성

쉐 마 분명한 성경적 원리의 전달을 위해서 본문 주해를 비롯한 성경의 핵심 원리를 제공한다(씨앗심기, 열매맺기, 외울말씀).

문 화 지금까지 단순하게 성경적 지식 제공을 중심으로 한 주일학교 교육의 결과 중 하나가 신앙과 삶의 분리, 즉 주일의 삶과 월요일에서 토요일의 삶이 다른 이원론(二元論)이다. 우리 교재는 학생들의 삶 속에서 일어나는 문화를 토론의 주제로 삼아서 신앙과 삶의 하나 됨(일상성의 영성)을 적극적으로 시도한다(터다지기, 꽃피우기, HOT 토론).

세계관 오늘날 자기중심적인 시대정신에 노출된 학생들의 생각과 삶의 방식을 성경적 세계관을 토대로 바라보게 함으로써, 자신을 돌아보고 삶에 적용하는 것을 돕는다.

③ 설교

학생들이 공과의 내용을 잘 이해하고, 공과 공부 시간을 풍성하게 하기 위해서, 부서 사역자가 매주 '동일한 주제의 다른 본문'으로 설교를 한 후에 공과를 진행한다.

권별	부서별	공과 제목	비고
시리즈 1권 (입문서)	유·초등부 공용	성경적으로 세계관을 세우기	신간 교재 발행!
	중·고등부 공용	성경적 세계관 세우기	
시리즈 2권	유년부	예수님 손잡고 말씀나라 여행	주기별 기존 공과 1년차-1/2분기
	초등부	예수님 걸음따라 말씀대로 살기	
	중등부	말씀과 톡(Talk)	
	고등부	말씀 팔로우	
시리즈 3권	유년부	예수님과 함께하는 제자나라 여행	주기별 기존 공과 1년차-3/4분기
	초등부	제자 STORY	
	중등부	나는 예수님 라인(Line)	
	고등부	Follow Me	
시리즈 4권	유년부	구속 어드벤처	주기별 기존 공과 2년차-1/2분기
	초등부	응답하라 9191	
	중등부	성경 속 구속 Lineup	
	고등부	하나님의 Saving Road	
시리즈 5권	유년부	하나님 백성 만들기	주기별 기존 공과 2년차-3/4분기
	초등부	신나고 놀라운 구원의 약속	
	중등부	THE BIG CHOICE	
	고등부	희망 로드 Road for Hope	
시리즈 6권	유년부		2024년 12월 발행 예정!
	초등부		
	중등부		
	고등부		

✔ 『삶이있는신앙시리즈』는 "입문서"인 1권을 먼저 공부하고 "성경적 세계관"을 정립합니다.
✔ 토론식 공과는 순서와 상관없이 관심있는 교재를 선택하여 6개월씩 성경공부를 할 수 있습니다.

성경적 세계관의 틀과 문화를 도구로 다음 세대를 세우고,
스토리story가 있는, 하브루타chavruta 학습법의 토론식 성경공부 교재

성경적 시각으로 포스트모던시대를 살아갈 힘을 주는
새로운 교회/주일학교 교재!

삶이 있는 신앙 시리즈

국민일보
CHRISTIAN EDU BRAND AWARD
기독교 교육 브랜드 대상

토론식 공과(12년간 커리큘럼) 전22종 발행!

기독교 세계관적 성경공부 교재   고신대학교 전 총장 전광식

신앙과 삶의 일치를 추구하는 토론식 공과   성산교회 담임목사 이재섭

다음세대가 하나님 말씀의 진리에 풍성히 거할 수 있게 될 것을 확신   총신대학교 명예교수 신국원

한국교회 주일학교 상황에 꼭 필요한 교재   브리지임팩트사역원 이사장 홍민기

소비 문화에 물든 십대들의 세속적 세계관을
바로잡는 눈높이 토론이 시작된다!

발행처 : 도서출판 삶이 있는 신앙
공급처 : 솔라피데출판유통 / 주소 : 경기도 파주시 문발로 123 솔라피데하우스
주문 및 문의 / 전화 : 031-992-8691 팩스 : 031-955-4433
홈페이지 : www.faithwithlife.com

과 로마서를 동시에 전개하면서 흐름이 유사하다는 사실을 강조하였다. 두말할 필요도 없이 이 두 책에서 가장 유사한 내용은 예수 그리스도의 세 가지 전도 유형과 바울 사도의 세 종류의 타락한 인간의 모습이었다. 예수님은 타락한 사람들을 만나서 그들을 구원하셨다. 바울 사도는 타락한 인간들을 묘사한 후, 그들을 구원하시는 예수 그리스도를 소개했다.

요한복음의 목적은 너무나 분명하다! 육체적으로, 도덕적으로, 영적으로 타락한 인간이 예수 그리스도를 통해 구원받게 하는 것이다. "오직 이것을 기록함은 너희로 예수께서 하나님의 아들 그리스도이심을 믿게 하려 함이요, 또 너희로 믿고 그 이름을 힘입어 생명을 얻게 하려 함이니라"(요 20:31). 사람들이 아무리 타락해도 예수 그리스도가 이루신 구속의 역사를 받아들이면 변화된다는 것이다. 그러니까 이 말씀에 두 번 나오는 '믿음'이 열쇠라고 할 수 있다.

타락 → 믿음 → 영생! 얼마나 분명한 구원의 방법인가! '믿음'이 얼마나 중요한지 요한복음에서 100번이나 나온다. 완전 수인 10의 10배이니, 절대적으로 완전한 '믿음'이다. 예수 그리스도에 대한 '믿음'만 있으면 영생을 얻는다! '믿음'이 포함되지 않는 장은 15장, 18장 및 20장뿐이다. 15장의 강조점은 포도나무에 붙은 가지이며, 18장은 예수님이 종교지도자들에게 심판받는 내용이다. 20장은 그리스도의 부활을 소개한다. 따라서 이 세 장에는 '믿음'이 없다.

요한복음의 어떤 장에서는 10번씩 나오는 단어가 셋이나 되는데, 하나는 '예배하다'이다. 예수님이 사마리아 여인과의 대화에서 이 단어가 10번 나온다(요 4:20-24). 또 하나는 '증언'인데, 예수 그리스도를 믿게 하는 방법으로 이 단어가 10번 사용된다 (요 5:32-39). 참고로 '증언'과 '증거'는 같은 헬라어이다. 세 번째 단어는 '거하다'인데, 가지인 그리스도인이 포도나무이신 예수님 안에 '거해야' 열매를 맺는다 (요 15:4-10; 14절에서 한 번은 '있지'로 번역함).

그러나 요한복음에 가장 많이 나오는 수는 7이다. 예수님이 일구신 기적도 7가지이다 (요 2, 4, 5, 6-2회, 9, 11장). 예수님이 '나는…이다'라고 하신 말씀도 7번이다 (요 6, 8, 10-2회, 11, 14, 15장). 7이 영적 완전을 가리키는 숫자이므로, 예수님의 기적을 7번 포함한 것은 그분이 전능하신 하나님이라는 사실을 증언하고도 남는다. 그분이 7번 하신 '나는…이다'는 그분의 구속적 죽음과 부활을 함축하는 놀라운 선언이다.

요한복음 1장에는 예수님의 명칭도 7번 나온다. 그분은 '빛'이시며 (요 1:9), '육신이 된 말씀'이시며 (요 1:14), '독생하신 하나님'이시다 (요 1:18). 그뿐 아니라 그분은 '하나님의 어린 양'이시며 (요 1:29, 36), '하나님의 아들'이시며 (요 1:34, 49), '메시야'이시다 (요 1:41). 마지막으로 그분은 '이스라엘의 임금'이시다 (요 1:49). 첫 장에서 이렇게 예수 그리스도를 소개하면서 문을 연 요한복음은 그분을 가장 포괄적으로 그리고 가장 깊게 소개한 책이다.

요한복음 8장에는 '진리'와 '증언'이 각각 7번씩 나온다. 10장에는 '안다'가 7번 나오며, 12장에는 '영광'이 7번 나온다. 이런 단어들은 틀림없이 서로 연관되어 있을 것이다. '진리'를 경험적으로 '알면' 자연히 생명을 걸고 그 '진리'를 '증언'하게 된다. 그런 '증언'을 통해 여기저기에서 예수 그리스도를 믿고 구원받아 영생을 얻게 된 사람들이 생기면, 그것을 위해 이 세상에 오신 주님이 '영광'을 받으시지 않겠는가?

　요한복음에는 '마지막 날'도 7번 나온다. 한번은 '끝날'이라고 번역되었지만, 헬라어로는 모두 같은 단어이다 (요 7:37). 믿음을 통해 얻게 된 영생을 그리스도인들에게는 '마지막 날'에 죽지 않는 영원한 몸으로 부활하여 생명의 주인이신 주님과 영생을 누리게 될 것이다 (요 6:39, 40, 44, 54, 11:24). 그러나 그분을 믿음으로 받아들이지 않는 사람들은 '마지막 날'에 심판을 받을 것이다 (요 12:48). 심판을 받지 말고 생명의 주님께 나아오라는 은혜의 초청이다!

8장
신의 직장

그 시대는 개인적으로나 국가적으로 암울했다. 개인적으로 암울했던 것은 나에게 직장이 없었기 때문이며, 국가적으로 암울했던 것은 5~60년대의 대한민국이 경제적으로 상당히 피폐한 상태였기 때문이다. 우리 가정도 그런 상황에서 벗어날 수 없었다. 얼마나 경제적으로 어려웠던지, 나는 고등학교 시절 고1 때 70일, 고2 때 60일, 고3 때 60일을 학교에 가지 못했다. 수업료를 낼 때까지 등교할 수 없다는 학교의 엄한 방침 때문이다.

대학교 시절에도 역시 어려움은 마찬가지였다. 어머니가 입학금을 마련하기 위해 지인들을 찾아다니며 눈물로 호소하면서 빌려 겨우 등록금을 준비했다. 나는 수업료를 위해 더는 부모님에게 손을 벌릴 수 없었다. 장학금을 받기 위해 악착같이 공부했고, 그렇게 받은 장학금으로 학부를 마쳤다. 대학 생활 내내 한 벌의 교복을 입고 한 켤레의 군화를 신고 다녔다. 많은 경우 차비가 없어 걸어서 등교하는 주제에 연애 같은 것은 꿈도 꾸지 못했다.

그러는 사이에 예수 그리스도를 구주로 영접한 후, 삼선고등학교의 강사로 가르치면서 조금은 체면을 차릴 수 있었다. 그러나 그것도 잠깐이어서, 곧 백수가 되었다. 직장이 없으니 남아도는 것은 시간뿐이었다. 그 시간에 죽자고 하나님의 말씀과 씨름했다. 허구한 날 방구석에서 성경을 보면서 시간을 보냈으니, 믿지 않는 식구들이 보기에 얼마나 답답했겠는가? 그 와중에 어느 명문 고등학교에서 영어 교사를 뽑는다는 광고를 보고 지원했다.

약 30명 중에서 내가 뽑혔는데, 가장 큰 이유는 시험에 영어 발음기호에 관한 문제들이 나왔기 때문이다. 나에게는 식은 죽을 먹는 것처럼 쉬웠으나, 나처럼 영어 발음기호를 위해 시간과 정력을 쏟은 사람은 별로 없었던 것 같았다. 내가 뽑혀서 채용 면접을 보게 되었는데, 면접 질문 중 하나가 교사 자격증에 관한 것이었다. 불행하게도 나에게는 영어 교사 자격증이 없었으며, 따라서 아쉽게도 실격되고 말았다.

또 몇 달이 지나갔는데, 교사 자격증이 없는 사람을 영어 교사로 채용한다는 문교부(지금의 교육부)의 광고를 보았다. 전국 각지에서 사람들이 구름떼처럼 몰려왔는데, 거의 800명이나 되었다. 그 가운데서 약 50명이 선발되었는데, 나도 그 가운데 들었다. 그렇게 선발된 사람들을 위해 4개월 동안 집중적으로 교직 과목과 교생실습을 이수하게 하고 자격증을 주었다. 그런 특채는 그 이전에도 없었고, 그 이후에도 없었다. 하나님이 나에게 긍휼을 베푸사 열어주신 문이었음이 틀림없다.

얼마 후, 문교부의 중등교육부로 출두하라는 통지를 받았는데,

어느 교장이 나를 지명했다는 것이다. 내가 교육받은 수료생들 가운데 교사로 임명된 최초의 사람이 되었다. 그 학교는 성수중학교였는데, 1년 된 신설 학교였다. 중학교 1학년 담임으로 영어를 가르치는 임무를 부여받았다. 그 학교는 주님이 주신 '신의 직장'이었다. 우선, 가난한 백수의 신세를 면하게 되었기 때문이다. 그러나 무엇보다도 그 직장으로 인하여 내 인생이 크게 도약했기 때문이다.

내가 어떤 자세로 어린 학생들을 가르쳐야 할지 열심히 기도했다. 그렇게 기도하는데 하나님의 말씀이 나에게 주어졌다. "무슨 일을 하든지 마음을 다하여 주께 하듯 하고, 사람에게 하듯 하지 말라. 이는 기업의 상을 주께 받을 줄 아나니, 너희는 주 그리스도를 섬기느니라"(골 3:23-24). 이 말씀에는 명령과 약속이 포함되어 있는데, 명령은 학생들을 '주께 하듯 하는' 것이고, 약속은 '기업의 상'이었다.

나는 네 반의 학생들을 가르쳤는데, 그들이 영어 교과서를 차례차례 암송하게 했다. 다른 선생들이 가르친 열한 반의 학생들과는 비교도 되지 않을 정도로 성적이 뛰어났다. 그렇게 열심히 가르치면서도 나는 하나님의 말씀 탐구에 게으를 수 없었다. 정릉에서 성수동까지 버스를 몇 번씩 갈아타면서 많은 시간을 허비했다. 나는 하나님의 말씀을 더 많이 읽기 위해 이틀에 한 번은 택시를 타고 출근했다.

그것도 아까워서 학교의 양호실에서 기거하면서 출퇴근을 하지 않았다. 더 많은 시간을 기도와 성경 읽는데 보내고자 하는 열정의 표현이었다. 그 성수중학교에 6월에 부임했다가 다음 해 3월에 신일중학교로 옮겼다. 그것도 역시 미션스쿨에서 신앙생활을 더 깊이 하고자 하는 마음 때문이었다. 그런데 어느 날 이상한 전화를 받았다. 그 전화의 내용인즉 모레 있을 유학 시험을 위해 서류를 제출하라는 것이었다.

나는 전화 잘못 걸었다고 하면서 끊으려 했는데, 내용인즉 이러했다. 성수중학교의 교장이 문교부 중등교육부 과장으로 영전했는데, 뉴질랜드 유학을 위해 나를 추천했다는 것이다. 그 당시 나 같은 사람이 유학한다는 것은 절대로 불가능한 일이었다. 그 교장은 다른 많은 선생을 제쳐놓고 다른 학교로 전학한 나를 기억하고 추천해 주었다. 필기 고사, 영어 면접, 영어 인터뷰를 거쳐서 1등으로 합격하는 영예를 안았다.

"이는 기업의 상을 주께 받을 줄 아나니"라는 주님의 약속이 그렇게 이루어질 줄 누가 알았겠는가? 그런데 문제가 생겼는데, 정부에서 여권을 발행해 주지 않는 것이었다. 뉴질랜드에서 오라는 날짜를 맞추기 어렵게 생겼다. 선발된 7명의 선생이 모였는데 기름칠을 하자는 것이다. 오직 나만 반대했는데, 그 이유도 밝혔다. "그리스도인은 뇌물을 주지 않습니다!" 그 선포로 인하여 선생들 가운데 한 분이 후에 예수 그리스도를 믿고 영접하였다.

그 당시 뉴질랜드에는 한국인이라곤 우리밖에 없었는데, 동양인들의 이민을 엄격히 금하고 있었기 때문이다. 나처럼 박봉의 선생들이 뉴질랜드로 유학한다는 것은 절대로 불가능한 일이었다. 뉴질랜드 정부가 국비 유학생으로 왕복 차비, 숙식, 등록금, 교과서, 의복, 용돈 등 일체를 책임졌기에 가능했다. 1971년 2월에 그 수도인 웰링톤Wellington에 있는 빅토리아대학교Victoria University에 도착한 우리 7명의 선생은 모두 학교 기숙사로 들어갔다.

얼마 지나지 않아서 내가 다른 선생들과 다르다는 것을 인식하기 시작했다. 그들은 모이면 술을 마시거나 화투를 했는데, 나는 그런 것들과는 거리가 먼 사람이었다. 나는 길잃은 외로운 기러기처럼 됐다. 주님은 그처럼 외로운 나를 위해 기적을 베푸셨는데, 그것도 하나가 아니라 둘이었다. 첫 번째 기적은 교회 선택에서 나타났다. 내가 간 교회는 엘리자베스 스트리트 채플Elizabeth Street Chapel이었는데, 많은 교회 중 그 교회를 택한 것은 주님의 인도였다.

예배 중 너무나 은혜가 커서 눈물 콧물이 마구 흘렀다. 예배 후, 화장실에서 실컷 울고 나서 세수하고 나오는데, 어떤 할아버지가 말을 걸었다. "처음 보는 분이네요." "네, 오늘 처음 왔습니다." "어느 나라에서 왔나요?" "한국에서요." 그분은 깜짝 놀라더니 어떤 사람을 데리고 왔는데, 그 사람은 키가 얼마나 큰지…! 그 사람이 물었다. "당신 정말 한국에서 왔나요?" 그분은 눈물을 글썽이면서 말했다. "점심 식사에 초대해도 괜찮나요?"

그렇게 해서 그분의 차를 탔는데, 그 부부는 할머니와 딸과 살고 있었다. 그 부부는 자녀가 없어서 한국 고아를 양녀로 삼았는데, 법으로 동양인을 데리고 올 수 없어서 국무총리를 네 번이나 면회해서 특별 허락을 받았다는 것이다. 그 딸은 10대의 아름다운 처녀로 성장했는데, 한국 말은 하지 못했다. 그 집에서 점심 식사 후, 서로의 구원 간증을 나누었는데, 참으로 은혜로웠다. 저녁 식사 후, 그들은 나를 데리고 저녁 예배에 참석한 후 집으로 데려다주었다.

어느 금요일 오후, 수업 후 나는 외로움을 곱씹으며 그 집을 찾아가기로 했다. 초청을 받지 않았는데도 말이다. 초인종을 눌렀을 때, 부인인 페기Peggy Smyths가 나왔다. 질문이 있어서 왔기에 질문을 한 후 돌아가겠다고 했다. 그 부인은 "이게 당신 집이야!"라고 하면서 끌고 들어갔다. 미안하게도 식구들이 식탁에서 저녁을 하려던 참이었다. 나는 식탁에 앉아 기도하면서 눈물을 펑펑 쏟았다. 저녁 식사 후, 간단히 가정예배를 드렸다.

페기는 주말을 같이 지내자고 나를 붙들었다. 물론 나도 외롭게 기숙사에서 주말을 지내고 싶지 않았기에 그 집에서 머물게 되었다. 너무 감사해서 울며 기도하다가 잠이 들었는데, 그만 늦잠을 잤다. 그들은 소풍 준비를 하고 내가 일어나기를 기다렸다. 외로워 보이는 나를 위로하기 위해 갑자기 준비한 소풍이었다. 그곳에서 80km 떨어진 공원으로 가서 우리는 하루를 너무나 행복하게 보냈다.

두 번째 기적도 못지않게 놀라웠다. 어느 날 아침 말씀을 읽으면서 이런 약속을 받았다: "하나님이 고독한 자들은 가족과 함께 살게 하시며…" (시 68:6a). 인간적으로는 실현 가능성이 조금도 없었는데, 그 당시 뉴질랜드 사람들은 동양인을 혐오했기 때문이었다. 그러나 하나님은 그런 한계를 초월해서 역사하시는 분이다. 그 역사의 시작은 수업을 마치고 돌아오는 길에 위치한 기독교 서점을 들르면서 시작되었다.

책을 몇 권 샀는데, 점원이 처음 보는 사람이라고 하면서 나에 관한 것들을 물었다. 2주쯤 지났는데, 그 서점에 꼭 가야 한다는 충동이 생겼다. 그 점원은 나를 보자 반가워하면서 나를 찾았다는 것이다. 그녀는 주일 예배를 마친 후, 담임목사와 환담하면서 한국에서 온 청년을 만났는데, 외로워 보이더라고 했다. 그때 마침 그곳에 있던 젊은 부부가 "누가 외로워요?"라고 물었다. 그 부부는 나를 그들의 집에서 같이 살게 하겠다고 즉석에서 결정했다는 것이다.

그 점원의 소개로 그 부부의 저녁 초대를 받아서 그 집에 가게 되었다. 집도 클 뿐 아니라, 정원은 얼마나 넓은지 사과나무가 다섯 그루나 있을 정도였다. 그 부부는 내가 거할 넓은 방을 보여주었는데, 그 방에는 벽난로와 침대, 책장과 타이프, 연필과 볼펜과 노트, 기독교 서적, 양탄자 등으로 가득했다. 그 모든 것이 나의 것이 될 줄을 누가 알았겠는가? 외로운 나를 가엽게 여기사 그 가족과 살게 하신 나의 하나님은 기적과 사랑의 하나님이시다!

9장

십자가

내가 뉴질랜드에서 그리스도인들로부터 큰 사랑을 받으며 평안히 지내는 동안, 고국의 상황은 불안하기만 했다. 월남에서 공산주의자들과 민주주의 신봉자들 사이에 전쟁이 계속되고 있었고, 캄보디아에서는 내정의 불안과 정권의 교체 가운데 공산당이 날로 득세하고 있었다. 그런 정세를 틈타 북한은 호시탐탐 남한을 공산화하려 하고 있었다. 가난에 찌든 남한에서는 북한에 대항하기 위해 예비군 훈련을 강화하고 있었다.

전쟁이 발발하면 예비군은 그에게 배정된 장소로 가서 죽을 때까지 그곳을 지켜야 한다는 군령을 받았다. 그런 상황을 떠나 평화의 나라인 뉴질랜드에서 유학하니 마치 천국의 생활 같았다. 그뿐 아니라, 뉴질랜드 그리스도인들이 나에게 위험한 한국으로 돌아가지 말고 같이 살자는 제안을 했다. 실제로 내가 한국을 떠날 때, 형님이 한국으로 돌아오지 말라고 신신당부까지 했다. 그 당시 한국을 떠날 수 있는 청년들은 대부분 귀국하지 않았다.

나도 그곳에서 살기로 다짐하면서 흥분을 감추지 못하고 있었다. 그러던 중 어느 아침에 기도하며 성경을 읽는데 말씀이 나의 마음을 휘어잡았다. "유대인은 표적을 구하고 헬라인은 지혜를 찾으나, 우리는 십자가에 못 박힌 그리스도를 전하니 유대인에게는 거리끼는 것이요 이방인에게는 미련한 것이로되, 오직 부르심을 받은 자들에게는 유대인이나 헬라인이나 그리스도는 하나님의 능력이요 하나님의 지혜니라"(고전 1:22-24).

"십자가에 못 박힌 그리스도를 전하라"는 주님의 명령이었다! 일신의 안일만을 꿈꿨던 나는 회개하기 시작했다. 주님은 나를 구원하시기 위해 십자가에서 몸이 찢기며 피를 쏟으면서 죽으셨는데! 그렇게 십자가에서 죽으신 그리스도 예수를 전하라고 부탁하셨는데! 회개의 눈물과 콧물이 쏟아졌다. 나는 통곡하면서 회개했고, 기도했고, 그리고 나의 남은 인생을 다시 한번 주님께 드리기로 작정했고, 남김없이 드렸다!

얼마나 주님이 나를 강하게 질책하셨는지, 나의 아픔도 컸다. 나는 기도하다가, 찬송하다가, 하나님의 말씀을 읽다가, 통곡하기를 끊임없이 반복했다. 얼마나 깊이 회개했던지 나는 학교에 갈 수 없었다. 하루만 못간 게 아니라, 이틀, 사흘…일주일을 못 갔다. 나의 인생의 좌표가 결정된 것이다! 십자가에 못 박히신 예수 그리스도를 전해야 했다. 고국으로 돌아가서 경제적으로나, 정치적으로나, 영적으로 고통받고 있는 '내 백성'에게 전해야 했다.

하나님은 그렇게 결정한 나에게 '십자가의 능력'을 보여주기 시작했다. 제일 먼저 7명의 유학 온 한국 선생들 가운데 한 명이 그리스도 앞으로 돌아왔다. 그는 "그리스도인은 뇌물을 주지 못합니다!"라고 내가 말했을 때, 얼굴빛이 창백하게 변한 사람이었다. 나중에 알고 보니 그도 반대였는데, 감히 말하지 못했다는 것이다. 그런데 가장 나이 어린 내가 그렇게 말하는 것을 본 이래, 나를 주의 깊게 살폈다는 것이다. 그가 예수 믿고 변화된 것이다!

그다음에도 역시 선생인데, 그는 중앙고등학교 동창이며 4년 선배였다. 그는 가족을 떠나 말할 수 없는 외로움을 곱씹으면서 병까지 얻었다. 나는 뉴질랜드 그리스도인들에게 그를 방문해서 눈물로 위로해 달라는 부탁을 했다. 그들은 차례로 방문했고, 눈물을 흘렸고, 그리고 선물을 주고 떠났다. 그 선생의 마음이 움직이기 시작했고, 마침내 예수 그리스도를 그의 구주로 영접했다. 함께 여행할 기회가 있었는데, 그는 새벽 4시에 일어나서 기도하고 성경을 읽었다.

세 번째 사람은 고등학교 재학 중인 여학생이었다. 장로인 아버지를 둔 그녀는 가출했고, 시시때때로 남자 친구와 교회를 방문했는데, 아버지를 부끄럽게 만들기 위함이었다. 어느 주일 저녁 예배에 내가 그 교회에서 설교했는데, 그날도 남자 친구와 참석했다. 그녀는 눈물을 흘리면서 회개했고, 그리고 가정으로 돌아갔다. 그 장로분이 나에게 고맙다는 말을 여러 번 했는데, 그 교회는 내 집주인 부부가 다니는 교회였다.

십자가의 능력이 나타난 네 번째 사람은 태국 교수였다. 그녀는 『하나님을 반대하다』Against Christianity를 저술한 저명한 영어 교수로, 불교에 깊이 헌신한 사람이었다. 어느 날 점심시간에 그녀가 내게 대화를 제안했는데, 그녀는 처녀이고 나는 총각이었다. 이런저런 이야기 끝에 내게 책을 빌려주겠다고 했는데, 그 책은 불교 서적이었다. 기독교인인 내게 불교 서적을 읽으라고 하니, 기분이 좋지 않았다.

그러나 언젠가 나도 불교 신자들에게 복음을 전하게 될지도 모른다는 생각으로 그 책을 빌렸다. 그 후에도 계속 불교 서적을 빌려주어서 4권이나 읽었는데, 소승불교에 대해 일가견이 생겼다. 그 교수는 장학금으로 뉴질랜드 유학을 가게 되어 너무나 감사한 나머지 다섯 명에게 불교를 전하겠다고 부처님에게 서원했다는 것이다. 그녀는 매일 새벽 5시에 기도를 했는데, 첫 번째 전도 대상이 다름 아닌 바로 나였다.

나도 그녀를 위해 기도하기 시작하면서 『하나님의 창조』라는 책을 빌려주었다. 그 책은 호주의 어느 과학자가 창세기 1장을 설명한 책인데, 마음을 열고 읽으면 하나님을 믿지 않을 수 없게 하는 그런 책이었다. 그녀가 잘 읽었다고 하면서 그 책을 돌려주려 하자, 책이 흥미로웠느냐고 물었다. 그렇다고 대답하자, 그러면 그 책을 가지라고 하면서 그녀에게 주었다. 나중에 안 사실인데, 그녀는 그 책을 반쯤 읽다가 너무 두려워서 포기했다는 것이다.

나는 그녀와 종종 대화했는데, 그녀는 갈등하기 시작했다. 나보기가 역겨워 유명한 관광지인 로토루아Rotorua라는 곳으로 여행을 떠났다. 그녀에게 가정을 열고 맞이한 부부는 둘 다 고등학교 선생이었는데, 독실한 그리스도인들이었다. 그리스도인 한 사람을 피해 그곳으로 갔는데, 두 그리스도인에게 둘러싸이게 되었다. 그녀는 너무 화가 나서 7일 예정의 여행을 3일로 바꾸어 고속버스를 타고 다시 학교로 돌아왔다.

그녀가 나를 만나자 이렇게 말했다. "난 하나님을 발견했어요!" 너무 신기해서 물었다. "어떻게요?" 그녀는 버스에서 너무 외로워 눈물을 흘리면서 창밖을 보니 서산 너머로 지는 빨간 햇살에 펼쳐진 아름다운 광경을 보면서 이렇게 외쳤다는 것이다. "이처럼 아름다운 세상을 창조하신 하나님은 위대하시다!" 그녀가 읽다 만 책이 그녀의 마음에 새겨진 것이다. 나는 이렇게 반응했다. "놀라워요. 그런데 한 가지 더, 곧 예수 그리스도를 만나야 해요!"

우리의 교육과정에는 교생실습이 있었는데, 몇 명씩 그룹으로 전국에 있는 학교로 흩어져서 강의하는 훈련이었다. 가고 싶은 지역을 제안하라는 광고를 듣고 나는 즉시 남쪽에 있는 더니든Dunedin을 떠올렸다. 그곳이 뉴질랜드에서 가장 아름다운 곳이라는 말을 들었기 때문이다. 그러나 하나님께 맡기기로 마음을 바꿨다. 나의 기대와는 달리 오클랜드Auckland로 배정되었는데, 그곳은 이미 갔던 곳이었다.

하나님의 선택이라고 믿으며 그곳에 갔는데, 그 그룹에 그 태국 교수도 있었다. 어느 날 그녀가 나의 강의를 들었는데, 그날 저녁 호텔 라운지에서 그녀와 대화했다. 그녀는 이렇게 입을 열었다. "당신의 강의는 아주 특별했어요!" 이어서 그녀는 물었다. "왜 당신은 다릅니까?" 나는 이렇게 대답했다. "진리를 찾았기 때문이죠." 그녀가 빌려준 책을 통해 소승불교 신자들이 진리를 찾는 것이 그들의 목적인 것을 알았기에 그렇게 대답했던 것이다.

그녀는 창백해지면서 물었다. "진리가 무엇이죠?" 나는 죄에 대해, 인생의 허무에 대해, 죽음에 대해, 인생의 결산에 대해, 설명했다. 열정적으로 설명하는데, 어떤 부인이 내게 쪽지를 건네주었다. 그 쪽지에는 이렇게 쓰여있었다. "우리 셋은 그리스도인인데, 지금 당신을 위해 기도하고 있습니다." 막강한 우군을 얻은 셈인데, 그분들과 거의 10년 동안 교제를 나누었다. 한편 그 교수는 아직 예수 그리스도를 구주로 받아들일 준비가 되어있지 않았다.

그렇게 한 달을 가르친 후, 우리는 다시 학교로 돌아왔다. 어느 수요일에 그 교수와 만나서 6시간이나 대화하면서 복음을 전했으나, 그녀는 결단하지 못했다. 나는 이렇게 말하면서 헤어졌다. "당신은 당신의 길로, 나는 나의 길로 갑시다!" 갑자기 성경 말씀이 떠올라서 그녀를 불러서 이렇게 말했다. "You are almost persuaded"(당신은 거의 설득이 되었어요). 이 말은 사도행전 26장 28절을 의역한 것이다. 물론 설득이 안 되었다.

그날 밤, 그녀는 그 말이 자꾸 들려와서 잠을 잘 수 없었고, 마침내 무릎을 꿇었다. 누군가가 그녀에게 임하셨고, 그녀는 통곡하면서 예수 그리스도를 그녀의 구주로 받아들였다. 갑자기 그녀는 물밀듯 넘치는 평화를 느낄 수 있었다. 그렇게 해서 그녀는 독실한 불교 신자에서 기독교 신자로 변화되었다. 그 전날 주님은 내게 이사야 60장 1절의 말씀을 통해 그녀가 변화될 것을 알려주셨고, 나는 확신하며 그 소식을 기다리고 있었다.

아침에 전화가 왔는데, 이것이 그녀의 첫 마디였다. "나는 평안을 찾았어요!" 그녀를 만났는데, 한 손에 성경을 다른 손에 빌리 그레이엄의 『하나님과의 평화』를 들고 내려왔다. 물론 그 책들은 내가 전도를 위해 준 것들이었다. 그녀의 얼굴은 찬란하게 빛나고 있었다. 나는 그때까지 그렇게 찬란한 얼굴을 본 적이 없었다. 그녀가 어떻게 변화되었는지를 말한 후, 이런 말을 덧붙였다. "나는 약혼자와 결혼할 수 없게 되었네요. 그는 불교 신자이니….”

　우본완^{Ubolwan Mejudhon} 교수는 1971년 10월 25일에 구원받았다. 그녀가 후에 태국의 복음화를 위해 얼마나 큰 공헌을 했는지 하나님만이 아신다. 여하튼 하나님이 나에게 십자가를 전하라고 부르신 후, 나를 통해 구원의 역사가 일어나기 시작했는데, 그 교수는 네 번째 사람이었다. 그녀의 변화는 나로 십자가의 능력을 깊이 맛보게 하는 계기가 되었고, 따라서 그 십자가를 죽을 때까지 전하기로 다시 한번 결심하는 계기가 되었다.

10장
"모세와 아론"

　모세가 미디안 광야에서 안일한 삶을 누릴 때, 하나님은 그를 부르셨다. 그 부르심에 호응하여 모세는 그의 백성이 고통받고 있는 애굽으로 돌아갔는데, 그들을 구원해내기 위해서였다. 모세가 하나님의 지팡이를 들고 애굽으로 돌아올 때, 하나님이 그에게 동역자를 붙여주셨는데, 그 동역자가 바로 아론이었다. 그때부터 모세와 아론은 바늘과 실처럼 하나가 되어 이스라엘 백성에게 구원의 메시지를 전했고 또 구원 사역을 감당했다.

　나도 유학 중인 뉴질랜드에서 안일한 삶을 누릴 때, 하나님은 십자가의 메시지로 나를 부르셨다. 고국으로 돌아가서 내 백성, 내 민족에게 십자가의 사랑을 전하라고 부르셨다. 내가 십자가의 지팡이를 들고 한국으로 돌아오자, 하나님은 나에게 아론과 같은 동역자를 만나게 하셨다. 그 동역자는 동양선교회 (OMS)의 제이비 크라우스J. B. Crouse, Jr. 선교사였다. 하나님이 아론을 지명하여 모세에게 허락하신 것처럼, 나를 위하여 제이비를 준비하셨다.

뉴질랜드에서 고국으로 돌아오는 길에 여러 나라-호주, 싱가포르, 말레이시아, 태국, 홍콩, 대만 및 일본-를 들러서 그리스도인들과 교제도 하고 말씀도 전했다. 일본에서는 어느 뉴질랜드의 목사 소개로 OMS선교회Oriental Missionary Society에 머물렀다. 그때까지 그 선교회에 대해서는 들어본 적이 없는 생소한 기관이었다. 수요일 밤에 선교사들과 방문자들이 모여 수요 예배를 드릴 때, 나도 구원 간증을 나누었다.

방문객 중에 미국인 목사 부부도 있었는데, 그분들이 곧 한국을 방문할 터인데 한국에서 나를 만나고 싶다는 것이다. 한국으로 돌아와서, 성탄 주일 예배를 마치고 귀가하는 길에 그 미국 목사를 찾아 나섰다. 그 목사가 알려준 집의 초인종을 눌렀다. 미국 사람이 나와서 내가 온 이유를 물었다. 그분의 한국 말이 나의 영어만 못하다고 느껴서 영어로 해도 좋은지 물었다. 허름한 차림의 한국인이 영어로 한다니까 좀 놀라는 것 같았다.

내가 언급한 미국 목사 부부는 오지 않았다고 하면서, 그 미국인이 물었다. "당신의 직업은 무엇입니까?" 영어 선생이라고 하자, 직업을 바꿀 의사가 없느냐고 물었다. 나는 비웃는 어조로 하나님의 뜻이면 바꿀 수 있다고 대답했다. 나중에 알게 된 사실인데, 그는 에드윈 킬본Edwin Kilbourne 박사로, OMS선교회 한국 지부의 지부장이자 서울신학대학교의 학장이었다. 몇 달 후, 그가 전화를 걸어와서 만나자고 했다.

다시 OMS선교회를 찾아갔는데, 거기에는 그와 제이비가 있었다. 그 제이비가 하나님이 나에게 붙여주신 동역자라는 사실을 어떻게 알았겠는가? 그들은 나에게 같이 일하자고 강력하게 제안했다. 실은 한국 지부의 총무가 얼마 전 병환으로 죽자, 범세계적으로 40,000여 명의 그리스도인들이 하나님의 뜻에 합당한 총무로 선정하게 해달라고 기도했다는 것이다. 그들의 제안에 나는 기도해볼 터이니 두 주만 기다려달라고 대답했다.

그렇게 긍정적으로 답한 이유가 있었다. 그때 세 곳의 일터에서 나를 데려가려고 했었다. 한 곳은 어느 사립 중학교 교장 자리였고, 또 한 곳은 어느 고등학교 영어 교사와 교목을 겸직하는 자리였다. 나머지 한 곳은 팀선교회인 "생명의 말씀사"였는데, 그곳의 미국인 선교사가 나를 초청했다. 이 세 가지를 놓고 열심히 기도하는 중, 어느 날 새벽에 성령이 강력하게 임하시면서 진로 문제를 주님께 맡기라고 하셨다.

나는 눈물을 펑펑 쏟으면서 주님께 나의 미래를 전폭적으로 맡겼다. 이틀 후에 OMS선교회로부터 전화를 받은 것이다. 나는 내가 전혀 알지도 못하는 선교부의 지도자들로부터 총무 자리 제안을 받는 순간, 그 일터가 하나님의 뜻이라는 것을 알았다. 그러나 2주 정도 쉬기도 하고 정리도 하기로 마음먹었기에, 그 기간을 달라고 한 것이다. 그 직장이 나의 앞날을 완전히 바꿀지 누가 알았겠는가?

제이비 선교사는 비전의 사람이었다. 그즈음 서울에 시민 아파트가 들어서기 시작했는데, 서울시는 서민의 주택 문제를 해결하기 위해 시민 아파트를 계속 짓겠다고 공언한 바 있었다. 제이비는 아파트 전도대를 조직했는데, 그 대원들은 서울신학대학교 신학생들이었다. 나는 그들을 감독하고 훈련하는 책임을 맡았다. 그들이 아파트 가가호호를 방문하여 개인 전도를 했는데, 반응은 참으로 파격적이었다. 제이비의 비전이 성취되면서 도약하기 시작했다.

십자가를 전하라고 나를 부르신 주님은 계속해서 기적을 베푸셨는데, 평신도인 내가 많은 곳에서 집회 인도를 부탁받았기 때문이다. 그 당시 평신도가 부흥회나 전도 집회를 인도하는 것은 거의 기적이었다. 많은 중고등학교에서 복음을 전했고, 많은 교회에서 집회를 인도했다. 그뿐 아니라, 군목들도 여기저기에서 나를 초청했다. 영적으로 거의 진공 상태에 있던 군대는 문자 그대로 황금어장이었다. 나에게 제이비와 OMS선교회의 뒷받침이 없었다면 불가능한 일이었다.

전도에 전념할 수 있도록 제이비가 창설한 "특수전도부"Total Impact Evangelism로 나의 부서를 옮겨주었다. 그때 전국 각처에서 군인들을 만나며 알게 된 것이 있었다. 제한된 인원의 군목이 그처럼 많은 막사에 있는 군인들을 다 다룰 수 없었기에, 군종 사병 제도를 만들었다. 신앙이 좋은 군인들을 선발하여 각 막사에서 아침저녁으로 예배를 인도하게 했다. 그들은 군인들에게 좋은 모범과 상담자가 되기도 했다. 군복음화軍福音化의 열쇠가 군종 사병이었다.

제이비와 많은 상의 끝에 군종 사병을 한 번에 50명씩 서울로 초청해서 4박 5일간 훈련하기 시작했다. 당시 서울 남산 미8군 수양관을 이용했는데, 숙식비로 한 번에 $500이 소요되었다. 비용과 장소는 온전히 제이비가 맡았고, 나는 훈련을 맡았다. 그 훈련을 효과적으로 하기 위해 8명의 죠이선교회 청년들이 헌신적으로 참가했다. 그 군인들을 8그룹으로 나누고 죠이선교회 청년들이 각 그룹을 인도했다. 나는 로마서를 가르쳤고, 유용규와 이태웅 형제는 상담을 가르쳤다.

마지막 프로그램은 간증 시간이었는데, 거의 모든 군종 사병이 자진해서 간증했다. 그들은 대부분 그들의 잘못된 신앙생활을 눈물로 회개했고, 그리고 새롭게 헌신했다. 그뿐만 아니라, 거듭난 확신이 없던 군종 사병들은 넘치는 기쁨으로 구원받은 간증을 했다. 그들이 귀대해서 다른 군인들에게 영적으로 많은 영향을 끼쳤던 것도 사실이다. 문자 그대로 군종 사병 훈련은 기적 중의 기적이었는데, 그것이 기적인 이유는 다음과 같다.

군인은 전방에서 50명씩 서울로 와서 5일이나 머물 수 없었다. 그것이 가능하기 위해서는 먼저 부대장의 승낙이 있어야 하고, 그다음 연대장, 그다음 사단장의 허락이 있어야 한다. 가장 어려운 관문이 둘이나 더 있는데, 하나는 삼성장군인 군사령관과 사성장군인 참모총장의 허락이었다. 대한민국 군대의 수장들이 승낙한 것은 인간적으로는 거의 불가능한 일이었다. 하나님이 개입하지 않으셨다면 결단코 가능하지 않은 기적이었다.

군종 사병 훈련은 자그마치 60회나 계속되었는데, 총 3,000명이 훈련을 받았다. 그들 중 많은 사람이 헌신하여 목사와 선교사가 되기도 했다. 그런 사실이 기적인 또 다른 이유는 민간인이 군대에 들어가서 자유롭게 전도할 수 있는 기간이 끝나가고 있었기 때문이다. 더군다나 군인들이 한 번에 50명씩 서울로 올 수 있는 것도 끝나가고 있었다. 이와 같은 기적은 제이비와 내가 한마음 한뜻이 되어 십자가를 전했기 때문에 가능했다.

제이비는 다른 선교사들-Paul Radar, Jack Aebersold, OK Bosman-과 김장환 목사와 함께 한국전도자협회The Korea Evangelist Association를 조직했고, 미국의 저명한 전도자들을 초청하여 도시에서 며칠씩 전도 집회를 개최했다. 그 집회에서 구원의 초청에 응한 사람들에게 그리스도 예수를 영접할 수 있도록 도움을 줄 상담자가 필요했다. 제이비의 제안으로 그 훈련을 내가 책임지게 되었다.

그 협회는 12개 도시에서 전도 집회를 개최했는데, 한 주 전에 내가 그곳으로 가서 교회 지도자들인 상담자들을 4일간 훈련했다. 훈련의 내용 가운데는 복음의 핵심도 들어있었는데, 그것을 가르친 후 구원초청도 했다. 예외 없이 많은 사람이 응하여 예수 그리스도를 그들의 구주와 주님으로 영접했다. 평신도가 교회 지도자들을 훈련한 것도 기적이고, 그들 중 많은 사람이 구원받은 것도 기적이었다. 그렇게 훈련받은 사람이 자그마치 3,000명이나 되었다.

제이비에게나 나에게 1973년부터 76년은 황금의 기간이었다. 하나님이 "모세와 아론"을 입과 혀처럼 하나로 만들어서 이스라엘 백성의 구원을 위해 역사하신 것과 같은 역사였다. 제이비와 나는 하나가 되어 제이비가 헌신한 한국인에게, 그리고 나에게 십자가를 전하라고 돌려보내신 나의 백성에게, 복음을 전하게 하셨다. 그 기간에 그리스도 예수를 그들의 구주와 주님으로 믿고 영접한 사람이 5,000여 명에 이르렀다.

물론 그 기간 중 나는 죠이선교회에서도 계속해서 사역했다. 선교회에는 목요기도회가 있었는데, 유용규, 이태웅, 홍성철이 돌아가면서 설교했다. 두 형제는 신앙의 선배로서 성경도 많이 알았다. 나는 성경 지식이 그들보다는 훨씬 얄팍해서 그들처럼 성경을 깊이 푸는 설교를 할 수 없었다. 그러나 나에게는 주님이 전하라고 하신 십자가의 메시지가 있었다. 언제나 내 차례가 되면 십자가를 전하고 구원의 초청을 했다. 예외 없이 초청에 응하는 사람들이 있었다.

그 후, 십자가 사랑으로 한국 선교를 위해 청년 시절부터 34년을 헌신한 제이비는 한국 지부장으로 승진하더니, 나중에는 OMS선교회의 총재가 되어서 12년 동안(1992~2004)의 탁월한 지도력으로 그는 OMS선교회의 영역을 넓혔는데, 14국에서 42국으로 사역을 확장했다. 그는 은퇴 후에도 세계를 다니면서 복음을 전했는데, 특히 한국에는 여러 번 방문했다. 그가 81세로 2014년 6월 15일에 하나님의 부르심을 받았다는 소식을 듣고 나는 눈물을 펑펑 흘렸다. 한국에서 열린 그를 위한 추모 예배에서 나는 추모사를 하면서 얼마나 울었는지 모른다.

11장

"나의 사라"

아브라함의 믿음은 놀랍고 귀하다. 그는 메소포타미아에서 우상을 섬기는 가정에서 태어나 75세가 될 때까지 그곳에서 살았다. 그 나이에 하나님의 부르심에 호응하여 과거를 청산하고 하나님과 동행하기 시작했다 (수 24:2-3). 그의 믿음은 하나밖에 없는 아들 이삭을 제물로 바칠 때, 절정을 이루었다. 그때 그는 머리와 마음으로만 믿은 것이 아니라, 그 믿음을 삶으로 실천했다. 그러므로 이스라엘은 물론 그리스도인들도 아브라함을 믿음의 아버지로 추앙한다.

아브라함이 그렇게 믿음의 사람으로 인정받으면서 간과하기 쉬운 것이 있는데, 그것은 그의 아내 사라이다. 만일 아브라함이 고향을 떠날 때 그의 아내가 끝까지 반대했다면, 만일 그가 아들을 번제물로 바치려고 했을 때 그의 아내가 생명을 걸고 반대했다면, 그래도 그가 믿음의 조상이 되었을까? 사라의 삶은 한 마디로 순종이다. 베드로 사도는 사라에 대해 이렇게 묘사했다. "사라가 아브라함을 주라 칭하여 순종한 것 같이…" (벧전 3:6).

한 번은 아브라함이 느닷없이 손님 셋을 데리고 와서는 아내에게 급히 식사를 준비하라고 부탁했다. 얼마나 황당한 부탁이었나? 그때부터 가루를 반죽해서 떡을 만들기란 쉽지 않은 일이었음에도 사라는 한 마디의 불평도 하지 않고 순종했다 (창 18:6). 사라의 순종을 하나님도 받으셔서 그녀를 '돌보셨고' (창 21:1), 그리고 아들 이삭을 허락하셨다. 결국, 아브라함이 그처럼 큰 인물이 된 이유는 그처럼 신실하게 순종하며 동행하는 아내가 있었기 때문이다.

물론 나는 아브라함과 같은 인물은 아니다. 그러나 "나의 사라", 곧 나의 아내가 뒷받침해주지 않았다면, 나는 지금까지 여러 사역을 일구어내지 못했을 것이다. 내가 혼자 미국으로 유학을 갈 때, 아내가 거부했다면? 내가 태국 선교사로 헌신할 때, 아내가 함께 헌신해주지 않았다면? 아브라함이 여기저기 떠돌아다니면서 '외국인과 나그네'의 삶을 영위한 것처럼, 내가 여기저기 떠돌아다닐 때 아내가 동행해주지 않았다면?

"나의 사라"는 이혜숙이다. 두말할 필요도 없이 내가 그녀에게 청혼했고, 그리고 그녀는 나의 청혼을 받아들였다. 그러나 그렇게 간단치 않은 과정이 있었다. 나는 결혼하고 싶은 충동으로 어느 죠이선교회의 여자 회원에게 접근했으나, 단칼에 거절당했다. 크게 상심한 나는 바울 사도처럼 결혼하지 않기로 작정했는데, 그런 결정을 지지해준 말씀도 있었다. "내가 결혼하지 아니한…자들에게 이르노니 나와 같이 그냥 지내는 것이 좋으니라" (고전 7:8).

나에게는 그 결정을 정당화할 수 있는 이유도 있었다. 밤낮으로 하나님의 말씀과 씨름하며 기도하는 나에게는, 거기다가 전도와 양육에 그처럼 많은 시간과 정력을 바치는 나에게는, 결혼하지 않는 것이 하나님의 뜻이라고 여겨졌다. 제법 많은 세월이 흐른 어느 날 이런 말씀을 깨닫게 되었다. "나는 모든 사람이 나와 같기를 원하노라. 그러나 각각 하나님께 받은 자기의 은사가 있으니 이 사람은 이러하고 저 사람은 저러하니라" (고전 7:7).

이 말씀에 의하면, 내가 바울처럼 결혼하지 않으려면 그처럼 독신의 은사도 있어야 하고, 말씀과 전도의 은사는 물론, 교회 개척의 은사도 있어야 했다. 그처럼 세계를 휘저으면서 사람들을 훈련하는 은사도 있어야 했다. 나 자신을 돌이켜 보니 그런 은사는 내게 하나도 없었다. 나는 바울 사도처럼 독신으로 살 수 없다는 깊은 진리를 깨달았다. 그때부터 결혼 상대를 위해 진지하게 기도하기 시작했는데, 결혼하기까지 대략 3년이 걸렸다.

이런 상대를 위해 기도했다. 첫째, 그녀는 거듭난 확신이 있어야한다. 둘째, 그녀도 나처럼 주님께 전적으로 헌신해야 한다. 이 두 가지 조건만 충족되면 가정, 학벌, 미모는 상관하지 않겠다고 주님께 말씀드렸다. 그렇게 기도하는데 한 여자가 떠올랐다. 그 여자는 신앙은 물론 학벌과 미모도 출중했다. 나는 그녀와 결혼하기로 한 후, 하나님도 허락하실 줄 믿고 기도하기 시작했다. 하나님의 허락을 기다리면서 말이다.

이상하게도 그녀를 마음에 품고 기도하면 평안이 생기지 않고 갈등이 생겼다. 나는 하나님께 떼를 쓰며 허락해 달라고 아침마다 기도했다. 기도하면 할수록 갈등은 그만큼 컸다. 그렇게 한 달가량 하나님과 씨름하다가 결국 포기할 수밖에 없었다. 하나님께 그녀를 포기하겠다고 말씀드리자 내 마음속에 평안과 기쁨이 넘쳤다. 한 달 만에 되찾은 평안과 기쁨이었다. 인간적으로는 억울했으나, 하나님의 뜻이 가장 선하다는 사실을 받아들이지 않을 수 없었다.

다시 기도를 시작했는데, 또 한 여자가 떠올랐다. 신앙과 학벌이 만만치 않은 훌륭한 여성이었다. 이번에는 그녀를 위해 기도할 때 갈등이 전혀 없었다. 하나님의 확인만 있으면 그녀에게 도전할 생각이었다. 한 달가량 지났을 때, 하나님의 말씀이 나를 사로잡았다. "…가이사의 것은 가이사에게, 하나님의 것은 하나님께 바치라!"(마 22:21b). 그녀를 하나님께 바치라는 명령이었다. 또다시 그녀를 포기할 수밖에 없었다.

내가 접근했거나 기도했던 여자들은 모두 나보다 훨씬 훌륭한 그리스도인 지도자들의 아내가 되었다. 과연 하나님의 오묘한 인도는 놀랍고 놀라울 뿐이다. 나는 다시 결혼 대상자를 위해 기도했는데, 과거 어느 때보다도 훨씬 진지하게 기도했다. 죠이선교회 모임에서 우연히 이혜숙을 보게 되었는데, 그녀의 얼굴에서 광채가 났다. 나는 너무나 놀랐다! 우리는 5년가량 서로 알던 사이었다. 내가 그녀에 대해 아는 것은 그녀가 신실한 전도자라는 것뿐이었다.

전도 상대가 있으면 언제나 발 벗고 나서서 상담하고 그리스도 예수를 영접하게 하는 자매였다. 한 번은 죠이선교회 겨울수양회에서 그녀가 사회를 보면서 이런 말씀을 읽었다. "오직 여호와를 앙망하는 자는 새 힘을 얻으리니 독수리가 날개치며 올라감 같을 것이요 달음박질하여도 곤비하지 아니하겠고 걸어가도 피곤하지 아니하리로다"(사 40:31). 나는 그때 지쳐서 쓰러지기 직전이었는데, 그 말씀을 듣는 순간 완전히 회복되는 은혜를 경험한 적이 있었다.

나는 그녀를 위해 기도하기 시작했는데, 이번에는 흔들리지 않는 확신이 있었다. 결국, 그녀에게 청혼했고, 그리고 승낙을 받았다. 나의 부모님은 직접 며느리를 훈련해야 하므로 함께 살 것을 주장했지만, 말씀에 순종해서 따로 살았다. "이러므로 남자가 부모를 떠나 그의 아내와 합하여 둘이 한 몸을 이룰지로다"(창 2:24). 부모가 당장은 서운했지만, 아내가 보여준 지극한 사랑과 섬김은 그들의 마음을 녹이고도 남았다.

결혼 후, 아내가 짐을 푸는데 성경이 4권이나 나왔다. 3권은 얼마나 읽었던지 헤어져서 이제는 새 성경을 읽고 있었다. 그렇게 시작한 우리의 결혼생활은 '본향을 찾아가는 외국인과 나그네'처럼 살았다 (히 11:13-14). 그러나 우리는 주님과 함께 하며 하늘 가는 순례자였다. 그러면서 우리는 토요일마다 우리 집에서 학생들에게 말씀을 가르치며 교제했다. 그와 같은 훈련은 우리가 한국에 있든, 태국에 있든, 미국에 있든 계속되었는데, 언제나 아내가 희생하며 후원했다.

미국 보스턴에서 목회하는 동안, 아내가 교인들에게 전도폭발 훈련을 책임졌다. 나는 공부한답시고 시간을 내지 못했으나, 아내가 지극정성으로 교회 지도자들을 훈련했다. 그 훈련이 미치는 파급효과는 대단해서, 우리 교회는 보스턴 지역에서 다크호스처럼 성장했다. 그뿐 아니라, 교인들 한 사람 한 사람을 정성스럽게 챙긴 것도 역시 아내였다. 교인들도 이구동성으로 목회의 60%는 아내가 하고 있다고 공공연하게 말했다.

한국의 산돌교회에서 목회할 때도 마찬가지였다. 아내가 교인들에게 전도폭발로 훈련해서 교인 대부분이 전도자가 되었다. 아내의 사역은 교회에서만이 아니었다. 아내가 기독교대한성결교회의 교단 선교사 후보들을 훈련했는데, 그들은 매시간 눈물바다가 되었다. 아내는 영성과 더불어 미국의 앤도버뉴턴신학교Andover Newton Theological School와 애즈베리신학교Asbury Theological Seminary에서 취득한 신학석사와 상담학 석사를 활용했다.

아내의 순종과 헌신이 없다면, 내가 할 수 있는 게 별로 많지 않다. "세계복음화문제연구소"의 예를 들어보자. 그 연구소는 1994년에 시작되었는데, 아내는 처음부터 희생적으로 그 연구소를 섬겼다. 오랫동안 그 연구소의 국장으로 섬기고 있는데, 창설자요 소장인 내가 연구소를 위해 하는 일은 거의 없다. 아내가 맡아서 재정 관리, 대외 연락 등 연구소의 운영을 실질적으로 책임지고 있다.

내가 하는 일은 저술뿐이다. 아내는 모든 저서의 교정은 물론 출판 담당자와 교신하면서 책의 표지, 내용, 인쇄, 출판 등 모든 것을 손수 다룬다. 그녀의 손을 거쳐서 출판된 책이 135여 권에 이른다. 그뿐 아니라, 연구소의 웹사이트도 관리하면서 새로운 책이 나올 적마다 업그레이드한다. 아내는 연구소의 이사들과 끊임없이 소통하며, 회원들도 관리한다. 왜 하나님이 다른 여자들을 제쳐놓고 이혜숙을 "나의 사라"로 허락하셨는지 이유가 분명하다.

사라는 하나님과 동행하면서 하나님의 뜻을 분별하고 실천한 아브라함의 귀한 아내였다. 사라가 하갈과 이스마엘을 내쫓으라고 남편에게 한 말에 대해 하나님도 이렇게 말씀하시면서 사라에게 동의하셨다. "…사라가 네게 이른 말을 다 들으라!"(창 21:12b). 사라의 결단력이 없었다면, 아브라함은 죽을 때까지 이스마엘을 껴안고 살았을 것이며, 결단코 믿음의 조상이 되지 못했을 것이다.

"나의 사라"도 하나님과 동행하면서 능력의 삶을 산다. 한 번은 우리 부부가 싱가포르에 간 적이 있었는데, 저녁 후 나는 식중독으로 사경을 헤매고 있었다. 밤 12경 화장실에서 눈도 보이지 않고 말도 할 수 없는 상태에서 서서히 죽어가고 있을 때, 아내가 들어와서는 내 머리에 두 손을 얹고 기도했다. 하나님이 그 기도를 들으셨다! 그렇게 해서 나는 살아났고, 그리고 지금까지 여러 가지 사역에 몰두하고 있다. "나의 사라"로 인해 삶과 사역이 연장되었다!

12장

부흥의 바람

죠이선교회는 일 년에 두 차례씩 여름과 겨울에 수양회를 개최했다. 나에게 특별한 경험을 안겨준 수양회가 있었는데, 1973년 여름인가보다. 오전 강의와 저녁 집회는 프랭크 진^{Frank Jean} 선교사가 맡았고, 새벽기도회는 나를 비롯한 죠이선교회 지도자들이 맡았다. 그 수양회에 대략 250명이 참석하였다. 그런데 수양회에 참석한 사람들은 영적으로 메말랐으나 채워지지 않았고, 약 25명의 불신자는 복음을 받아들이지 않고 있었다.

월요일부터 토요일까지 진행되는 수양회의 금요일이었다. 나는 새벽에 일어나 하나님과 씨름하고 있었는데, 새벽기도회를 시작한다는 종소리에 놀라 후닥닥 참석하게 되었다. 세수도 하지 못한 채, 맨발에 고무신을 신고, 주섬주섬 닥치는 대로 옷을 입고 달려갔다. 기도회가 끝나고 식사시간이 되었는데, 몇 년 전 내가 전도한 여학생이 수양회에 남아있는 것이 무의미하다며 가겠다는 것이다. 나는 가지 말고 하루만 더 견디라고 애원하다시피 했다.

다행히 그녀는 남겠다고 해서, 세수하고 아침을 먹으려는 참에 두 여학생이 상담을 요청했다. 그들과 상담을 마쳤을 때는 12시경이었다. 세수하고 아점을 먹으려는데, 어느 남학생이 상담을 신청했다. 원체 수양회 자체가 영적으로 메말랐기에 상담도 녹록하지 않았다. 상담을 마쳤을 때는 오후 2시경이었다. 나는 이제 세수하고 뭘 좀 먹으려는데, 유용규 형제가 나를 찾았다. 그의 50여 세 된 매형에게 복음을 전해달라는 것이다.

나는 단번에 거절했다. 그의 말에 의하면 다른 상담자들이 이미 복음을 전했으나 결실을 보지 못했으며, 이제 나밖에 전도할 사람이 없다는 것이다. 나는 엎드려서 기도했는데, 그 영혼이 불쌍하게 여겨졌다. 교회를 한 번도 출석한 적이 없는 그의 매형을 데리고 멀리 떨어진 구석방으로 갔다. 나는 그분의 이해를 돕기 위해 그림을 그리면서 복음을 차근차근 설명한 후, 물었다. "이해가 됩니까?" 그분은 이해가 되지 않는다고 솔직히 대답했다.

나는 다시 그림을 그려가면서 설명한 후 재차 물었다. "이해가 됩니까?" 그의 대답은 똑같이 이해가 되지 않는다는 것이었다. "오늘은 여기까지 하고, 다음에 다시 만나지요!"라고 하면서 나는 일어났다. 그러자 그는 내 두 발을 껴안으면서 말했다. "나 좀 살려 주세요!" 나는 다시 앉아서 복음을 제시했다. 이번에는 이해가 된다고 하면서 예수님을 그의 구주로 영접했는데, 그의 눈에서는 눈물이 흐르고 있었다. 나는 너무나 기뻐서 그의 손을 잡고 집회 장소로 갔다.

유용규와 이태웅이 나에게 오늘 저녁 마지막 설교를 하라고 했다. 그 이유는 두 가지였는데, 첫째는 강사가 갑자기 일이 생겨서 떠났기 때문이었다. 둘째는 그들이 기도하면서 이렇게 결정했다는 것이다. 만일 내가 오후 8시 이전에 집회 장소로 오면 내가 설교하고, 만일 8시 이후에 오면 그들 중 한 사람이 설교한다. 그런데 내가 집회 장소에 들어오자 시계가 8시를 알렸다. 늘 그들을 신앙의 선배로 존경하던 터에 그들의 말을 거부할 수 없었다.

나는 설교할 준비가 전혀 되어있지 않았다. 아직 세수도 안 했고, 맨발에 고무신을 신고 있었으며, 옷도 아무렇게나 입고 있었을 뿐 아니라, 온종일 아무것도 먹지 못했다. 나는 절실한 마음으로 기도하기 시작했다. 무엇보다도 메시지를 달라고 기도했는데, 회중이 찬송과 기도를 하는 30분 동안 아무리 기도해도 응답이 없었다. 마침내 사회자가 나의 이름을 불렀고, 나는 강단에 오르자 기도하면서 메시지를 달라고 간청했다.

기도를 마치는 순간 요한복음 8장이 떠올랐다. 1~11절을 읽은 후, 그 본문을 풀어나가기 시작했는데, 나의 메시지는 길지 않았다. 마치는 기도를 하다가, 나는 구원초청을 했다. 놀랍게도 그때까지 구원받지 못한 사람들 모두가 일어나서 울며 예수 그리스도를 그들의 구주로 영접했다. 내가 다시 기도하는데 이상한 소리가 들렸는데, 콩 볶는 듯한 소리였다. 눈을 떠보니 회중이 울고불고, 가슴을 치고, 어떤 사람은 서서, 어떤 사람은 바닥에서 구르며 울부짖고 있었다. 부흥의 바람이 우리 가운데 불고 있었다! 나는 이어서 헌신의 의미를 설명한 후 헌신할 사람은 일어나라고 초청했는데, 모든 사람이 동시에 일어났다. 기도로 마친 후 사회자인 이태웅에게 넘겼다. 그는 원하는 사람은 한 사람씩 일어나서 기도하라고 했다.

그때부터 자발적인 기도가 시작되었다. 혹자는 통곡하고, 혹자는 죄를 고백하고, 혹자는 헌신의 작정을 표현하고, 혹자는 찬양했다. 나는 그처럼 성령이 강권하시는 기도회에 참석한 적이 없었다.

사회자가 기도를 마친다고 선언하자 나는 10분쯤 지난 것으로 생각했는데, 4시간이 지났다. 나는 그 기도를 통해 마치 '셋째 하늘'에 갔던 것처럼 느꼈다 (고후 12:2-4). 사회자는 간증 시간을 갖겠다고 선언했다. 그때부터 한 사람씩 나와서 간증을 시작했는데, 그처럼 진솔하면서도 자신들을 드러내는 간증은 들어본 적이 없었다. 혹자는 죄를 구체적으로 고백했고, 혹자는 미움을 고백했고, 혹자는 헌신을 고백했고, 혹자는 주님을 높였다.

새벽 6시경에 간증을 마치고 두 형제의 제안으로 순서에 없던 성찬식을 거행했다. 세 형제 중 가장 어린 내가 인도하라는 것이었다. 우리는 떡을 떼며 우리가 예수 그리스도의 몸에 붙은 지체들이라는 사실에 감격했다. 잔을 나누며 우리를 위해 피 흘리고 죽으신 예수 그리스도께 감사하며 통곡했다. 그리고 그분의 사랑을 세상 끝날까지 전하기로 다짐했다 (고전 11:26). 우리는 하나같이 부흥의 바람을 맛보고 우리를 기다리는 세상으로 나아갔다.

왜 부흥의 바람이 우리를 찾아왔는가? 몇 가지 이유가 있었다. 첫째는 우리가 그처럼 유명한 강사를 지나치게 기대했다가, 그 기대가 무너졌기 때문이다. 강사도 인간인데, 우리가 주님보다도 강사를 더 의지하며 인간적으로 기대를 너무 많이 했다. 주님이 비집고 들어오실 수 있는 여지가 없게 우리가 문을 단단히 잠갔던 것이다. 그 강사를 통해 아무런 역사도 일어나지 않았을뿐더러, 가장 중요한 마지막 날에 그분은 수양회에 있지도 않았다.

부흥의 바람이 불어온 둘째 이유는 소그룹 기도였다. 수양회에 참여한 청년들도 마음이 상할 대로 상했다. 그들은 삼삼오오 흩어져서 간구하기 시작했는데, 특히 목요일과 금요일 오후에 절박하게 간구했다. 거의 모든 사람이 몇 시간씩 간구했는데, 혹자는 방에서, 혹자는 산에서, 혹자는 강당에서, 혹자는 물가에서, 혹자는 바위 위에서 간구했다. 누구의 지시도 없는 자연 발생적인 소그룹 기도였다. 주님은 그처럼 애절하게 호소하는 간구를 외면하지 않으셨다.

셋째 이유는 수양회에 참여한 사람들의 마음이 하나가 되었기 때문이다. 그들은 전례 없이 냉랭한 수양회의 책임을 누구에게도 돌리지 않고, 주님께 울부짖어야 한다는 마음을 하나같이 갖게 되었다. 오순절의 부흥을 위해 120명의 성도가 다락방에서 한마음이 되어 10일 동안 절실히 기도한 것처럼 말이다. "여자들과 예수의 어머니 마리아와 예수의 아우들과 더불어 마음을 같이하여 오로지 기도에 힘쓰더라"(행 1:14).

넷째 이유는 세 지도자의 역할 때문이다. 이태웅과 유용규가 기도하면서 신앙적으로 가장 어린 홍성철에게 설교를 맡긴 사실은 그들이 성령의 인도를 받지 않았다면 결단코 가능하지 않았다. 그들은 강사가 떠나자 강한 책임의식을 가지고 기도하기 시작했고, 생각했고, 분별했고, 통찰해서 결정했다. 홍성철도 그들이 하나님의 사람이라는 확신으로 그들의 말에 순종했다. 그런 세 지도자의 역할 분담 때문에 부흥의 바람이 불어왔던 것이다!

그 이후 죠이선교회는 영적으로나 수적으로 도약에 도약을 거듭하기 시작했다. 그뿐 아니라, 시간이 지나면서 체계도 잡혀가며 성숙한 조직체가 되었다. 죠이선교회는 한국교회의 지도자들을 훈련하는 놀라운 사역을 감당하기에 이르렀다. 더욱 놀라운 것은 선교회를 통해 기독교 세계에 뛰어난 지도자들을 배출했다는 사실이다. 혹자는 평신도 지도자가 되었고, 혹자는 목회자로, 혹자는 선교사로, 혹자는 신학자로 활약하게 되었다.

죠이선교회에서의 부흥의 바람은 내가 경험한 첫 번째 역사였다. 두말할 필요도 없이, 부흥의 바람은 주님의 영역에 속하는 신비의 역사이다. 나는 사람들에게 그 신비의 역사를 경험시킬 수 없지만, 그래도 나는 간헐적으로 부흥의 바람을 경험하곤 했다. 한 번은 태국에서 메시지를 전할 때 성령의 강한 바람이 찾아왔다. 그들은 서로를 신뢰하지 못하면서도 피상적으로 교제하고 있었다. 그러나 성령의 바람이 불자 그들은 서로를 찾아가서 회개하고 화해했다.

또 한 번은 독일에서 일하는 간호사들과 교제하면서 말씀을 전하던 때였다. 마지막 날 저녁 성령의 바람이 그들을 찾아왔다. 그동안 주님께 냉랭하고 무관심하던 분들이 통곡하면서 회개했는데, 어떤 간호사는 울음을 그치지 못하면서 통곡하고 있었다. 그렇다! 부흥의 바람이 불면, 혹자는 통곡하며 회개하고, 혹자는 미워했던 사람들을 용서하고 사랑하게 되며, 혹자는 공개적으로 간증하면서 삶의 방향을 바꾼다.

부흥의 바람은 근본적으로 그리스도인들을 위한 역사이다. '차지도 않고 뜨겁지도 않은' 그리스도인들이 그들의 영적 모습을 보고 회개하고, 돌이키게 하는 역사이다 (계 3:15). 그뿐 아니라, 그들이 주님께나 다른 사람들에게 잘못한 것들에서 돌이켜 정상적인 신앙생활로 돌아오게 하는 역사이다. 한발 더 나아가서 불신자들에 대한 그들의 무관심을 깨닫고 회개하고, 돌이켜서 전도를 다짐하게 하는 역사이다.

그런 이유로 부흥의 바람은 언제나 불신자들의 회심을 동반한다. 죠이선교회의 그 여름 수양회 부흥에서 25명의 불신자가 단번에 예수 그리스도를 그들의 구주와 주님으로 영접하였다. 그뿐 아니라, 그 후에도 기도회 때마다 많은 사람이 회심하는 역사가 있었다. 죠이선교회는 자연스럽게 수적으로도 성장했는데, 오순절의 부흥과 흡사했다. 120명의 성도가 부흥의 바람을 경험했는데 (행 2:2), 그 결과 하루에 3,000명이나 회심했다 (행 2:41). 얼마나 놀랍고 강력한 부흥의 바람인가!

13장

세 형제

죠이선교회는 1960년대 후반부터 영적으로나 수적으로 도약하였는데, 그 촉진제는 목요기도회였다. 그 기도회는 주일에 있는 영어 집회와는 달리 한국 말로 진행했으며, 찬송, 기도, 간증, 설교, 초청 및 상담으로 이루어졌다. 그 가운데 가장 핵심적인 사역은 역시 설교였다. 세 형제가 돌아가면서 설교했는데, 그들은 이태웅, 유용규, 홍성철이었다. 그들은 성경이나 신학을 체계적으로 배운 적이 없는 평신도였지만, 영혼들을 뜨겁게 사랑하는 마음으로 말씀을 전했다.

그 이전에는 죠이선교회의 신앙부장이 기도회를 인도했는데, 언젠가부터 세 형제가 맡았다. 죠이선교회를 통해 구원을 경험한 대학생들은 지역 교회에서 신앙적으로 만족하지 못했다. 그 문제를 해결하기 위해 그 당시 신학교에 재학 중인 어느 죠이선교회 회원을 중심으로 교회가 시작되었다. 그런데 교회에 작은 문제가 생기자 그 신학생이 교회를 떠났다. 갑작스러운 변동에 대처하기 위해 우선 세 형제가 주일 예배를 인도하며 돌아가면서 설교하게 되었다.

그들의 설교가 은혜를 끼치자 자연스럽게 세 형제는 목요기도회에서도 설교하게 되었다. 그런데 흥미롭게도 세 형제의 배경은 너무나 달랐다. 1962년에 구원받은 이태웅은 그의 아버지가 병환으로 작고하자 미국인의 양자가 되었다. 그 양부로부터 가톨릭 교리를 배웠으나, 결국 그 교리에 회의를 느끼게 되어 종교 자체를 거부하기에 이르렀다. 그는 정신적으로 오랫동안 방황하였지만, 그 와중에서도 양부의 영향으로 그의 영어는 누구 못지않게 유창했다.

죄의식과 열등의식에 사로잡혔던 그가 죠이선교회에 발을 들여놓게 되었고, 그리고 수양회에서 미국 선교사의 복음 설교에 호응해 예수 그리스도를 그의 구주로 받아들였다. 그의 생애는 서서히 변화되기 시작했는데, 성장 과정 때문인지 그가 구원의 확신을 갖기까지 제법 시간이 걸렸다. 그러나 일단 확신하게 되자 그의 신앙은 불길처럼 타오르기 시작했으며, 후에 그와 같이 타종교 때문에 시달리는 사람들을 돕는 도구가 되었다.

유용규는 장로교에 깊숙이 빠져 있는 모태 교인이었다. 그도 일찍 아버지를 여의고 홀어머니와 살았다. 미국에 있는 형이 보내주는 돈으로 어렵게 살아가는 처지였다. 이태웅을 죠이선교회로 소개한 청년은 원우연이었는데, 그는 유용규도 죠이선교회로 인도했다. 원우연은 후에 목사가 되어 서울 신대방동 양문교회를 개척했는데, 3년 만에 2,000명이 넘는 대형교회로 성장시켰다. 비록 유용규가 일생을 교회에 다니면서 여러 가지 봉사에 참여했지만, 구원의 확신은 없었다.

그는 많은 갈등 끝에 1965년 어느 날 선교사를 찾았다. 그 선교사는 모태 교인인 그에게 예수 그리스도를 개인적으로 그리고 인격적으로 만나야 한다면서 그분을 소개했다. 그는 그 선교사와 함께 기도하면서 그리스도 예수를 그의 구주로 영접했는데, 선교사와 그가 똑같이 기쁨의 눈물을 흘렸다. 집으로 걸어오면서 그는 하늘을 날 듯 기쁨으로 가득했다. 후에 그는 교회를 다니지만, 구원의 확신이 없는 명목상의 신자들을 돕는 도구가 되었다.

홍성철은 교회를 다닌 적이 없는 무신론자였다. 물론 인생의 의미를 찾으려고 불교에 관심을 가진 적은 있었지만, 불교 신자는 아니었다. 그는 주변의 기독교인들을 조롱하고 박해하곤 했다. 그는 영어영문학을 전공하고 있었기에 영어 회화를 해야 한다는 절박감 때문에 미군을 사귀었고, 그중 한 사람의 소개로 죠이선교회에 발을 들여놓았다. 그곳에서 유용규를 만났고, 그의 전도로 1966년에 예수 그리스도를 구주로 영접하였다.

이태웅과 유용규는 성경을 많이 아는 신앙의 선배였다. 목요기도회에서 그들의 설교는 주로 그리스도인들을 위한 것이었으며, 나도 그들로부터 얼마나 많이 배웠는지 모른다. 특히 유용규는 나에게 성경에 대한 안목을 열어주었다. 내가 설교할 차례가 되면 고민하며 기도했는데, 그들처럼 성경을 알지 못했기 때문이었다. 그래서 내가 경험한 구원--예수 그리스도를 통한 구원--을 전했다. 하나님은 '미련하고 약한' 나를 통해 많은 영혼을 건지셨다 (고전 1:27).

세 형제는 목요기도회에서 설교할 뿐 아니라, 양육에도 혼신을 바쳤다. 이태웅은 그의 집에서 토요일마다 죠이선교회의 중견 인물들을 훈련했다. 그 훈련을 통해 얼마나 많은 죠이선교회 회원들의 신앙이 깊어졌는지 모른다. 유용규도 그의 집에서 회원들을 훈련하여 지도자로 양성했다. 홍성철도 그의 집에서 하나님의 말씀을 가르쳤는데, 주로 믿은 지 얼마 되지 않은 초신자들과 고등학생들을 가르쳤다.

이렇게 세 형제가 죠이선교회에서 온몸을 불살라 사역한 결과 선교회는 주일의 영어 집회는 활성화되었고, 목요기도회는 은혜가 넘쳤다. 처음 내가 기도회에 참석했을 때는 삼사십 명이었는데, 차츰 숫자가 불어나더니 300명을 훌쩍 넘기기도 했다. 장소가 비좁아서 큰 장소를 물색하느라 애를 먹었다. 시간이 가면서 신학생들과 사역자들도 참여하여 성령의 임재와 역사를 경험하기도 했다.

하나님은 홍성철에게 많은 고등학생을 붙여주셨다. 삼선고등학교 학생들은 물론, 정신여고, 경기여고, 이화여고 학생들에게 복음을 전하면서 하나님의 말씀을 가르쳤다. 그들 중 많은 학생이 대학에 들어가자 죠이선교회에 가입하므로 선교회의 숫자가 늘어났다. 특히 정신여고 학생들의 가입이 두드러졌는데, 신광교회의 학생회 부흥회 인도가 시발점이었다. 그 학생회의 지도 목사가 정신여고 교목이었는데, 부흥회 후에 그분이 나를 만나자고 했다.

그 교목은 평신도인 나에게 정신여고 홈룸Home Room 시간에 말씀을 가르치라고 부탁했다. 그 당시 신일중학교 선생이었는데, 화요일마다 택시를 타고 정신여고로 달려갔다. 사오십 명의 학생들에게 누가복음을 가르쳤는데, 제법 많은 학생이 구원을 받았다. 그 교목은 그 학교의 반장, 부반장, 종교부 부장을 위한 수련회를 인도해달라고 요청했다. 혼자 하기가 벅차서 새벽 기도회는 이태웅에게, 낮 성경공부는 유용규에게 맡겼고, 나는 저녁 설교를 맡았다.

물론 많은 은혜가 있었고, 구원의 확신을 얻은 학생들도 적잖았다. 이처럼 세 형제는 죠이선교회의 기도회에서 설교했을 뿐 아니라, 죠이선교회 밖에서도 함께 사역하는 기회가 종종 있었다. 군종 사병 수련회에서도 함께 사역했고, 군대에서는 두말할 필요도 없고, 시시때때로 교회에서도 함께 사역했다. 그중에서도 빼놓을 수 없는 특별한 경험도 했는데, 리춘희 형제가 주둔하는 부대의 교회 부흥회를 통해서였다.

우리 세 형제는 버스로 강원도 속초역으로 갔는데, 거기서부터는 대중교통이 없었다. 리 형제의 군대 지프를 타고 여러 시간 달려간 끝에 민간인이 들어갈 수 없는 민통선 안으로 들어갔다. 그곳에 감리교회가 있었고, 그 교회에서 우리는 부흥회를 인도했다. 새벽 기도회는 이태웅이, 낮 성경공부는 유용규가, 그리고 저녁 집회는 홍성철이 각각 맡았다. 우리는 열심히 기도하면서 최선을 다해 말씀을 전했건만, 반응은 냉랭하기만 했다.

마지막 날, 그 교회의 기둥 집사의 사위가 우리를 점심에 초대했다. 식탁의 교제를 하면서 우리는 냉랭한 분위기의 원인을 알게 되었다. 그 기둥 집사가 귀신들린 사람이었다! 그는 나이가 80인데도 매일 바다에 들어가 냉수마찰을 하고, 하루에 세 번씩 엄청난 양의 식사를 꼬박 챙겨 들었다. 실제로 그는 교회를 좌지우지하는 막강한 집사였다. 우리는 바닷가의 바위에 앉아서 상의하며 기도하고 또 기도했다.

첫날 저녁 나의 설교 본문은 요한복음 3장 16절이었는데, 마지막 날 저녁에도 그 본문으로 설교했다. 설교 중 예수님의 보혈에 대해 전하는데, 갑자기 그 집사가 온몸을 떨기 시작했다. 그러더니 눈자위가 완전히 하얗게 변화되었고, 그리고 거품을 품어내면서 쓰러졌다. 나는 유도 2단인 이태웅에게 그 사람을 제어하고 그리스도를 소개하라고 했다. 내가 기도를 선포하여 교인들이 기도하는 동안, 이태웅은 귀신을 쫓아낸 후, 그리스도를 영접하게 했다.

그 집사가 제정신으로 돌아오자, 교회에 성령이 강하게 임하셨다. 그날 밤 많은 사람이 거듭났고, 그리고 헌신했다. 다음 날 조반 후, 그 교회 목사가 많이 울면서 기도했다. 그의 말에 의하면, 그 집사가 그에게 교회를 나가라고 하면서 똥물까지 퍼부었다는 것이다. 그가 우리에게 전혀 언질을 주지 않은 이유는 우리가 하나님의 사람이라면 그 집사의 상태를 직접 찾아내서 해결해야 한다는 것이었다. 우리 세 형제는 찾아냈고 또 해결했다!

이태웅은 유용규의 절대적인 지지와 후원으로 죠이선교회의 대표가 되었는데, 선교회의 첫 번째 전임사역자였다. 그의 지도력으로 선교회는 뿌리를 든든히 내렸다. 그 후 그는 침례교 목사가 되었고, 미국의 저명한 트리니티신학교Trinity Evangelical Divinity School에서 목회학 석사와 선교학 박사를 취득했다. 고국으로 돌아와서 그는 초대 원장으로 "한국선교훈련원"GMTC을 시작했는데, 그 선교훈련원을 통해 훈련받은 선교사들이 얼마나 많이 배출되었는지 모른다.

유용규는 총신대학교에서 신학석사를 취득한 후, 장로교 목사가 되었고, 후에는 풀러신학교Fuller Theological Seminary에서 선교학 박사를 취득했다. 그는 총신대학교와 대한신학교에서 선교학을 가르쳤는데, 후에 상도제일교회 담임목사로 부임했다. 그의 목회로 교회가 크게 부흥한 것도 사실이다. 그 후 그는 미국으로 건너가서 은혜장로교회에 속한 선교대학원 원장으로 그 학교에서는 물론 러시아와 몽골에 있는 신학교에서도 정기적으로 강의했다.

홍성철은 서울신학대학교와 애즈베리신학교^{Asbury Theological Seminary}에서 세 개의 석사 학위를 받은 후, 보스턴대학교^{Bsoton University}에서 한국교회 최초, 전도학으로 신학박사 학위를 취득했다. 그는 기독교대한성결교회 목사가 되어 태국의 선교를 감당했고, 후에는 서울신학대학교의 전임 전도학 교수가 되었다. 하나님이 평신도였던 세 형제를 그렇게 사용하시더니, 종래에는 한국 교계의 한 축을 감당할 수 있도록 목사와 박사로 만드셨다. 그분의 인도하심은 신비할 뿐이다!

14장

"세례 요한"

　나는 성경의 인물 가운데 세 사람을 좋아하는데, 그들은 갈렙과 세례 요한과 바나바이다. 그들은 하나같이 앞장선 지도자가 아니라, 지도자의 그늘 밑에 있던 사람들이었다. 갈렙은 여호수아라는 거물급 지도자에 가리어진 사람이었고, 세례 요한은 지도자 중의 지도자이신 예수 그리스도의 길을 닦는 사람이었다. 바나바는 바울 사도의 그늘 밑에서 빛이 바랜 사람이었다. 세 사람 가운데서도 세례 요한은 나에게 특별했다.

　내가 평신도로 학교에서, 군대에서, 교회에서, 그리고 도시와 시골에서 복음을 전하는 동안 얼마나 긴장했는지 모른다. 이유는 간단했다! 어떻게 평신도가 교계의 지도자들과 회중 앞에서 설교하며, 가르치며, 복음을 전할 수 있단 말인가? 나는 틈나는 대로 주님께 매달려서 기도하고 또 기도했다. 그날 아침에도 무릎을 꿇고 주님께 간절히 구하며, 애절하게 호소하고 있었다. 몇 시간이 지나갔는지 모르겠는데, 갑자기 음성이 들렸다.

나는 그런 음성을 들어본 적이 없었다. 예수 그리스도를 구주요 주님으로 받아들인 지 얼마 되지도 않은 신출내기 그리스도인이었다. 그 음성은 간단하면서도 또렷했다: '마가복음 1장 7절!' 나는 그 말씀을 들어본 적도 없고 읽은 것도 기억나지 않았다. 얼른 성경을 펼쳐서 읽었다: "그[세례 요한]가 전파하여 이르되, '나보다 능력 많으신 이가 내 뒤에 오시나니, 나는 굽혀 그의 신발끈을 풀기도 감당하지 못하겠노라.'"

나는 그 당시 세례 요한에 대해 아는 것이 거의 없었고, 그 말씀의 의미도 몰랐다. 그래서 어떤 선배에게 물었더니, 7절은 제쳐놓고 8절의 뜻만 설명해주었다. 나는 그렇게 음성으로 들려준 말씀과 상관없이 열심히 전도하기 위하여 이곳저곳을 찾아다녔다. 주님은 '나의 아론'인 제이비 크라우스 선교사를 통해 자동차와 성실한 김병기 집사를 붙여주셨다. 우리가 'Jesus Car'라고 부르는 밴으로 방방곡곡을 누비면서 전도 영화를 상영하고 전도지도 나누어 주었다.

그 후 음성으로 들려준 그 말씀에 비추어서 나의 사역을 돌아보니 놀라움을 금할 수가 없었다. '능력 많으신 이', 곧 나의 주님이 나의 등 뒤에서 나를 조정하셨다는 깨달음 때문이었다. 그분이 조정하시지 않았다면 누가복음 23장 31절의 표현대로, 어떻게 '마른 나무'와 같은 나를 통해서 그처럼 많은 영혼이 구원받았겠는가? 하나님의 말씀도 잘 모르는 나였지만, 십자가를 전하라는 주님의 명령에 순종한 것뿐이었는데 말이다.

이국 선교사들과 어울리면서 그들이 내 한글 이름을 어려워하는 것을 알게 되었다. 나도 성경적인 영어 이름을 가져야 하겠다고 생각했다. 나는 평상시 존경하는 에드윈 킬본 박사에게 이름을 지어 달라고 부탁했다. 얼마 후, 그분은 나에게 사무엘이 어떠냐고 했다. 나는 그 이름을 염두에 두면서 그 이름이 나오는 성경을 찾았다. 사무엘은 이스라엘에서 너무나 큰 인물이었기에, 그런 이름이 나에게는 어울리지 않는다는 결론을 내렸다.

나의 전도 일정은 계속되었다. 한 번은 어느 유명한 장로님을 모시고 시골에 있는 작은 교회에서 말씀을 전하게 되었다. 그 교회에서 며칠 동안 장로님과 내가 번갈아 가면서 하나님의 말씀을 선포했다. 물론 영화도 보여주고 전도지도 나누어 주었다. 그 장로님은 주님으로부터 엄청난 은혜를 받아서 기적의 경험을 많이 했으며, 그런 간증은 사람들을 끌어당기기 충분했다. 반면, 내가 전한 십자가의 메시지는 무기력했는데, 간증에 묻혀버렸기 때문이었다.

장로님은 알려진 인물이었으나, 나는 무명의 평신도 전도자였다. 쓸쓸한 마음으로 성경을 읽었는데, 이런 말씀이 나를 사로잡았다. "디베료 황제가 통치한 지 열다섯 해 곧 본디오 빌라도가 유대의 총독으로, 헤롯이 갈릴리의 분봉 왕으로, 그 동생 빌립이 이두래와 드라고닛 지방의 분봉 왕으로, 루사니아가 아빌레네의 분봉 왕으로, 안나스와 가야바가 대제사장으로 있을 때에, 하나님의 말씀이 빈 들에서 사가랴의 아들 요한에게 임한지라"(눅 3:1-2).

하나님은 정치적, 종교적 지도자들을 제쳐놓고 '빈 들'에 있는 세례 요한에게 말씀을 주셨다. 나에게 꼭 맞는 말씀이었는데, 나는 문자 그대로 '빈 들'에 있었기 때문이었다. 하나님이 세례 요한에게 말씀을 주신 것처럼, 내게도 말씀을 주셨다. "…너희는 주의 길을 준비하라; 그의 오실 길을 곧게 하라. 모든 골짜기가 메워지고, 모든 산과 작은 산이 낮아지고, 굽은 것이 곧아지고, 험한 길이 평탄하여 질 것이요; 모든 육체가 하나님의 구원하심을 보리라" (눅 3:3-6).

나는 그 순간 하나님의 포근한 품속에 기대고 앉은 것처럼 따사하고 평온했다. '주의 길을 준비하기' 위하여 길을 곧게 그리고 평탄하게 만들라는 메시지였는데, 그것은 한 마디로 회개의 구체적인 방법을 제시한 메시지이다. '모든 골짜기가 메워지며'는 낮고 천해진 죄인도 주님을 바라보면서 영적으로 도약해야 한다는 뜻이다. '모든 산과 작은 산이 낮아지며'는 높아져서 교만해진 마음이 낮아져서 겸손히 주님께 나와야 한다는 뜻이다.

'굽은 것이 곧아지며'는 울퉁불퉁한 삶, 곧 기복이 심한 삶이 정돈되어야 한다는 뜻이다. '험한 길이 평탄하여질 것이요'는 많은 죄를 가지고 있는 죄인이 죄의 길에서 돌이켜서 주님께 돌아와야 한다는 뜻이다. 이상의 네 가지 마음의 자세는 하나님을 떠난, 그래서 잘못된 삶을 정리하고 하나님 아버지께로 돌아오라는 초청이다. 한마디로 말해서, 회개하고 주님께로 돌아오라는 메시지이다.

세례 요한은 요단강에서 '죄 사함을 받게 하는 회개의 세례를 전파한' 후 (눅 3:3), 회개하는 방법을 네 가지로 설명했다. 세례 요한은 회개를 강조하면서 '회개에 합당한 열매를 맺으라'고 외쳤다 (눅 3:8). 만일 회개에 합당한 열매를 맺지 않으면, 하나님의 엄중한 심판을 받을 것이라는 경고도 빼놓지 않았다. 그의 경고는 아무도 오해할 수 없도록 분명했다. "이미 도끼가 나무 뿌리에 놓였으니, 좋은 열매 맺지 아니하는 나무마다 찍혀 불에 던지리라" (눅 3:9).

나는 이 말씀을 읽으면서 경외감에 사로잡혔는데, 그렇게 나의 메시지는 보완이 되었다. 뉴질랜드에서 십자가의 메시지로 나를 부르신 주님은 회개의 메시지도 못지않게 중요하다는 사실을 알려주셨다. 나는 그 말씀에 압도되어 묵상하면서 감격의 눈물을 흘렸다. 내가 유명한 사람은 아니지만, 회개와 십자가의 메시지를 전하기로 작정했다. 나도 세례 요한처럼 주님의 길을 준비하는 '소리'가 되겠다고 주님 앞에서 다짐했다 (사 40:3, 마 3:3, 눅 3:4).

그렇게 기도하며 작정하는 동안 또 다른 결정도 할 수 있었는데, 그것은 나의 성경적 영어 이름을 요한으로 한 것이다. 사도 요한이 아니라, 세례 요한으로 말이다! 나의 이름은 서서히 선교사들과 미국 그리스도인들에게 알려지기 시작했다. 그렇다! 나의 영어 이름은 John Hong이 되었다. 언젠가 그 이름으로 미국 여러 곳을 다니면서 하나님의 말씀을 전하게 될지 누가 예측이나 했겠는가? 주님은 한 번에 한 걸음씩 인도하시는 놀라운 인도자이시다.

그 이후 내가 전한 십자가 복음은 더욱 큰 능력을 나타내기 시작했다. 회개와 십자가를 아우르는 실례를 하나 들어보자. 나는 미얀마의 카렌Karen 교계 지도자들을 위한 집회에 초청을 받은 적이 있었다. 오전 9~12시까지 3시간에는 하나님의 말씀을 가르치고, 저녁에는 부흥회를 인도하였다. 카렌족은 주로 미얀마에 사는데, 그중 상당수가 태국에도 산다. 그들은 생김새나 많은 풍속이 한국인과 비슷했고, 그리고 기독교인도 제법 많았다.

태국에서 열린 그 집회에는 250여 명의 목사와 기독교 지도자들이 참석했다. 둘째 날 하나님의 말씀을 가르치는 중 휴식시간이 있었다. 그때 나는 큰 충격을 받았는데, 그 이유는 그 지도자들이 한 사람도 예외 없이 담배를 피우고 있었기 때문이다. 어떤 사람은 궐련을 피우고, 어떤 사람은 짧은 담뱃대에, 어떤 사람은 긴 담뱃대에 피우고, 어떤 사람은 담뱃가루를 종이에 말아서 피고, 또 어떤 사람은 담뱃잎을 입에서 씹고 있었다.

나는 그들을 섬기는 미국 선교사들에게 담배를 권장했느냐고 물었더니, 아니라고 했다. 담배를 피우지 못하도록 가르쳤느냐고 물었더니, 아니라고 했다. 그 이유는 산속에서 화전火田으로 살아가는 그들에게 취미라고는 담배밖에 없기에 어려서부터 담배를 피운다는, 그래서 그들의 문화라고 설명했다. 내가 그렇게 하지 못하도록 가르쳐도 좋으냐고 물었더니, 얼굴이 백지장처럼 창백해지며 조심하라고 경고했다.

나는 열심히 기도하면서 차곡차곡 준비했는데, 마침내 다음날 성경공부 시간이 되었다. 나는 이런 말씀을 인용했다: "그러나 너희는 택하신 족속이요, 왕 같은 제사장들이요, 거룩한 나라요, 그의 소유가 된 백성이니, 이는 너희를 어두운 데서 불러 내어 그의 기이한 빛에 들어가게 하신 이의 아름다운 덕을 선포하게 하려 하심이라"(벧전 2:9). 나는 그리스도인들의 격상된 신분을 설명하면서 '거룩한 나라'를 집중적으로 다루었다.

우리 그리스도인들은 거룩하게 살아야 하는데, 담배를 피우면서 '성령의 전인 몸'을 더럽힐 수 있느냐고 물었다 (고전 6:19). 나는 그들에게 회개하라고 외쳤는데, 세례 요한처럼 모든 사람에게 외쳤다. 나는 잠언의 말씀을 인용하면서 회개의 뜻도 설명했다. "자기의 죄를 숨기는 자는 형통하지 못하나 죄를 자복하고 버리는 자는 불쌍히 여김을 받으리라"(잠 28:13). 입으로 잘못을 시인할 뿐 아니라, 그 행위의 잘못을 버려야 한다고 외쳤다.

나는 세례 요한처럼, 회개하라고 하면서 담배를 버릴 사람은 일어나라고 했더니, 모든 사람이 일어났다. 그들에게 담배와 연관된 모든 것-담배, 궐련, 쌈지, 담뱃대, 담뱃잎-을 마당 가운데에 버리라고 했는데, 얼마나 많았는지 모른다. 우리 모두는 찬송가를 우렁차게 부르면서 바울 사도가 그랬던 것처럼 화형식을 거행했다 (행 19:19). 우리는 활활 타고 있는 담배 더미에 둘러서서 찬송하며, 기도하며, 감사하며, 헌신하였다. 참으로 회개를 통한 승리의 순간이었다!

15장

부르심

주님의 부르심은 은혜라고밖에 달리 설명할 수 없다. 우선, 주님은 죄인을 구원하시려고 은혜로 부르신다. "…나는 의인을 부르러 온 것이 아니요, 죄인을 부르러 왔노라"(마 9:13). 이렇게 은혜로 부르심을 받아 구원받는 사람이 얼마나 많은가? 그뿐 아니라, 주님은 이미 구원받은 사람들도 부르시는데, 하나님 나라의 확장에 사용하시기 위해서이다. 바울은 부르심을 받아 사도가 되었는데 (롬 1:1), 그 부르심을 '은혜'라고 반복해서 증언했다 (고전 15:10).

주님은 베드로와 안드레에게 그분을 따르라고 하신 후, 야고보와 요한도 부르셨다. "세베대의 아들 야고보와 그의 형제 요한이 그의 아버지 세베대와 함께 배에서 그물 깁는 것을 보시고 부르시니, 그들이 곧 배와 아버지를 버려 두고 예수를 따르니라"(마 4:21-22). 주님이 그들을 부르신 목적을 예측한 사람은 아무도 없었다. 그들은 열두 사도의 반열에 들어가서 세상을 바꾸기 위해 얼마나 큰일을 일구었는지 말로 다 표현할 수 없다.

주님은 어느 날 구원받은 나를 부르셨다! 주님이 그렇게 부르신 목적을 나는 알지 못했다. 그분의 제자들이 조건 없이 따른 것처럼, 나도 조건 없이 그분의 부르심을 따랐다. 먼저, 죠이선교회의 자문 역인 펜스^{Rev. Pence} 선교사를 통해 부름을 받았다. 그는 그동안 나를 지켜보면서 확신하게 되었다고 하면서, 미국에 가서 신학을 하라는 것이었다. 마침내 그의 추천으로 어느 신학대학교 총장으로부터 편지를 받게 되었다.

그 총장은 입학 허가는 물론 장학금과 숙식도 학교에서 제공하겠다는 내용의 편지를 내게 보냈다. 그 당시 나는 직업도 없는 백수였는데, 미국으로 유학한다니 꿈만 같았다. 나는 너무나 가난해서 유학을 생각해본 적도 없었다. 나는 흥분해서 그렇게 인도하신 하나님을 찬양했다. 그 편지를 연초에 받았기에 시간도 넉넉했다. 그런데 갑자기 '주님의 부르심'이 있었느냐는 질문이 생겼는데, 그 질문은 너무나 강렬했다.

나는 기도하기 시작했는데, 주님이 적극적으로 응답하실 것을 조금도 의심하지 않았다. 나는 4월까지 응답하시면 된다고 아뢰었다. 여권과 비자를 신청하려면 보통 두세 달이 걸리기 때문이었다. 그런데 4월이 지나가도 응답이 없었기에 5월 말까지 응답해달라고 했는데, 5월도 그냥 지나갔다. 미국에 늦어도 8월엔 들어가야 하기에 6월이 마지막 마지노선이었다. 아무 응답도 받지 못한 채 6월도 지나갔다.

어떤 때는 무릎을 꿇고 기도했고, 어떤 때는 손을 들고 기도했고, 어떤 때는 엎드려서 기도했고, 어떤 때는 몸부림치면서 기도했다.

하나님은 여전히 묵묵부답하셨다. 하나님께 앙탈도 부렸으나, 통하지 않았다. 거의 포기하게 되었을 때, 하나님의 말씀이 임했다. 그 말씀은 열왕기하 2장이었는데, 엘리야가 찾아올 때까지 충성스럽게 기다리라는 말씀이었다. 인간적으로는 억울했지만, 그렇게 기적적으로 찾아온 기회는 신기루처럼 사라져버렸다.

그런데 과거를 돌이켜보면 아찔하다. 만일 그때 주님의 부르심을 기다리지 않고 유학했다면, 큰일 날뻔했다. 나는 평신도로 전국을 다니면서 복음을 전했고, 그 결과 5,000여 명이나 구원을 받았다. 만일 그때 미국으로 갔다면 그들의 구원을 누가 책임졌을 것인가? 나의 가르침으로 주님께 헌신한 수많은 그리스도인은 어떻게 됐을 것인가? 그중에는 상당수가 목사와 선교사가 되었는데 말이다. 주님의 인도하심은 신비하지만 동시에 완전하다!

나는 OMS선교회 특수전도부의 책임을 맡아 제법 바삐 다니면서 복음을 전했다. 하루는 어느 목사분과 개인적으로 대화했는데, 그것은 인간을 통해서이지만 두 번째 부름이었다. 그분은 기도를 많이 하는 순수한 목사여서 나는 그분을 존경하고 있었다. 그분은 무겁게 입을 열더니 내가 목사가 될 사람이라고 단언했다. 나는 이미 신학 공부를 단념하고 열심히 복음을 전하는 평신도 전도자였다. 그리고 그런 나의 사역에 대단한 긍지를 가지고 있었다.

나는 마음속으로 빈정대면서 물었다. "어느 신학교를 추천하시겠습니까?" 서울신학대학교라고 대답하셨다. 나는 또 물었다. "누구에게 무엇을 배울 수 있나요?" 그렇게 반문한 이유가 있었는데, 그당시 그 신학교에는 전임교수가 6명이었는데, 학장을 제외하고는 모두 석사였다. 나도 이미 뉴질랜드에서 석사 학위를 취득했던 터였다. "주님이 가르쳐주십니다!" 그 목사의 대답이었다. 나는 비꼬는 어조로 물었다. "누가 내 가정의 생활비를 책임집니까?"

나는 그 목사의 말을 무시했을 뿐 아니라 나의 머리에 담아두지도 않았다. 다시 사역에 열중했는데, 한 번은 군대에서 복음을 전할 기회가 있었다. 군인들과 같이 식사하면서 복음을 전했는데, 하루에 4번씩 닷새 동안이나 전했다. 며칠 지나니까 목도 많이 쉬었고, 몸은 쳐질 대로 쳐졌다. 또 설교하기 위해 다른 막사로 옮겨갔는데, 나는 다른 사람들을 모두 들여보낸 후, 혼자 자동차에 남았다.

나는 주님께 울부짖었다. "주님, 더는 못하겠어요. 왜 나에게 복음을 맡기셨습니까? 이곳에서 도망치고 싶어요." 그 순간 성령님이 내게 임하시면서 하나님의 말씀이 전광석화처럼 나에게 번쩍 내려왔다. 그 말씀은 빌립보서 4장 13절이었다: "내게 능력 주시는 자 안에서 내가 모든 것을 할 수 있느니라!" 갑자기 힘이 솟아났다. 눈물 콧물을 닦고 막사로 들어갔는데, 군인들이 찬송하고 있었다.

나는 말씀을 읽은 후, 복음을 전하기 시작했다. 메시지는 다른 곳에서와는 달리 무척 짧아서 20분 만에 끝냈다. 그러나 성령의 능력이 내게 임하였기에 구원의 초청을 하자 많은 군인이 주님 앞으로 나왔다. 그들은 죄를 회개했을 뿐 아니라, 예수 그리스도를 그들의 구주로 영접하였다. 그 경험을 통해 성령의 임재와 역사가 없이는 전도 설교만으로 영혼들을 그리스도 예수 앞으로 인도할 수 없다는 사실을 깊이 인식하게 되었다.

한 번은 서울 마포 신덕교회의 학생회 부흥회를 인도했다. 평신도인 나는 복음을 전하기 전에 기도하느라고 식사를 하지 못했다. 복음을 전한 후에는 너무 지쳐서 식사를 제대로 하지 못했다. 그러나 늘 그랬던 것처럼 혼신을 바쳐서 설교하였다. 부흥회를 마치고 지칠 대로 지친 몸을 이끌고 집으로 돌아왔는데, 심각한 문제가 생겼다. 다음 날 자리에서 일어날 수가 없었다. 병원에서도 원인을 찾아내지 못했다. 그동안 쌓인 피로가 마침내 터진 것 같았다.

졸지에 중환자가 되어 누워있었는데, 자그마치 3개월이나 꼼짝달싹하지 못했다. 나는 주님을 원망했다. 내가 타락한 것도 아니고, 죄를 지은 것도 아니고, 주님을 위해 열심히 일한 것밖에 없는데, 왜 이렇게 되었느냐고 주님께 물었다. 아니 물은 것이 아니라, 소리치면서 반항했다. 그 기간 내내 암흑과 반항 속에서 지냈다. 그러던 어느 날 새벽 2시경, 나는 말똥말똥한 상태에 있었다.

처음으로 나의 과거를 반추하기 시작했다. 인생의 의미와 목적도 모른 채 방황하던 나를 위해 주님이 십자가의 고통을 감수하신 사랑! 그 사랑으로 나를 감싸시고 구원해주신 역사! 미움을 사랑으로 극복하게 하신 성령의 충만! 부족하고 자격 없는 나를 그만큼 사용하신 주님의 은혜! 생각이 여기까지 이르자, 나는 눈물을 흘리며 감사의 기도를 시작했다. 그리고 주님께 말했다. '주님, 지금 죽어도 여한이 없습니다!'

그 순간 누군가가 내 몸에 손을 얹고 나를 어루만지시면서 부르셨는데, 그것은 세 번째 부르심이었다. 그때 주신 말씀은 레위기 1장의 번제였다. 발기발기 찢겨 번제단 위에서 불살라진 번제물처럼, 나도 온전히 주님께 드려진 것이다. 다음 날 나는 침상에서 벌떡 일어나서 출근했고, 그리고 그날 저녁 목요기도회에서 주님의 임재 가운데 설교하였다. 어떤 불신자는 성경이 너무 무섭다고 신음하면서, 그리고 땀을 뻘뻘 흘리면서 두려움에 떨었다.

나를 신학의 길에 들어서게 하신 주님의 부르심을 누구에게도 알리지 않았다. 너무나 소중한 부르심이었기 때문이다. 그뿐 아니라, 주님이 부르셨으니 주님이 길을 열어주시리라고 믿었다. 몇 주 지난 어느 날 제이비 크라우스 선교사가 이렇게 말했다. "존, 너는 신학을 해야 해!" 나는 대답했다. "나도 압니다!" 그분도 놀랐고, 나도 놀랐다. 그분은 나의 즉각적인 반응에 놀랐고, 나는 그분이 나의 결정을 이미 알고 있다는 사실에 놀랐다.

과연 제이비 선교사는 하나님의 사람이었다. 그뿐 아니라, 10장에서 소개한대로 그분은 나를 위해 대언자의 역할을 한 '아론'이었다. 그분은 그때부터 내가 듣지도 보지도 못한 애즈베리신학교로 미리 가서 나를 위해 문을 활짝 열어주었다. 그는 이렇게 말했다. "존, 애즈베리신학교로 가세요!" 나는 애즈베리가 무엇이냐고 반문했다. 그분은 그 학교로 가서 나를 소개했고, 장학금도 알선해 주었다. 내 생애에서 또 한 번의 전환점이 1976년에 이루어졌다.

그 당시 미국의 신학교에 유학하기 위해 비자를 받는다는 것은 하늘의 별을 따는 것처럼 어려웠다. 그 이유는 많은 유학생이 신학을 마친 후, 귀국하지 않았기 때문이었다. 나는 비자가 나오리라고 확신했지만, 내 편에서도 착실히 준비했다. 나는 여러분의 추천서를 받았는데, 그중에는 이영덕 국무총리, 김장환 극동방송국 사장, 조종남 서울신학대학교 총장 등의 추천서도 포함되었다.

제이비 선교사는 내가 미국에서 유학하는 동안 한국에 남아있는 식구들의 생활비, 왕복 차비, 나의 교과서와 문구 비용, 나의 용돈 등을 책임져 주었다. 나는 그 부르심의 목적을 전혀 알지 못한 채, 그저 묵묵히 따랐을 뿐이다. 주님이 부르셨으니, 그분이 인도하실 것을 믿으면서 말이다. "너희를 부르시는 이는 미쁘시니 그가 또한 이루시리라"(살전 5:24). 주님은 부르시고, 사용하시고, 영광을 받으시는 분이다. "하나님의 은사와 부르심에는 후회하심이 없느니라"(롬 11:29).

16장
애즈베리신학교에서

　청운의 꿈을 안고 미국의 신학교로 갔는데, 현실은 그 꿈과 너무 달랐다. 한국에 남겨둔 가족들 생각으로 미칠 지경이었다. 거기다가 영어로 신학을 공부한다는 것이 녹록하지 않았다. 한 번은 강의실에 들어갔는데, 담당 교수도 학생들도 보이지 않았다. 너무 당황하여 미국 학생에게 그 이유를 물었더니, 지난번에 교수가 다음 시간은 휴강이라고 광고했다는 것이다. 영어 좀 한다고 자부하던 나는 눈물이 솟으면서 낮아질 대로 낮아졌다.

　그런데 외로움과 부족을 극복하게 하는 역사가 여러 가지로 일어났다! 나는 총각 기숙사에서 지냈는데, 그곳에 도착한 지 한 달쯤 지났을 때였다. 8명의 미국 남학생이 내 방으로 몰려왔다. 너무 놀라서 왜 그러냐고 물었더니, 자신들을 훈련하면서 하나님의 말씀을 가르쳐 달라는 것이었다. 같은 학생일 뿐 아니라, 나는 영어에도 자신감을 잃은 한국 학생이었다. 단칼에 거절했으나, 그들의 말이 그

동안 내가 그들과 다르다는 것을 눈여겨보았다는 것이다.

그들의 요구가 너무 강해서 한 시간만 가르치기로 했는데, 그들도 당연히 포기하리라고 생각했기 때문이었다. 부족한 영어로 떠듬 떠듬 한 시간 가르쳤더니, 나에게 나가 있으라고 했다. 그 후 한 시간은 부족하니 더 가르치라는 것이었다. 그렇게 해서 우리 아홉 사람은 금요일 저녁 7시에 시작해서 다음 날 새벽 2시까지 7시간씩 말씀도 공부하고 기도도 하면서 참으로 뜨거운 시간을 가졌다. 그런 우리의 교제는 내가 졸업할 때까지 2년이나 계속되었다.

우리는 방학 때를 제외하고는 어떤 상황에서도 그 시간을 거르지 않았다. 한 번은 어느 미국 교회에서 내게 부흥회를 인도해달라는 초청을 받았다. 나는 우리의 교제를 거를 수 없어서 어렵다고 했더니, 함께 오라는 것이었다. 우리는 자동차로 가는 동안 내내 돌아가면서 기도했다. 그리고 오전에는 내가 교회에서 말씀을 가르치고, 저녁에는 집회를 인도했다. 오후에는 8명의 학생이 그 지역을 다니면서 전도하고 집회에 초청했으며, 금요일 오후에는 우리끼리 모였다.

그렇게 1년이 지나자 주님이 우리에게 소그룹 교제를 허락하신 목적은 우리 각자가 그런 소그룹을 인도하기 위함이라는 것을 깨닫게 되었다. 나는 2주 내에 각자의 그룹을 만들어야 한다고 했다. 2주 후 다시 모였을 때, 나를 포함해서 모두 각자의 그룹을 만들었다. 우리 그룹에 연루된 학생이 83명이나 되었는데, 전교생 780명 중 10%가 넘는 숫자였다. 나는 5명의 여학생 그룹을 만들었는데, 그렇게 해서 우리 9명은 우리 그룹 외에도 각자의 그룹이 있었다.

나의 외로움을 극복하게 한 두 번째 역사는 내가 애즈베리신학교에서 어느 월요일에 전화를 받음으로 시작되었는데, 나에게 수요일 저녁 예배에서 설교해 달라는 초청이었다. 이유인즉 어느 강사가 갑자기 설교를 취소하는 바람에 며칠 앞두고 교수나 유명 강사를 초청하기란 실례이기에 학생인 나에게 부탁했다는 것이다. 나는 얼떨결에 응낙했는데, 얼마나 후회했는지 모른다. 신학생들과 교수들 앞에서 어떻게 설교하겠는가? 나는 주님께 매달렸다.

그날 아침에 주님이 메시지를 주셨는데, 내게 주어진 설교시간은 20분이었다. 설교에 몰입하다가 보니 20분이 훌쩍 지났다. 나는 움찔하며 설교를 마무리하고 기도하면서 강단이 열려있다고 한마디 했다. 그 말은 누구든지 원하면 앞으로 나와서 주님께 무릎을 꿇고 기도하라는 초청이었다. 기도를 마치고 눈을 떠보니 강단에는 물론 좌석 첫 줄에도 학생들이 무릎을 꿇고 있었는데, 모두 26명쯤 되었다. 총장님이 설교 후, 초청했을 때도 6명이 전부였는데 말이다.

그 역사를 계기로 설교의 문이 여기저기에서 열렸다. 우선 애즈베리신학교에서 정식으로 화요 예배에 설교하라는 초청을 받았다. 사회는 세계적으로 유명한 로버트 콜먼 박사Dr. Robert Coleman였다. 어떻게 교수가 사회를 보고 학생이 설교하게 되었는지 모르겠다. 그때도 6명이 초청에 응했다. 그다음, 졸업 주간에 한 설교였다. 졸업반 학생들의 투표로 세 명의 설교자를 뽑는데, 내가 1번이었다. 교수들도 평균 5년에 한 번 설교하는데, 2년에 3번 설교하다니!

지난번 수요 예배의 역사를 통해 소문이 나면서 교회들이 초청하기 시작했다. 그 당시 나는 자동차는 물론 운전면허도 없었으나, 우리 그룹의 학생들이 자진해서 운전했다. 물론 사례비는 그 학생과 나누었을 뿐 아니라, 어려운 학생들에게도 나누어주었다. 교회들이 나를 앞다투어 초청한 이유는 한국교회의 폭발적인 성장 때문이었다. 그때까지 애즈베리신학교에는 영어로 설교할 수 있는 한국 신학생이 없었기 때문인 것 같다.

한 번은 애즈베리대학교 예배에 초청을 받았다. 그 대학교는 영적 부흥이 몇 번 일어난 것으로 널리 알려진 학교였다. 그런데 백여 명이 나를 통해 부흥이 일어나기를 위해 기도한다는 것이다. 그렇게 기도하는 학생들과도 인연이 있었다. 하루는 토요일 새벽 2시 반쯤 잠자리에 들었는데, 새벽 6시 30경에 누가 문을 두드렸다. 문을 열었더니 대학생들이 나를 납치하러 왔다는 것이다. 이유인즉 성경을 배우기 위해서란다.

대학생들 50여 명이 나를 기다리고 있었는데, 하나님의 말씀을 가르치라는 것이다. 얼마 동안이냐고 물었더니 내가 못할 때까지 하라는 것이다. 그날 로마서를 가르쳤는데, 아침 7시 30분부터 밤 9시 30분까지 계속했다. 사이사이에 세 번의 식사시간이 있었지만 말이다. 그 후로도 시시때때로 그들과 교제를 나누었다. 그런데 그들이 영적 부흥을 위해 새벽마다 기도하기 시작했다는 것이다. 말할 것도 없이 나도 열심히 기도했다.

나에게 주어진 시간은 20분뿐이었는데, 내가 학생이기에 제약이 많았다. 예배가 끝나면 학생들은 다시 수업에 들어가야 하기에 시간 엄수는 불문율이었다. 정신없이 설교하다 보니 시간이 휙 지났다. 비록 설교를 제대로 마무리하지 못했지만 간단한 기도로 마쳤다. 나는 실패자였다! 주님께 너무 죄송하고 학생들에게 미안해서 도망치듯 강당을 떠났다. 기숙사로 돌아와서 주님께 죄송하다는 말씀을 드린 후, 다시 공부하기 시작했다.

그날 우연히 콜먼 박사와 한 식탁에서 점심을 하게 되었는데, 그분은 이렇게 말했다. 오늘 대학교 예배에서 누가 설교했는지 모르지만 많은 학생이 예배 후에도 그 자리에 남아서 울면서 기도하고 있다는 것이다. 식사 후 다시 그곳으로 가보았는데, 여전히 많은 학생이 주님께 울부짖고 있었다. 비록 나는 시간이 없어서 헌신의 초청을 하지 못했는데, 성령님이 직접 초청하신 셈이었다. 그 예배의 열매는 그것만이 아니었다.

신학교를 졸업하고 귀국하는 길에 여러 나라에서 하나님의 말씀을 전했는데, 인도에서 어느 미국 선교사를 만났다. 그 선교사는 애즈베리대학교 예배에서 나의 설교를 듣고 헌신하여 인도까지 왔다는 것이다. 주님을 찬양할 수밖에 없었다. 똑같은 간증을 케냐에서도 들었는데, 케리초대학Kericho College에서 부흥회를 인도하고 있었다. 그 대학의 미국 교수 한 분이 나의 설교 때문에 그곳에서 가르치고 있다는 것이다.

나의 외로움을 극복하게 하는 또 하나의 역사가 있었다. 나는 어느 침례교 전도협회의 이사회에서 말씀을 전하게 되었는데, 장소는 플로리다의 올랜도Orland였다. 며칠 동안 말씀을 전했는데, 한 분이 나에게 디즈니월드Disney World를 안내하겠다는 것이다. 그 부부는 이틀 동안 지극정성으로 나를 안내했다. 그는 얼 애보트Earl Abbott 목사인데, 마침 애즈베리신학교에서 2시간 거리인 런던London에서 목회하는 침례교 목사였다.

그 목사는 종종 나를 초청하여 설교도 시키고 위로도 했다. 그분은 청년 시절 3년 동안 밤낮으로 하나님의 말씀을 연구한 분으로,

침례교의 목사들을 가르치는 큰 목사였다. 그 목사는 나에게 가족도 소개하여 친근하게 지내게 했다. 그는 여러 자녀를 데리고 나의 졸업식에 참석하기도 했다. 내가 귀국할 때, 여비로 많은 돈을 주기도 했다. 그 졸업식에 참여한 사람 중에는 죠이선교회에서 오래 교제하던 김현수 장로도 있었는데, 시카고에서 차를 몰고 왔다.

그다음으로 나의 외로움을 극복하게 한 분은 나의 스승 로버트 콜먼 박사였다. 그는 세계적으로 알려진 전도자요, 학자요, 제자훈련자이다. 그렇게 바쁜 중에도 그는 목요일 새벽마다 학생들과 교제하면서 함께 성경을 연구하고 기도하는 분이었다. 그렇게 학생들을 훈련하면서 찾아낸 진리를 책으로 출판하게 되었는데, 저 유명한 『주님의 전도 계획』The Master Plan of Evangelism이다. 그 책은 기독교 사회에 크나큰 영향을 미친 역작이었다.

내가 애즈베리신학교에 입학원서를 제출하면서 쉬운 학과를 택했으나, 콜먼 박사는 전도자가 쉬운 길을 택하면 안 된다고 막으셨다. 유능한 전도자가 되기 위해선 성서신학과 조직신학을 깊이 터득해야 한다는 것이었다. 그분의 충고대로 학과를 바꾸었는데 공부하기가 쉽지는 않았지만, 뒤를 돌아보면 그분의 혜안에 탄복하지 않을 수 없다. 나는 지금까지 27권의 책을 저술했는데, 그중 대부분은 성경을 강해한 책이며, 적잖은 책은 조직신학과 연관된 것이다.

두 번째 학기엔 나를 조교로 임명해 주셨다. 그렇게 많은 미국 학생을 제쳐놓고 영어도 서투른 내가 그처럼 유명한 교수의 조교가 된 것은 은혜중의 은혜였다. 어떤 때는 콜먼 박사 대신 강의도 했고, 시험문제 출제와 채점은 나의 책임이었다. 어떤 때는 그분에게 온 책을 내가 읽도록 배려해주셨다. 또 어떤 때는 그분의 집회에 나를 데리고 가서 지도자들을 만나게 해주셨다. 그분의 설교를 들으며 은혜도 받고, 오가는 길에 나눈 대화를 통해 배운 것이 많았다.

　로버트 콜먼 박사는 제자훈련의 대가★※였다. 그 대가가 나를 개인적으로 만나주셨다. 강의 후, 그분은 나를 데리고 연구실로 가서 대화하면서 기도했는데, 나만이 누리는 특권이었다. 마지막 학기에는 일주일에 한 번이 부족하다며, 두 번씩 부르셨다. 한 시간을 함께 보낸 후 기도할 때, 그분은 무릎을 꿇고 기도하셨다. 기도 후 포옹해주시는데, 키가 얼마나 큰지 내 머리가 로버트 콜먼 박사의 가슴에 겨우 닿았다. 그분의 심장에서 울리는 힘찬 소리를 들으며 교제를 마치곤 했다.

17장
"전도폭발"

애즈베리신학교에서 첫 학기를 은혜로 마친 후, 나는 콜먼 박사에게 제임스 케네디[Dr. James Kennedy] 목사를 소개해달라고 요청했다. 그 목적은 겨울방학에 그 교회에 가서 훈련받고 싶었기 때문이었다. 콜먼 박사는 나를 소개했고, 케네디 목사의 초청으로 그 교회에 가서 26일을 지냈다. 콜먼 박사는 나의 왕복 비행기 표와 그곳의 체류비를 마련해 주었다. 내가 그분에게 받은 많은 사랑 가운데 하나였다.

유학 전부터 나는 케네디 목사에 대해 익히 알고 있었는데, 내가 전도학을 강의하면서 이동원 목사가 번역한 그의 『현대전도』를 교재로 사용했기 때문이었다. 제2판의 번역은 내가 맡았는데, 그 번역 원고는 무용지물이 되었다. 그 이유는 국제전도폭발 국제본부에 판권의 문제로 갈등이 일어났고, 따라서 케네디 목사의 지시로 제2판과 그 번역은 폐기되었다. 그 당시 나는 한국에 없었기에 제3판의 번역은 김만풍 목사에게 맡겨져서 출판되었다.

전도자로 자처하는 내가 전도에 관한 이론과 실제를 모두 섭렵하기 위해 제임스 케네디 목사가 목회하는 교회로 갔다. 그분의 배려로 주님을 사랑하는 어느 가정이 말도 안 될 만큼 저렴하게 숙식을 제공했는데, 그 부부도 전도폭발 훈련을 받은 평신도 지도자였다. 마침내 나는 케네디 목사를 직접 만났다. "어떻게 도울까요?"라는 그분의 질문에 나는 두 가지 요구를 했다. 첫째 요구는 그분이 전도할 때, 나를 두 번 데리고 가달라는 것이었다. 그분의 전도를 직접 보고 싶었다.

둘째 요구는 부목사와 한 사람씩 면담하게 해 달라고 했다. 그 교회에는 부목사가 12명이나 되었는데, 각 분야의 전문가들이었다. 나는 전도폭발 사역으로 급성장한 이 교회에 대해 가능한 한 많이 배우기를 원했다. 그런데 놀라운 것은 부목사 모두 독방과 비서를 거느리고 있었다. 그들의 방은 하나같이 넓고 컸으며, 서적들로 가득했다. 그중 한 분은 중고등부 담당인데, 학생들은 교회의 체육관에서 마음껏 뛰놀기도 하고 전도폭발 훈련도 받고 있었다.

또 한 분은 교장 선생님이었다. 그 교회는 세속적인 교육을 원하지 않는 부모들의 요청으로 학교를 설립했는데, 초등학교와 중고등학교였다. 후에는 신학교도 시작했지만 말이다. 초등학교 4학년 이상은 모두 전도폭발 훈련을 받았고, 따라서 수업이 끝나는 오후에는 전도하러 나갔다. 그 교회는 플로리다^{Florida}주의 포트로더데일^{Fort Lauderdale}에 있기에 끊임없이 관광객이 몰려와서 전도대상을 찾기가 어렵지 않았다.

이 포트로더데일에 있는 코럴릿지장로교회는 종탑이 얼마나 높은지 그 지역의 상징물이었고, 사방 3km에서 볼 수 있었다. 그 교회 성도들은 하나같이 교회와 담임목사에 대한 크나큰 긍지를 가지고 있었다. 실제로 그 성도들의 전도 열기도 대단했다. 어느 성도는 무려 800여 명을 전도해서 믿게 했다고 간증했는데, 그것도 놀랍지만 못지않게 놀라운 것은 그들 대부분이 그 당시 교회에 출석하고 있다는 것이다.

성도들의 전도 열기는 그린 하우스Green House에서도 엿볼 수 있었다. 한 성도가 금요일 저녁마다 집을 개방해서 교제하는데, 50여 명이 모여서 다과와 사랑을 나누고 있었다. 그러다가 벨이 울리니까 모두 흩어져서 여러 방으로 들어갔다. 나는 처음 온 사람이 들어가는 방으로 안내되었다. 어느 평신도가 복음을 자상하게 전하는데, 나는 너무나 놀랐고 또 은혜도 받았다. 어떻게 평신도가 복음을 그렇게 깊이 그리고 쉽게 전할 수 있는가?

마침내 전도폭발 훈련에 참여했는데, 일주일에 두 번씩 있었다. 그 훈련 기간에는 미합중국 대통령이 불러도 가지 않는다는 제임스 케네디 목사의 말을 듣고 진정한 훈련자라고 느꼈다. 강의를 마치자 약속대로 케네디 목사는 나를 데리고 전도하러 나갔다. 그분은 어느 아파트든 자유롭게 통과했는데, 그분의 명성이 그만큼 크다는 뜻이다. 우리는 어떤 아파트로 갔는데, 그곳에서 50대 후반의 부인을 대면했다.

케네디 목사가 전도하면서 15분쯤 지나자 그 부인은 눈물을 흘리기 시작했다. 그리고 예수 그리스도를 그녀의 구주로 영접했다. 나는 너무 놀라서 어안이 벙벙했다. 전도자인 나도 수많은 사람에게 전도했으나, 15분 만에 눈물을 흘린 사람은 없었다. 어쩌면 여자이기에 쉽게 반응했을지 모른다고 생각했다. 그다음 찾아간 사람은

60대 초반의 남자였는데, 그도 15분쯤 지나니 흐느끼기 시작했다. 케네디 목사는 탁월한 훈련자일 뿐 아니라, 능력의 전도자였다.

내가 그곳에 머무는 동안에 목회자들을 위한 훈련이 있었다. 약 150명의 목사가 참석했는데, 나도 그들 중 하나였다. 훈련이 시작된 지 이틀 지나서 한국에서 윤남중 목사가 참석했다. 그분은 대학생선교회의 4영리 전도로 알려진 분이었는데, 전도폭발 훈련을 받기 위해 참석한 것이다. 역시 전도의 대가는 달랐다. 그렇게 해서 한국인으로는 우리 둘이 최초로 전도폭발 훈련을 받고 자격증을 받았는데, 그 후 윤남중 목사는 국제전도폭발 한국본부의 초대 이사장으로 추대되었다.

애즈베리신학교를 졸업한 후, 귀국해서 전도폭발 사역에 뛰어들었다. 우선 그 사역을 소개한 후, 훈련받을 사람을 모집하자 9명의 목사가 지원했는데, 성결교회에서 8명 그리고 장로교회에서 1명이었다. 나를 포함하여 10명이 미국 텍사스에 있는 어느 미국 감리교회에서 주최하는 전도폭발 훈련에 참석했다. 그 교회의 배려로 나에게 동시통역할 수 있는 시설을 마련해주었다. 9명이 모두 시험을 무사히 통과하여 자격증을 받게 되었다.

훈련이 끝난 후, 성결교회 목사 7명은 이민을 위해 수소문을 하고 다녔다. 어쩌면 받기 어려운 비자를 위해 미국에서의 훈련에 지원했는지 모르겠다. 결국, 2명만 남는데, 성결교회의 이창규 목사와 장로교 목사였다. 이창규 목사는 몇 년 후에 목회자들을 위한 훈련을 했으나, 거기까지였다. 오히려 장로교 목사가 열심히 훈련했고, 그리고 전도폭발을 한국에 정착시키는데 결정적으로 크게 이바지했다. 그 결과 전도폭발은 주로 장로교회의 사역이 되었다.

하나님의 인도로 나는 선교사로 태국에 갔다. 두말할 필요도 없이 내가 섬기는 태국교회에서도 전도폭발 훈련을 시켰다. 그뿐 아니라, 전도폭발 사역을 태국에 정착시키기 위해 목회자들을 선발해서 미국으로 보냈다. 물론 그 목사들은 목회도 잘할 뿐 아니라, 영어도 가능한 사람들이었다. 그들을 위해 동시통역할 사람이 없었기 때문이었다. 불교의 나라인 태국에서 전도폭발의 열풍이 일어날지 누가 상상이나 했겠는가?

나는 미국과 한국에서 목회도 했는데, 두말할 여지 없이 성도들에게 전도폭발 훈련을 시켰다. 후에 훈련을 받은 아내도 그 사역에 톡톡히 이바지했다. 내가 훈련한 곳은 교회뿐이 아니었다. 내가 서울신학대학교의 전도학 교수로 부임하면서 전도폭발 훈련에 개입하기 시작했다. 이 사역은 교회 중심의 사역인데도, 특별히 국제전도폭발 국제본부와 한국본부에서 서울신학대학교에서 훈련받은 학생들에게도 자격증을 부여했다.

그것이 가능했던 것은 이강천 교수의 역할이 컸다. 그는 한국본부의 본부장으로 영향력을 발휘하였다. 그는 학생들을 훌륭하게 훈련했는데, 주저하지 않고 전도학 교수인 내게 이양했다. 그와 나의 관계는 매우 특별했는데, 같은 비행기를 타고 함께 애즈베리신학교에 간 것이 계기였다. 그의 가정도 한국에 있었기에 외롭기는 마찬가지였다. 그 당시 서울신학대학교의 학장인 조종남 박사의 큰아들과 며느리가 애즈베리대학교에서 유학하고 있었다.

그곳에 한국인은 우리 넷밖에 없었고, 자연스럽게 그 부부가 우리를 식사에 초대했다. 오랜만에 먹는 김치맛은 꿀맛이었다. 저녁후, 이강천 교수가 정기적으로 모여서 로마서도 공부하고 교제도

하자고 제안했다. 나이 많은 사람부터 차례로 인도하자고 제안해서, 내가 먼저 맡게 되었다. 그다음은 당연히 이 교수 차례였는데, 오늘 가르침이 은혜로우니 나보고 계속하라는 것이었다. 평신도인 내가 목사요 교수인 그의 말을 어찌 거역할 수 있겠는가?

조종남 박사의 며느리는 불교 신자였기에 부자지간의 관계가 서먹했다. 우리가 로마서를 공부하는 동안 성령이 역사하셨다. 그 며느리가 눈물을 흘리면서 회개했고, 그리고 예수를 구주로 영접했다. 자연히 남편도 영향을 받아서 변화를 경험하기 시작했다. 그 부부는 가는 곳마다 그리고 만나는 사람마다 구원 간증을 했다. 그 학교의 총장인 데니스 킨로Dennis Kinlaw 박사가 나를 저녁에 초대해서 눈물을 글썽이며 그들에게 복음을 전해주어 고맙다고 했다.

한 번은 조종남 박사가 아들을 만나러 미국으로 갔는데, 한 침대에서 부자가 같이 잠을 자면서, 여느 때 같으면 서로 말도 잘 섞지 않고 서먹했는데, 그날 밤에 아들이 아버지의 손을 잡으면서 "아버지 사랑해요"라고 했다는 것이다. 얼마나 놀라운 역사이며 변화였는지 모른다. 그 후 그 부부는 대학원을 가기 위해 작별하면서, 선교사로서 대학원으로 간다는 것이었다. 그런데 그들이 그곳에서 한국 유학생들에게 하나님의 말씀을 가르쳤는데 20여 명씩 모였다는 것이다.

이처럼 이강천 교수와 나는 특별한 관계였으며, 그가 지금까지 공들인 전도폭발 훈련을 남김없이 나에게 인계한 것이었다. 주님과 특별한 관계를 맺지 않으면 쉽지 않은 결정이었다. 어떻게 목사이자 교수인 그가 평신도인 나에게 로마서를 가르치라고 할 수 있었겠는가? 한국 기독교에서 전무후무한 일일 것이다. 그처럼 영성이 깊은 그를 하나님은 '바나바훈련원'을 창설하여 초대 원장으로 사역하게 하셨고, 그리고 수많은 목회자를 영적으로 훈련하게 하셨다.

여러 교회가 전도폭발에 관계된 학생들과 지도 교수인 나를 초청했다. 우리는 한 팀이 되어 훈련과 전도에 열중했으며, 저녁의 전도 부흥회를 통해 많은 사람이 구원을 받았다. 전도학 교수인 나는 전교생 필수 과목인 "전도의 이론과 실제"에서 전도폭발 교재로 가르쳤다. 그 과목을 통해 구원의 확신이 없던 학생들이 변화된 것은 물론, 그들의 전도를 통해 얼마나 많은 영혼이 구원받았는지 모른다. 전도폭발은 나에게 바늘과 실 같은 관계가 되었다.

18장

교회

　내가 애즈베리신학교에서 교육과 훈련을 받은 결과 얼마나 많이 변화되었는지 모른다. 나 자신도 다 헤아릴 수 없는 많은 변화 가운데 몇 가지만을 추려보자. 첫째는 인간이 영과 혼과 육으로 이루어졌다는 삼분론에서 영과 육으로 이루어졌다는 이분론으로 변화된 것이었다. 둘째는 성경 해석학을 통해 하나님의 말씀을 더 깊이 이해하고 분해할 수 있게 된 변화였다. 셋째는 선교관이었는데, 하나님이 나를 선교사로 헌신하게 하신 것이었다.

　넷째 변화는 평신도 훈련과 교제가 죠이선교회의 전유물이 아니라는 사실이었다. 나는 그때까지 그 선교회에 대한 엄청난 긍지를 가지고 있었는데, 그 이유는 평신도도 훈련받으면 전도도 할 수 있고 설교도 할 수 있기 때문이었다. 그러나 역사적으로 그런 평신도 사역이 항상 있었다는 것이다. 초대교회도 평신도 운동이었다. 독일의 경건 운동, 영국의 청교도 운동, 존 웨슬리의 소그룹 운동 등 평신도 운동은 끊임없이 존재했다는 사실을 인지하게 되었다.

다섯째 변화는 나의 교회관이었다. 죠이선교회에서도 교회의 중요성을 가르쳤지만, 그 교회는 우주적 교회였지 지역 교회가 아니었다. 오히려 복음을 통해서 성도들에게 구원의 확신으로 인도하지 못하는 지역 교회를 등한시했다. 그뿐 아니라 하나님의 말씀을 깊이 가르치지 않는듯한 지역 교회를 은근히 비난하고 있었다. 그런데 지역 교회의 중요성을 알게 되었는데, 그것은 나의 신앙의 여정에 획기적인 변화를 가져왔다.

나는 교회 밖의 운동들parachurch movements, 곧 죠이선교회Joy Mission, 대학생선교회CCC, 대학생성경읽기선교회UBF, 한국기독학생회IVF, 네비게이토선교회Navigators 등도 지역 교회에 속한 청년들 때문에 활성화되고 있다는 중요한 사실을 알게 되었다. 다시 말해서, 지역 교회에 청년들이 많지 않은 태국과 같은 나라에서는 그런 단체들이 활성화하지 못한다는 사실이다. 나는 지역 교회의 중요성과 그 교회에 대한 하나님의 깊은 뜻을 보기 시작했다.

그런 학생 운동은 대학생 엘리트가 중심이기에 한국인을 대표하지 못한다는 사실도 깨달았다. 반면, 교회는 젊은이는 물론 어린이에서 노인에 이르기까지 각계각층의 사람들로 구성되기에 한국인을 대표할 수 있다는 것이다. 그런 깨달음은 나의 일생과 사역의 방향을 크게 바꾸는 원동력이 되었다. 가장 먼저 바꾼 것은 죠이선교회의 사역을 마무리한 것이었다. 나는 그렇게 사랑하고 헌신했던 그 선교회에서 지역 교회로 가겠다고 선언했다.

나에게 그런 깨달음을 준 애즈베리신학교에서 1978년에 학업을 마치고 귀국하는 길에 인도를 들렀다. 그곳에서 약 2주 동안 여러 곳에서 하나님의 말씀을 전할 수 있는 은총이 주어졌다. 지역 연합 전도대회에서도 며칠 동안 복음을 전했고, 여러 지역 교회에서도 하나님의 말씀을 전할 수 있었다. 한 번은 어느 교회에서 복음을 전했는데, 그 교인들의 반응이 참으로 뜨거웠다. 그런데 그 교회는 문제가 있었다.

대나무로 얼기설기 엮어서 기둥과 지붕을 만든 곳에서 예배했는데, 벽과 지붕도 없었다. 그들의 말에 의하면, 어떤 그리스도인이 대지를 바쳤으나 돈이 없어서 예배당을 건축하지 못하고 있다는 것이다. 따라서 비가 오면 예배를 드리지 못한다는 것이다. 나는 그 지역 교회를 위해 간절히 기도하면서 모금을 시작했다. 그 교회의 지도자에 의하면 그 당시 $2,500이면 건축할 수 있다는 것이다. 나는 모금한 그 금액을 그곳의 지도자에게 보냈다.

한 해가 지난 후, 그 지역에서 전도 집회를 인도하러 간 길에 나는 그 교회를 둘러보게 되었는데, 너무나 놀라웠다. 그 교회는 300명을 수용할 수 있는 참으로 아름다운 예배당을 자랑하고 있었다. 그 하얀 건물은 햇볕을 받아서 반짝이고 있었다. 물론 건축하는 과정에서 $500을 더 보내달라고 해서 보내긴 했지만, 그 금액으로 그렇게 아름다운 교회가 탄생할 줄 꿈도 꾸지 못했었다. 그 교회는 지역 교회의 중요성을 깨달은 후, 두 번째의 작품이라고 할 수 있다.

지역 교회의 중요성을 깨달은 후, 세 번째의 은혜는 교회들과 깊은 관계를 맺기 시작한 것이다. 나의 변화된 교회관을 이해한 듯 여기저기에서 많은 교회가 나를 반기면서 초청하기 시작했다. 나는 교회들을 사랑하는 마음으로 정성을 다해 하나님의 말씀을 전했다. 물론 그 교회들에는 여전히 구원의 확신이 없는 신자들도 있었고,

하나님의 말씀을 규칙적으로 읽지 않는 신자들도 적잖았다. 그러나 그들은 주님과 교회를 중요하게 생각하는 귀한 분들이었다.

나는 가는 곳마다 성심성의껏 교회들과 교인들을 섬겼다. 두말할 필요도 없이 가장 의미 있는 섬김은 명목상의 신자들에게 예수 그리스도를 소개하여 그들이 구원을 확신하게 하는 것이었다. 그뿐 아니라, 그들이 깨끗하고 능력 있는 삶을 영위하기 위해 꼭 필요한 성령의 충만도 강조했다. 그 신자들이 믿음으로 구원을 경험할 뿐 아니라, 믿음으로 성령 충만을 경험할 수 있다는 사실을 알려주었다.

바울 사도도 그런 이중적인 경험을 이렇게 언급했다. "어리석도다, 갈라디아 사람들아! 예수 그리스도께서 십자가에 못 박히신 것이 너희 눈 앞에 밝히 보이거늘 누가 너희를 꾀더냐? 내가 너희에게서 다만 이것을 알려 하노니 너희가 성령을 받은 것이 율법의 행위로냐? 혹은 듣고 믿음으로냐?…너희에게 성령을 주시고 너희 가운데서 능력을 행하시는 이의 일이 율법의 행위에서냐? 혹은 듣고 믿음에서냐?"(갈 3:1-2, 5).

그러니까 십자가에 못 박히신 예수 그리스도를 믿고 영접하는 사람들이 '성령을 받아' 거듭났다는 것이다. 그 후 '너희에게 성령을 주시고'는 거듭난 후의 이차적인 경험을 강조하는 성령의 충만이며, 그 결과로 '능력을 행하게' 된다는 것이다. 이처럼 나의 이중적인 강조-구원과 성령 충만-의 메시지로 인해 많은 신자가 은혜를 경험했음이 틀림없다. 그렇지 않다면 그렇게 많은 교회가 나를 불렀을 이유가 없었을 것이다.

지역 교회의 중요성을 깨달은 네 번째 은혜는 한 교회를 위해 마음과 몸을 바쳐서 섬긴 것인데, 그 교회는 태국의 무앙타이교회였다. 그 교회로부터 선교사의 초청을 받은 나는 주저하지 않고 그 초청을 받아들였을 뿐 아니라, 내가 속한 성결교단에 소개했다. 그 교회는 나의 교회관이 변화된 후, 정성껏 오래 섬긴 최초의 교회였다. 나는 태국 성도들과 함께 삶을 나누고, 함께 울고 웃었다. 한 교회에 속한 성도들이 그처럼 귀하다는 사실을 깨닫게 한 교회였다.

다섯 번째 은혜는 내가 지역 교회를 개척해서 목회한 경험이었다. 나는 학위를 위해 보스턴대학교에서 공부했는데, 그 목적은 신학자와 교수가 되기 위해서였다. 공부만으로도 버거운 삶이었는데도 교회를 개척한 것은 '어리석은' 짓이었다. 한국 목사들 가운데 유학하면서 목회한 대부분은 학업을 마치지 못했거나, 학업을 마쳤어도 귀국하지 못했기 때문이었다. 나는 그런 사실을 뻔히 알면서도 교회의 중요성 때문에 교회를 개척했다.

무앙타이교회에서는 가르침과 훈련에 치중했다면, 개척한 보스턴소망교회에서는 그 두 가지는 물론 관계의 중요성을 강조했다. 그 교회의 성도들은 나의 양들이었기 때문이다. 나는 그들의 목자로서 그들과 각별한 관계를 맺고, 유지하고, 개발해야 했는데, 그것이 예수님의 방법이었다. "내 양은 내 음성을 들으며, 나는 그들을 알며, 그들은 나를 따르느니라"(요 10:27). '듣고, 알고, 따르는' 삼중적 행위에서 관계를 강조하는 '알다'가 핵심이다.

'알다'는 헬라어로 기노스코(γινώσκω)인데, 그 뜻은 머리로만 아는 것이 아니라 관계를 맺어서 안다는 것이다. 마치 부부 관계에서 서로를 깊이 아는 것처럼 말이다. 그런데 부부가 서로를 갈수록 더 많이 알아가야 하는 것처럼, 목자와 양들도 갈수록 더 많이 그리고 더 깊이 알아가야 한다. 그런 관계는 서로의 삶을 나누지 않으면 이루어질 수 없다. 나는 처녀 목회를 하면서 그런 관계의 중요성과 실제를 제법 깊이 경험하게 되었다.

그 후, 서울신학대학교 교수가 되면서 흑석제일성결교회의 청년들을 지도했는데, 여기서도 관계를 강조했다. 복음과 성결과 관계를 강조하면서 지도하니 청년들이 변화되기 시작했다. 7명으로 시작했는데, 9개월 만에 70명으로 불어났다. 담임목사인 조영한 목사가 안식년을 미국에서 보내는 동안 일시적으로 내가 대신 목회를 했을 때도 역시 강조점은 같았다. 그렇게 오랫동안 제자리에 머물러 있던 교회가 갑자기 성장하기 시작했고, 마치 교회가 살아서 움직이는 것 같았다.

그러나 그 목회는 일시적이었으며, 따라서 온전히 만족할 수 없었다. 그뿐만 아니라, 서울신학대학교의 학생들과 관계를 맺기도 했지만, 그들은 시간이 지나면 학교를 떠났다. 나는 지속적인 관계를 추구했다. 그 갈급함이 너무 커서 결국 열린교회를 개척했다. 성도들과 그런 긴밀한 관계를 맺으니, 내가 비로소 성경적인 삶을 영위하는 것처럼 여겨졌다. 학교에서는 지적 추구와 전수를, 교회에서는 관계를, 각각 나누면서 풍성한 삶을 이어갔다.

그 후로도 한밀교회, 산돌교회, 나눔교회를 개척했다. 그뿐 아니라, 대학연합침례교회와 전민새생명장로교회에서도 열심히 섬겼다. 그런 교회 사역은 적어도 나에게는 기적 중의 기적이었다. 한때 복음과 말씀이 빈약하고 관계가 얄팍하다고 하면서 지역 교회를 등한시하던 내가 변화되어 오히려 지역 교회를 위해 혼신을 바쳐서 섬기다니, 어찌 기적이라 하지 아니할 수 있겠는가! 그렇다! 주님이 애즈베리신학교를 통해 나의 잘못된 교회관을 바꾸셨다.

그렇게 교회를 깨닫고 또 섬기면서 알게 된 것이 많은데, 그중 하나는 하나님이 창세 전에 택하신 유일한 기관이 교회라는 엄청난 사실이다. 바울 사도의 확언이다. "곧 창세 전에 그리스도 안에서 우리를 택하사 우리로 사랑 안에서 그 앞에 거룩하고 흠이 없게 하시려고"(엡 1:4). 이 말씀에서 '우리'는 유대인과 이방인으로 이루어진 교회를 뜻한다 (엡 2:16-18). 비록 지역 교회가 완전하지는 않을지라도 하나님이 택하신 존귀한 기관이 바로 '교회'이다.

19장
최초의 선교사

주후 1981년 어느 날, 하늘같이 높은 기독교대한성결교회의 교단 총무인 이봉성 목사가 무명의 전도사인 나를 부르시더니, 도와 달라는 것이었다. 2년 전에 박희성 목사를 선교사로 선발한 후, 인도네시아 비자를 기다리는데 무소식이라는 것이다. 이러다간 오랜만에 일어난 선교의 열풍이 사라지게 생겼다는 것이다. 결국, 동남아에 있는 나라를 소개하라는 부탁이었다. 나는 즉각적으로 태국을 제안했고, 그분의 위임을 받아 태국을 방문하게 되었다.

태국에서 우본완과 그녀의 남편을 만났다. 우본완이 구원받은 후, 그 당시 미국에서 유학하던 약혼자 난타차이 Nantachai에게 편지로 복음을 전하기 시작했다. 그들은 서로 300통씩 편지를 교환하면서 기독교와 불교 사이에서 줄다리기를 했다. 난타차이는 우본완을 설득하기 위해 성경을 읽기 시작했는데, 하루에 7시간씩 읽었다. 어느 날 미국 친구의 소개로 그가 그토록 미워하는 교회를 갔는데, 거기서 그는 그리스도인을 사랑한다고 거짓말을 했다.

그가 기숙사로 돌아와서 우연히 고린도전서 13장을 읽고 그런 사랑을 달라고 기도했다. 죄와 불교를 버리면 그런 사랑을 주겠다는 하나님의 음성을 들었다는 것이다. 죄는 버릴 수 있지만, 불교는 쉽지 않았다. 그는 하나님께 불교를 버릴 수 있도록 도와달라고 간청했고, 그리고 마침내 불교 대신 예수 그리스도를 구주로 받아들였다. 그의 생애는 완전히 변화되었는데, 작은 보트에 누가 오르면 그 보트가 흔들리는 것처럼 그의 생애도 흔들렸다는 것이다.

그들은 귀국 후, 어느 침례교회에서 결혼했는데, 하객들을 위한 답례품으로 소책자를 만들었다. 그 소책자는 우본완의 구원 간증 15쪽, 난타차이의 간증 15쪽, 합 30쪽인데, 한 달 안에 4쇄나 인쇄했고, 후에는 영어로 번역되어 빌리그레이엄전도협회에서 4백만 부씩 발행하는 『디시즌』The Decision에 실렸다. 그 태국 교수 부부는 그 때부터 밤낮없이 복음을 전했고, 그들을 통해 구원받은 사람들과 교회를 시작했다.

나는 난타차이와 우본완에게 성결교단에서 선교사를 파송하기를 원한다고 했더니, 즉석에서 흔쾌히 받아들였다. 총무에게 그 사실을 알렸으며, 그 당시 총회장인 정진경 목사와 이봉성 목사를 모시고 나는 다시 태국으로 갔다. 양측은 선교협정서에 서명했는데, 그러더니 난타차이가 이렇게 말하는 것이었다. "우리는 성결교회와 박희성 목사에 대해 들어본 적이 없습니다. 이 선교협정이 유효하려면 홍성철도 선교사로 보내주십시오."

청천벽력과 같은 소리였는데, 나는 미국 유학을 준비하고 있었기 때문이다. 이미 세 학교에서 입학허가서와 장학금을 약속받은 터였는데, 이게 웬 말인가? 우리 세 사람은 입을 굳게 담은 채 귀국했지만, 나의 심정은 편치 않았다. 나는 결사적으로 기도하기 시작했는데, 어느 날 하나님의 말씀이 내게 들렸다: "내게 광대하고 유효한 문이 열렸으나, 대적하는 자가 많음이라"(고전 16:9). 이 말씀은 유학이 아니라 선교의 명령이었다!

우선 나는 박희성 선교사와 함께 태국으로 가서 난타차이가 시무하는 교회에 소개했다. 그 교회의 이름은 태국의 의미인 무앙타이 교회였는데, 태국의 복음화를 염두에 두고 그렇게 이름을 정했다는 것이다. 그런데 문제가 또 있었다. 박희성 선교사의 부인과 아들의 여권이 외무부에서 거부된 것이었다. 나는 여권 신청서를 달라고 했다. 그 당시 나는 경기고등학교 출신 다섯 부부에게 일주일에 한 번씩 하나님의 말씀을 가르치고 있었다.

그중 한 명은 외무부 국제부 과장이었다. 그에게 여권을 부탁했고, 얼마 후 여권이 발부되었다. 두말할 필요도 없이 그 부인과 아들은 태국으로 가서 박희성 선교사와 함께 선교 사역을 시작했다. 얼마 지나지 않아서 나도 가족과 태국으로 갔다. 나의 담임목사이기도 한 총회장 정진경 목사는 태국에서 1년만 있다가 유학해서 학위를 취득한 후, 선교사들을 훈련해야 한다고 신신당부하셨다. 그러니까 나는 태국에서 장기간 머물 선교사가 아니었다.

박희성 선교사 부부는 태국어 공부에 여념이 없었으나, 우리 부부는 달랐다. 우리도 태국어를 배웠으나, 나는 영어로 설교도 하고 하나님의 말씀을 가르치면서 교인들을 훈련했다. 그뿐 아니라 6명의 청년들을 따로 훈련했는데, 태국 복음화의 열쇠가 훈련된 지도자라는 확신 때문이었다. 그들에게 하나님의 말씀만 가르치지 않고 영어도 가르쳤는데, 그 목적은 그들을 미국에서 공부하게 하기 위해서였다.

내가 난타차이에게 애즈베리신학교를 소개했으나, 그는 내게 훈련받으면 충분하다면서 거절했다. 나의 강권으로 토플을 보았는데, 495점이었다. 미국의 대학원은 550점 이상을 요구했다. 그는 희희낙락해서 하나님의 뜻은 유학하는 것이 아니라고 했다. 물론 난타차이는 이스라엘과 미국에서 공부했기에 영어가 출중했으나, 고의로 낙방한 것이다. 나는 애즈베리신학교 부총장에게 장문의 편지를 보내어 난타차이를 입학시킬 것을 요청했고, 그리고 허락을 받았다.

난타차이 부부가 미국으로 가는 길에 한국에 2주간 머물렀는데, 그때 그 부부의 간증을 듣고 서울 영등포 신길교회의 박성철 장로가 부인인 우완본의 학비를 책임지겠다고 하여, 부부가 신학을 하게 되었다. 그들은 후에 선교학 박사가 되어 문자 그대로 태국의 복음주의를 대표하는 거물급 목사들이 되었다. 그뿐 아니라, 훈련시켰던 6명의 청년 중 토플 점수를 550점 이상을 받은 사람들도 애즈베리신학교로 유학을 보냈다.

하나님이 내게 주신 약속, "내게 광대하고 유효한 문이 열렸으나"가 문자 그대로 이루어졌다. 태국에 도착한 지 보름쯤 지났을 때, 어느 미국 선교사가 나를 찾아왔다. 그는 태국그리스도교회The Church of Christ in Thailand에 속한 베테랑 선교사였다. CCT는 8개 교단이 합쳐서 이루어진 단체였다. 그 단체는 3년에 한 번씩 지도자 세미나를 개최하는데, 나를 주강사로 초청하고 싶다는 것이다. 인간적으로는 불가능한 초청을 나는 받았다.

그 선교사는 2주밖에 남지 않은 집회에 초청하는 것을 사과한 후 경위를 설명했다. 그 집회의 강사는 몇 가지 조건을 충족시켜야 하는데, 첫째는 백인이 아니어야 한다. 둘째는 영어로 설교할 수 있어야 한다. 셋째는 지도자들을 가르칠만한 실력이 있어야 한다. 본래 이런 조건에 맞는 유명한 미얀마 전도자를 초청했는데, 얼마 전 미얀마의 군사정권이 여권을 허락하지 않아서 오지 못한다는 전보를 받았다는 것이다.

난타차이와 우본완의 간증이 너무나 잘 알려진 터에, 그들에게 영향을 준 홍성철이 태국의 선교사로 왔다는 소식을 들은 위원회에서 대타자로 나를 지명했던 것이다. 나는 2주 동안 기도하면서 메시지를 준비하며 동시에 CCT에 대해 알아보았다. 그 단체는 주로 진보적 성향의 교단들로 구성되어 있었다. 그뿐만 아니라, 그들은 지역 교회를 중요하게 생각하지 않기에, 능력 있는 목사들은 기관에서 사역하는 경향이 있었다.

그 집회에 150명이 모였는데, 120명은 지도급 목사이며 30명은 거물급 장로였다. 다섯 번째 집회에서 나는 복음을 전하기로 작정했다. 요한복음 3장의 말씀으로 복음을 전한 후, 구원초청을 했더니 30여 명이 눈물을 흘리면서 응했다. 여섯 번째는 성령 충만을 받아야 한다고 설교했다. 그리고 마지막 설교는 지역 교회의 중요성을 강조하면서 '내 양을 치라'는 주님의 말씀을 강조했다. 그 집회에 참석한 사람들은 태국 전역에서 온 지도자들이었다.

그들이 돌아가서 나를 초청하기 시작했는데, 그때부터 태국 전역을 다니면서 복음을 전했다. '광대하고 유효한 문'이 활짝 열렸던 것이다. 태국에서 약 3년간 사역하면서 거의 모든 중요한 집회는 내게 맡겨졌다. 가는 곳마다 복음을 전했는데, 그리스도 예수를 구주로 영접한 사람들이 모두 512명에 이르렀다. 94%가 불교 신자인 태국에서 보기 어려운 역사였다. 그뿐 아니라, 나는 방콕 부활절 연합예배에서 설교하는 특권도 누렸다.

하나님의 말씀은 '일점일획'이라도 땅에 떨어지지 않는다. '대적하는 자가 많음이라'는 경고도 이루어졌는데, 나를 어렵게 한 사람은 박희성 선교사 부부였다. 나는 지금까지도 그들이 나를 미워한 이유를 모르는데, 그들은 철저하게 나를 배척했다. 우리 부부는 문제를 해결하기 위해 기도도 많이 했다. 그뿐 아니라, 우리는 그들의 집을 찾아가서 무릎을 꿇고, 눈물을 흘리면서 용서를 빌었다. 그런 사과를 두 번이나 했는데, 우리의 존재로 그들이 괴로워했기 때문이다.

그들은 우리가 사과할 때마다 용서한다고 했으나, 결국 용서하지 못했다. 그들은 태국에 온 지 1년 만에 나에게는 물론 교단 선교국에 통보도 하지 않고 태국을 떠났다. 우리가 미국으로 유학하면 그들이 태국 선교를 맡아야 할 중책을 버린 것이다. 그로 인해 우리는 1년 만에 태국을 떠날 수 없어서 근 3년이나 있으면서 교단에서 후임을 보낼 때를 기다려야 했다. 박 선교사 부부는 그들만 미워한 것이 아니라, 다른 한국 선교사들도 나를 미워하도록 이간시켰다.

물론 그들은 후에 오해를 풀고 우리 부부와 깊은 교제를 나누었다. 여행도 함께 하고 집회에도 함께 갔을 뿐 아니라, 그들의 사역에 나를 초청도 했다. 그런데 내가 태국어로 설교하지 못한다고 나를 대적하는 태국 목사들도 있었다. 한 번은 어느 목사가 나에게 설교 초청을 하면서 태국어로 해야 한다고 강조했다. 그렇게 할 수 없다고 하자, 그 목사는 당장 초청을 취소했다. 그러면서 이렇게 말했다. "태국어를 못하다니, 굶어 죽으라고요!"

무앙타이교회에서도 고된 훈련을 반대한 사람들이 생겼다. 한 가족은 나에게 경고하고 교회를 떠났는데, 나의 마음을 심히 아프게 했다. 그 교회 지도자들 가운데에서도 나의 강한 훈련을 못마땅하게 여기고 떠난 사람이 있었다. 태국어의 한계로 의사소통을 제대로 하지 못하는 나에게는 어려움도 종종 생겼는데, 한 번은 담임목사도 나를 반대했다. 그러나 대화를 하면서 오해를 풀었고, 그리고 지금까지 친밀한 교제를 하고 있다.

20장

태국에서

　태국에서 사역하던 3년, 곧 1981년~1983년의 기간에 주님은 내게 많은 은혜를 부어주셨다. 어느 주일 예배에서 담임목사가 광고한 후 헌금 시간을 가졌는데, 그 헌금은 교회 건축을 위한 것이었다. 두 성도는 결혼 패물을 모두 바쳤고, 한 성도는 자동차를 바쳤고, 또 한 성도는 방콕의 금싸라기 같은 땅을 바쳤다. 약 80명의 교인 가운데 60명 정도는 학생인 것을 생각하면, 현재의 $16만 상당인 $4만이나 되는 헌금액은 가히 천문학적인 것이었다.

　그 당시 태국에는 720개의 교회가 있었는데, 모두 선교사들이 지어주었다. 태국 선교 역사에서 처음으로 교인들이 선교사인 나와 상의하지 않고 건축헌금을 했다. 나는 너무나 감동되어 그냥 있을 수 없었다. 즉시 미국에 있는 OMS선교회 본부를 방문해 지도자들과 상의하면서 현재의 $40만의 가치인 $10만을 요구했고, 이틀 후 나는 그 돈을 받았다. 그 당시 OMS선교회 총재는 한국에서 20여

년이나 선교했던 에베렛 헌트Everett Hunt 박사였다.

미국에서 한국으로 가서 황찬홍 집사 부부를 만났다. 그들은 영
락교회 교인인데 그 교회의 선교사들이 사역하는 동남아를 순방한
적이 있었다. 그러나 태국에는 그 교회의 선교사가 없어서 대타로
나를 만나게 되었다. 그 부부는 무앙타이교회의 수요 예배에 참석
했는데, 많은 은혜를 받았다는 것이다. 저녁 식사를 마친 후, 그 부
부는 눈물을 글썽이면서 헌금 봉투를 내놓았다. 현재의 금액으로
환산하면 3천만원이나 되는 거금이었다.

무앙타이교회는 대지를 구매한 후 4층 건물을 건축했는데, 그 건
물은 교회와 신학교가 되었다. 태국 교인들이 그렇게 많은 헌금을
하도록 불을 붙인 사람이 있었는데, 완나Wanna의 아버지였다. 완나
가 예수님을 구주로 받아들인 후 하루에 몇 시간씩 성경을 읽었는
데, 그 아버지는 그것을 극렬하게 반대했다. 아버지는 성경을 찾는
대로 태워버렸다. 나중에 완나는 성경을 끈으로 묶어서 창문 밖에
걸어놓음으로써 성경을 숨길 수 있었다.

어느 주일 완나가 성경을 들고 예배에 참석하기 위해 집을 나섰
다. 아버지가 권총으로 완나를 겨누면서 교회에 가면 죽이겠다고
했다. 완나는 아버지를 껴안고 흐느끼면서 이렇게 말했다. "이 세
상에서 아버지를 가장 사랑해요. 그러나 교회는 가야 해요." 아버
지는 성경을 빼앗아서 그 성경에다 총을 쏘았다. 완나는 수요기도
회에서 늘 눈물을 흘리면서 가족의 구원을 위해 기도해달라는 기도
제목을 냈다.

어느 수요기도회에서 완나의 가족을 위해 기도하는 중 이런 생각
이 떠올랐다. 완나의 집으로 가자! 나는 지도자 몇 명과 그 집으로

갔는데, 그때는 완나의 아버지가 상점을 닫는 시간이었다. 그녀의 아버지는 과자, 콜라, 아이스크림 등을 팔았다. 우리는 둘러앉아서 예배를 드렸는데, '나 같은 죄인 살리신' 1절만 부르고 복음을 5분 정도 전했다. 그리고 우리는 과자와 콜라를 주문해 먹었다.

그렇게 시작된 예배는 수요일 밤마다 계속되었다. 처음엔 완나 아버지가 반대했지만, 선교사의 권위를 발휘하여 계속할 수 있었다. 그 후부터는 시키지도 않았는데, 완나 아버지가 사회를 보면서 '나 같은 죄인 살리신' 1절을 부른 후 나에게 말씀을 전하라고 했다. 나는 언제나 5분간 복음을 전했다. 그렇게 몇 개월이 지난 후 나는 완나 아버지에게 기도로 예배를 마무리하라고 했다. 그는 기도하면서 그렇게 많이 울면서 예수님을 받아들였다.

그것은 성령의 역사가 아니면 불가능한 일이었는데, 태국 문화에서 아버지가 자녀들 앞에서 눈물을 보일 수 없었기 때문이다. 그다음 수요일에는 완나 어머니에게 기도하라고 했는데, 그녀도 역시 울면서 예수 그리스도를 받아들였다. 다음 주부터 그 가족이 교회에 출석하기 시작했는데, 세 딸과 아들 등 모두 6명이었다. 나는 설교하면서 완나 아버지를 쳐다볼 수 없었는데, 보기만 하면 눈물이 났기 때문이었다.

주일에는 예배 후, 모든 교인이 점심을 먹었다. 점심 후, 나는 교인들에게 하나님의 말씀을 가르쳤는데, 창세기, 출애굽기, 레위기, 민수기를 차례로 끝내고 신명기를 가르치다가 태국을 떠났다. 점심을 먹으려고 하는데 교인들이 한 곳으로 우르르 몰려갔다. 무슨 일인가 보니 완나 아버지가 아이스크림을 팔고 있었다. 나는 너무 기가 차서 태국에서 선교하는 것이 아무짝에 소용없다고 생각하면서 느낀 실망감은 이루 말할 수 없었다.

그런데 완나 아버지는 돈을 봉투에 넣더니 강단 앞으로 나아가서 기도한 후, 그 봉투를 강단 위에 놓는 것이었다. 나는 너무 놀랐고, 또 가볍게 판단한 것을 회개했다. 완나 아버지는 주님을 위해 무엇인가 하고 싶은데, 할 수 있는 게 없었다. 장사가 되지 않아서 파산 직전에 있었다. 얼마 있으면 모든 것을 잃고 길바닥으로 나가야 하는 처지였다. 그러나 주님을 위해 토요일 상점을 닫은 후, 2시간에 걸쳐 손으로 아이스크림을 만들어 주님께 바쳤던 것이다.

그것도 한 번만 아니라 주일마다 그렇게 했다. 교인들이 웅성거리기 시작하더니 마침내 건축헌금을 하게 된 것이다. 내가 태국을 떠나 15년이 지난 후, 무앙타이교회에서 배출한 목사들을 위한 세미나를 인도하러 다시 간 적이 있었다. 그 교회는 그 기간 중 17개의 교회를 개척했고, 목사는 30명이나 되었다. 그때 완나 부모가 나를 찾아와서 울면서 이렇게 말했다. 갑자기 장사가 잘 되어 빚도 갚고, 집도 두 채나 샀고, 자동차도 식구마다 가지고 있다는 것이다.

내가 태국에서 고별 설교를 마치자, 완나의 가족이 나를 위해 특송을 해주었는데, '나 같은 죄인 살리신'을 4절까지 부르면서 눈물을 흘렸다. 그 후 완나와 그 남편은 애즈베리신학교에서 공부한 후, 목사가 되어 교회를 개척했다. 그리고 딸 가운데 하나는 목사에게 시집가서 주님을 섬기고 있으며, 다른 딸은 선교사와 결혼하여 귀한 선교 사역에 헌신하고 있다. 매주 아이스크림 한 통을 바쳤더니, 주님은 수만 배로 갚아주셨다.

이미 언급한 것처럼, 교회 밖의 사역도 계속되었다. 한 번은 어느 미션스쿨에서 3일 동안 전도 집회를 인도했다. 마지막 날 내가 좋아하는 십자가를 전하면서 예수님이 겪으신 고통을 묘사했다. 그런데 학생들이 떠들고 성경을 던지면서 아수라장이 되었다. 완전히 실패한 집회였다. 시간이 지나서 그 이유를 알게 되었는데, 불교에 젖어있는 학생들에게 예수님의 고통은 전생의 업보가 나빴기에 생긴 결과에 지나지 않았다. 그런 분을 왜 믿어야 하느냐는 것이다.

그런 깨달음은 나에게 보약이 되었다. 그 후 어느 큰 교회에서 일주일 동안 부흥회를 인도했는데, 처음부터 복음을 전하지 않았다. 먼저 창조주 하나님에 대해, 다음 죄와 심판에 대해 설교했다. 마지막 날 십자가를 전한 후, 구원의 초청을 했더니 26명이 강단 앞으로 나왔다. 태국에서 그 숫자는 거의 전례가 없을 정도였다. 그 가운데 한 사람은 소문난 강도였다. 그는 영어를 하는 한국인을 구경하러 왔다가 예수님을 만났던 것이다.

석 달 후, 그 교회의 목사를 만났는데, 그 강도였던 사람이 전도해서 많은 강도가 구원받았다는 것이다. 하루는 그가 그를 통해 믿은 동생과 함께 있었는데, 촌장에게 돈을 받은 청부 살인자가 뛰어들어와서 총을 쏘았다. 동생은 즉사했으나, 형은 뒷문으로 도망갔다. 촌장이 청부 살인자를 고용한 이유는 그 강도였던 사람이 너무나 열정적으로 그리스도 예수를 전파하는 것이 못마땅해서 그랬다는 것이다.

한 번은 남쪽 지역에서 10일 동안의 전도 집회에 초청을 받았다. 그 당시 남쪽에는 게릴라들이 횡횡하면서 선교사들을 한꺼번에 여러 명을 죽인 적도 있었다. 기차에서 내리자 나를 초청한 지도자가 볼보Volvo 자동차로 나를 안내했다. 그 차는 단단하기로 유명한 자동차이나, 운전기사가 어떤지 궁금했다. "기사 양반, 몇 년이나 운전했나요?" "27년 무사고요." "이 지도자와는 몇 년 같이 일했나요?" "7년이요." "어느 교회를 다니나요?" "내가 왜 교회를 다녀야 하나요?"

그 집회 일정은 다섯 장소인데, 한 장소에서 아침저녁으로 4번씩 설교했다. 첫날 집회를 마친 후, 기사가 머무는 여인숙을 가보니 사람이 있을 곳이 못 되었다. 나는 강제로 그를 호텔로 데려와서, 그로 침대에서 자게 했다. 나는 다른 침대에서 자고 통역자는 바닥에서 자도록 양해를 구했다. 전도 집회의 강사인 나를 데리고 다니는 기사에게 전도하지 않는다면, 나는 진정한 의미에서 전도자가 아니라고 생각했기에 그렇게 했다.

하루는 장소를 옮겨가는 도중 그 기사의 집을 잠시 들렀는데, 나는 그 부인도 같이 가자고 초청했다. 나는 모두 20번을 설교했는데, 그 기사 때문에 회중이 달라도 같은 설교를 하지 못했다. 그날 밤도 전도설교를 마친 후 초청하면서, 구원받기 원하는 사람은 일어나라고 했다. 제일 먼저 그 기사가 일어났고, 그다음 그의 아내가 일어났다. 너무나 감격해서 찬송하면서 호텔로 돌아왔다. 나는 기사에게 말했다. "오늘 예수님을 영접했으니 같이 기도하고 잡시다."

그는 먼저 할 말이 있다는 것이었다. 그의 말에 의하면, 오늘 예수님을 영접하고 나니 그의 죄들이 떠올라서 괴롭다는 것이다. 그의 괴로움을 풀어주기 위해 어떤 죄냐고 물었다. 그는 아내 몰래 여자를 4명이나 사귀고 있었다는 것이다. 그렇게 말하면서 그는 통곡했다. 나는 너무나 놀랐는데, 어떻게 가난한 운전기사에게 여자가 넷씩이나 따랐는지 알 수 없었다. 그는 3명과는 관계를 청산하겠는데, 1명은 어렵다는 것이다.

다음 날 아침, 눈을 떠보니 그 기사는 무릎을 꿇고 기도하고 있었는데, 새벽 5시였다. 오랜 기도 후에 그는 눈물을 흘리면서 그 1명도 청산하겠다고 했다. 그것이 놀라운 변화가 아니면 무엇이 변화인가! 그렇게 모든 집회를 마치고 방콕으로 돌아갈 날이 되었다. 그 운전기사는 내게 말했다. "아짠 홍, 10년 전에 태국에 왔다면 그동안 나는 죄짓지 않고 살았을 텐데 왜 이제 왔어요?" 우리는 포옹하면서 작별했는데, 그도 울고 나도 울었는데 감격하고 감사해서 운 울음이었다.

21장
박사과정

정진경 목사와 이봉성 목사의 권면대로, 나는 학위를 위해 미국으로 갔다. 세 학교 중 어느 곳을 선택할지 기도하고 있었는데, 나의 은사인 시먼즈John T. Seamands 박사가 애즈베리신학교로 오라고 하면서, 두 가지를 제안했다. 하나는 우리 부부에게 장학금을 주고, 또 하나는 내가 공부하는 동안 석사과정에서 가르칠 수 있게 하겠다는 것이다. 물론 다른 학교에서도 장학금을 약속받았지만, 가르칠 수 있다는 제안이 마음에 들어 애즈베리신학교로 결정했다.

애즈베리신학교는 처음으로 철학박사 과정을 개설하면서 나를 첫 번째 박사 학위 수여자로 만들려고 했다. 나는 학교의 기대에 어그러지지 않으려고 열심히 공부하면서 1년을 마쳤다. 그런데 새로운 총장이 부임하면서 박사과정을 무기한 연기하겠다고 발표했다. 청천벽력과 같은 소식이었다. 많은 갈등과 원망 속에서 기도했는데, 빛이 보이지 않고 깜깜하기만 했다. 우연히 보스턴대학교의 카탈로 그를 읽었는데, 이상하게 마음이 두근거렸다.

교수 중 그 대학교에서 학위를 받은 분을 찾아갔고, 그는 즉석에서 그 대학교의 입학처장과 통화하면서 나를 소개했다. 내가 애즈베리신학교에 제출한 모든 서류를 복사해서 보냈고, 전화 인터뷰를 거쳐서 입학허가가 나왔다. 그뿐 아니라, 내가 애즈베리신학교에서 취득한 학점도 인정해주었다. 박사과정에서 그런 것은 어디에서도 찾을 수 없는 아주 특별한 혜택이었다. 나는 애즈베리신학교를 떠나면서 얼마나 울었는지 모른다.

떠나기 전에 나는 새로 부임한 총장과 면담하면서 세 가지를 요구했다. 첫째, 그동안 새로운 학교를 알아보느라고 수없이 전화 통화했는데, 그 통화비와 이사비를 책임질 것. 둘째, 애즈베리신학교에서 받을 장학금을 보스턴대학교에 4학기 대납해 줄 것. 셋째, 성결교회 지도자들은 학위를 마치기 전에 학교를 옮긴 사실을 오해할 수 있으니, 총회장에게 사과 편지를 보낼 것. 그 총장은 내 요구를 모두 들어주었는데, 그것도 역시 주님의 은혜였다.

보스턴대학교 신학부는 감리교단의 13개 신학교 가운데 인본주의의 선두 주자였다. 그곳에서 공부하는 동안 인본주의자들과 많은 논쟁을 한 것도 사실이었지만, 두 가지 중요한 것을 배웠다. 하나는 배경과 상관없이 모든 사람을 받아들이는 포용력이었고, 또 하나는 인간의 존엄성이었다. 하나님의 형상으로 창조된 인간이기에, 어느 민족이든, 빈부와 직업을 초월해서 인간은 존엄한 존재라는 사실이다. 나의 세계관이 그만큼 넓어지는 깨달음이었다.

지도 교수가 두 분이었는데, 한 분은 선교학 교수이고, 다른 한 분은 전도학 교수였다. 하루는 3시간 강의인 전도학 수업에 들어갔더니, 교수가 나에게 즉흥적으로 강의하라는 것이다. 쩔쩔매면서 3시간 강의를 마치자 나를 연구실로 데리고 갔다. 그 교수는 전도에 관한 한 내가 더 많이 알고 있으니, 그의 강의에 들어오지 말라는 것이다. 숙제도 할 필요가 없고, 학점은 주겠다는 것이다. 과정을 빨리 마치고 귀국해서 가르치라는 것이다.

선교학 교수는 나의 주임 지도 교수로 대나 로버츠^{Dana Roberts} 박사였다. 그 교수도 인본주의 물결에서 고생하는 나를 힘껏 밀어준 고마운 분이다. 하루는 그 교수가 나를 불렀는데, 그 이유는 전도학 대신 선교학으로 전공을 바꾸라는 것이다. 나는 이렇게 대답했다. "교수님, 이 세상에 죄인들이 있는 한 나에게는 일거리가 있습니다. 박사 학위가 없어도 상관없습니다. 나는 공부를 포기하겠습니다." 결국, 그 교수는 나에게 전도학 전공을 허락했다.

그렇게 고집해서 나는 한국 교계에서 최초의 전도학 박사가 되었다. 어느 날 십자가의 메시지로 나를 부르신 주님의 명령에 순종했더니, 주님은 나를 인도하시며 많은 복을 안겨주셨다. 그뿐 아니라 나는 한국 신학계에서 최초의 전임 전도학 교수가 되었다. 물론 내가 서울신학대학교에는 기존에 없었던 전임 전도학 교수가 되는 데는 그 당시 조종남 학장의 배려가 없었다면 가능하지 않았다. 그분도 존 웨슬리^{John Wesley}를 전공하였기에 전도의 중요성을 너무나 잘 알고 있었기 때문이다.

내가 7년 동안 박사과정을 가능하게 한 도움이 많았다. 첫 번째 도움은 이봉성 총무의 배려로, 총회 본부에서 매달 $300을 지원해주었다. 그뿐 아니라, 그분은 나의 제자인 김광수 목사에게 나를 위해 월 $300을 모금하라고 지시했다. 월 $300이 7년이면 $25,200

이나 된다. 또 한 분은 정진경 목사이다. 그분은 부산 수정동교회의 정기석 장로에게 선교비를 충당하게 했다. 그는 내가 태국에 있는 동안 월 $1,500을 보냈고, 공부하는 동안에는 $500을 보냈다.

또 한 분은 제이비 크라우스 선교사이다. 그분은 $5,000씩 두 번이나 나에게 보냈다. 그렇게 많은 후원을 받았는데도, 생활비와 교육비는 턱없이 부족했다. 그 이유는 보스턴의 물가가 너무나 비쌌기 때문이다. 예를 들면, 애즈베리신학교에서 기숙사의 월세는 $150인데, 보스턴에서는 $700이었다. 그러던 차에 보스턴성결교회에서 부흥회 인도 초청을 받았다. 김수환 담임목사는 복음 설교만 하라고 요청했는데, 그 결과 많은 사람이 구원의 초청에 응했다.

다른 교회의 교인들도 부흥회에 참석했는데, 그중 두 가정이 우리 부부를 초청해서 저녁 대접을 했다. 그들은 보스턴 지역에 한인교회가 많지만, 복음적인 교회가 없기에 이 교회 저 교회를 다니며 동냥처럼 예배를 드리고 있어서 함께 교회를 개척하자는 것이다. 나는 기도하기 시작했고, 주님은 이런 약속으로 화답하셨다: "주의 권능의 날에 주의 백성이 거룩한 옷을 입고 즐거이 헌신하니 새벽이슬 같은 주의 청년들이 주께 나오는도다"(시 110:3).

우선 개척에 참여하고자 하는 네 부부를 훈련하기 시작했다. 금요일 저녁마다 그들을 우리 집에서 7개월이나 훈련했고, 그들이 준비되었다고 여겨졌을 때, 교회를 개척했다. 그중 박진성 집사는 부친이 목사였고, 사촌 형이 목사인 신앙의 가정에서 성장했다. 그런데도 구원의 확신이 없다가 부흥회를 통해 확신하게 되어 교회 개척에 참여했다. 최언집 집사는 어느 교회에서 깊은 상처를 받아서 참여하게 되었다.

최낙철 집사는 나의 10년 후배로 교동초등학교, 중앙중고등학교, 고려대학교의 동문인데, 텍사스에서 이주하여 교회를 찾다가 참여하였다. 강찬형 집사는 MIT에서 박사과정 중에 있었는데, 마음에 드는 교회가 없다면서 참여했다. 어른 10명과 자녀들이 최언집 집사 가정에 모여서 첫 예배를 드렸다. 예배 후, 우리는 점심을 하면서 선교 지향적인 교회로 하자는데 합의했고, 따라서 첫 헌금은 선교지로 보냈다.

그때부터 교회에서 사례비를 받게 되어 생활비를 충당할 수 있었다. 나는 정기석 장로에게 나에게 보내던 후원금을 이스라엘에 있는 권혁승 목사에게 보내달라고 부탁했다. 그런데 경제적으로는 압박에서 벗어났는데, 다른 문제가 생겼다. 그것은 목회에 열중하다 보니 학업의 진척이 잘 이루어지지 않았다. 그렇지만 이왕 시작한 목회이니 최선을 다하기로 했다. 둘째 주부터 미국 루터교회를 빌려서 예배를 드렸다.

열심히 기도하고, 설교하고, 가르쳤는데도 교회는 성장하지 않았다. 처녀 목회의 어려움을 톡톡히 맛보고 있었다. 성장은커녕 오히려 어느 집사와는 갈등까지 가졌다. 미국교회는 예배당에서 예배 드리라고 했지만, 10명이 예배드리기엔 너무나 큰 장소였다. 우리는 지하실에 있는 작은 교실에서 예배를 드렸는데, 반주자도 없었다. 집사들이 사례를 주고 반주자를 구하자고 했으나 내가 반대했는데, 그 이유는 사례받는 반주자를 원하지 않았기 때문이다.

그런데 기적이 일어나기 시작했는데, 반주자들이 우리 교회에 들어오기 시작했다. 하버드대학교Harvard University에서 피아노 박사과정에 있는 사람, 서울의 소망교회의 반주자였던 사람, 반포교회의 반주자였던 사람, 영국의 어느 교회에서 반주자였던 사람, 일생을 반주하다가 하버드대학교로 교육학 박사과정에 입학한 사람 등 5명이나 되었다. 그중 교육학 박사과정에 있는 사람이 반주자가 되었는데, 물론 사례비를 받지 않았다.

그뿐 아니다! 어느 교인이 피아노를 전공하는 여학생을 데리고 왔다. 그 학생은 부모가 경제적으로 어려워져서 학비를 보내지 못하게 되자, 누군가의 도움이 필요했다. 그 학생은 어느 장로와 권사로부터 상처를 받은 경험이 있어서 교회를 멀리했다. 그 학생을 우리 교회가 도왔으나, 전도는 하지 않았다. 6개월쯤 지나서 전도하지 않고 도움만 주는 우리 교회를 찾아왔는데, 그렇게 많이 울면서 구원을 받았다. 그 학생도 반주하기를 원했으나 차례가 가지 않았다.

보스턴소망교회인 우리 교회는 주님의 은혜로 조금씩 성장하기 시작했다. 첫해에는 출석하는 장년이 46명이 되었고, 둘째 해에는 103명이 되었다. 그러나 나의 학업은 엉망이었다. 나는 그 당시 선교국장인 이강천 목사에게 잠시 귀국할 터이니 1년 동안의 생활비를 모금할 수 있게 해 달라고 부탁했다. 그는 조금도 주저하지 않고 그렇게 하겠다고 했다. 나는 교회 직원회에서 사표를 제출했다. 미국에 목회하러 온 것이 아니라, 공부하러 왔기 때문이라고 설명했다.

어느 집사가 질문했다. "우리가 형제자매라고 가르치면서 우리의 도움을 가장 필요로 할 때, 왜 한국에서 모금하시려고 합니까? 우리가 돕겠습니다!" 나는 반문했다. "어떤 조건입니까?" 그는 대답했다. "조건이 없습니다. 학업을 마친 후, 주님이 인도하시는 대로 가십시오!" 나는 대답했다. "그렇지만 나에게는 설교를 준비할 시간도 없고, 목회에 전념할 수도 없습니다." 그들이 대답했다. "설교 준비하지 마세요. 그냥 아시는 말씀을 나누세요. 목회는 우리가 하겠습니다."

"그러면 사례비를 50%로 내려주세요!" 내가 말했다. 그들이 알아서 결정하겠다고 하면서 목회비를 $300만 제했다. 나는 그때부터 심방과 전도도 하지 않고 학업에 열중했다. 그런데 놀라운 일이 일어났다! 보스턴소망교회가 오히려 성장하고 있었다. 한 사람의 목회자가 손을 놓으니까 모든 성도가 소매를 걷어붙이고 열심히 전도하며 양육했다. 나는 그들의 사랑과 헌신을 영원히 잊지 못할 것이다. 그렇게 나는 학업을 마치면서 전도학 박사 학위를 취득한 후, 귀국하였다.

22장

"나의 바나바"

바나바는 성령으로 충만한 착한 사람인데 (행 11:24), 순종도 남달랐기에 사도들로부터 사랑을 받았다. 그들이 그의 본명인 요셉 대신에 바나바로 부른 것은 그 사실을 증명하고도 남는다 (행 4:35). 그가 충분히 훈련받았을 때, 사도들은 그를 막 개척된 최초의 이방인 교회인 안디옥교회로 파송했다 (행 11:22). 그는 그 교회에서 탁월한 지도력을 발휘하여, 다른 지도자들을 배출했을 뿐 아니라, 그 교회가 세계 선교의 전진기지가 되게 했다 (행 13:1-3).

바나바는 사도들로부터 배운 대로 사람들을 세우는 사역에도 출중했다. 우선, 바울의 경우를 보자. 사도들이 바울의 회심에 대해 의심하면서 교제하기를 두려워할 때, 바나바가 나서서 바울의 회심을 자상하게 전하면서 소개했다 (행 9:26-27). 그뿐 아니라, 바나바는 250km나 떨어진 다소로 가서 바울을 데리고 와서 안디옥교회에서 가르치게 했다. 그것이 발판이 되어 바울은 세계를 휘젓고 다니며 복음을 전하는 위대한 인물로 도약했다.

그다음, 마가의 경우를 보자. 마가는 바나바와 바울의 전도 여행에 동행했던 사람이나, 주님이 크게 역사하고 있는데도 그들을 떠나간 사람이다. 그 후 그들이 제2차 전도여행을 떠날 때, 바나바는 마가를 데리고 갈 수 없다는 바울과 헤어지면서 마가를 선택했다. 마가는 그에 대한 바나바의 사랑에 젖어서 회개했을 뿐 아니라 주님께 깊이 헌신했을 것이다. 그 후 그는 마가복음을 기록하므로 기독교에 큰 공헌을 했는데, 그 사역에도 바나바의 역할이 있었다.

내가 보스턴소망교회에서 4년 1개월 목회하는 동안 바나바와 같은 인물이 있었다. 그는 최언집 집사였는데, 나는 그를 "나의 바나바"로 부른다. 그는 어느 컴퓨터 회사의 소프트웨어 엔지니어였는데, 참으로 착한 사람이었다. 내가 부족한 처녀 목회를 하면서 실수를 많이 했는데도 나에게 인상을 쓰거나 못마땅하게 여기거나 쓰디쓴 말을 한 적이 없었다. 오히려 한편 나를 격려하고, 또 한편 못마땅하게 생각하는 다른 성도들에게 변명해주었다.

내가 교회를 시작하기 전에 4가정을 훈련했다고 언급했는데, 그 가운데 최언집 집사가 나의 가르침을 가장 잘 받아들였다. 그가 얼마나 훈련을 잘 받았는지, 하루는 이런 간증을 했다. 먼저 다니던 교회를 찾아가서 담임목사와 성도들에게 눈물로 자신의 잘못을 사과하고 용서받았다는 것이다. 그런 간증으로 인해 후에 교회가 성장하는데 이바지한 것도 사실이다. 그의 변화된 모습을 보고 적잖은 사람들이 우리 교회로 왔기 때문이다.

그 당시 보스턴에는 한인 교회가 26개 있었는데, 한인이 운영하는 세탁소도 26개가 있었다. 많은 목사가 세탁소 협회의 회장을 전도하려고 방문하면서 선물 공세를 했다. 그런데 어느 날, 그 회장이 우리 교회에서 예배를 드리고 있었다. 나는 한 번도 방문한 적이 없었는데도 말이다. 그 회장은 내가 참 목자라는 것이다. 이유인즉 목사에게 훈련받은 최언집 집사가 끊임없이 방문하고, 이사할 때는 짐을 날라주고, 그 가족의 생일을 챙겨주었다는 것이다.

그 회장이 교회에 등록한 파급효과도 컸다. 먼저 그의 아내와 자녀들과 장모님이 따라왔다. 그다음 많은 사람이 그처럼 똑똑한 사람이 선택한 교회라면 좋은 교회라는 여론이 형성되었다. 그는 한국에서 예술대학 출신으로 연예계에 입문하려다가 미국으로 방향을 튼 사람이었다. 그는 그만큼 미남일 뿐 아니라 언변도 좋아서 많은 사람이 따르는 그런 지도자였다. 최언집 집사의 숨은 노력이 없었다면, 결단코 우리 교회에 오지 않을 사람이었다.

한 번은 어떤 사람이 교회를 방문했다. 그는 아내가 갑자기 정신병원에 입원하게 되어 형편이 참으로 어려워졌다. 부부 장로인 그의 부모가 두 교회를 추천했다. 그 사람은 다른 교회에 3번 출석하면서 그 교회에 등록할 예정이었는데, 부모가 추천한 다른 교회도 한 번만 가보기로 하고 우리 교회를 방문했다. 최언집 집사가 그에게 접근하여 커피와 빵을 주면서 인사를 나누면서 전화해도 좋은지 물었다.

다음 날, 곧 월요일에 최 집사는 전화하면서 방문해도 좋은지 그에게 물었다. 다음 날인 화요일 저녁에 그 집을 방문했다. 그 사람은 월세로 2층에 사는데, 6, 4, 2세 된 세 아들을 돌보느라고 정신이 없었다. 최 집사가 보니 설거지할 그릇이 산더미처럼 쌓여 있었다. 그는 당장 설거지를 했을 뿐 아니라, 밀린 빨래도 해주었다. 그는 금요일에 전화해서 주일 오전에 가겠다고 했다. 주일이 되자 최 집사는 그 가족들을 자동차로 교회로 데리고 왔다.

다음 주에도 똑같이 전화하고, 방문하고, 설거지하고, 빨래했다. 목요일에 전화로 금요일에 있는 구역회에 초청했다. 최 집사가 구역회를 인도하는 동안 그의 부인은 장난감들을 마련해서 그 사람의 세 아들과 다른 방에서 놀아주었다. 구역회가 끝난 후, 최 집사는 그 사람에게 전도폭발로 복음을 전했고, 그는 그리스도 예수를 그의 구주로 영접했다. 그는 나에게 약 3개월 동안 훈련을 받은 후, 세례를 받았다.

우리 교회는 교인들이 원하는 대로 침례로 세례를 주었는데, 세례를 받을 사람은 5분 동안 구원 간증을 했다. 우리는 6개월마다 세례식을 거행했는데, 대략 8~12명이 세례를 받았다. 그날 그 사람도 간증하면서 얼마나 흐느꼈는지 모른다. 그날 나는 설교하지 않았지만, 간증을 들으면서 성도들은 물론 나도 많은 눈물을 흘렸다. 그 사람은 간증하면서 최 집사가 자신의 가족들을 위해 섬긴 것들을 언급하면서 그렇게 많이 울었다.

우리 교회는 나로 인해 부흥되지 않고, 최 집사와 같은 성도들의 희생적인 전도와 섬김으로 부흥되었다. 나는 공부하랴 목회하랴 두 가지 다 잘하지 못했다. 한 번은 죽을 쑨 설교를 했는데, 그렇게 못할 수가 없었다. 문에서 교인들과 인사를 나누는데 고개를 들 수가 없었다. 그런데 그날따라 마지막으로 나온 사람이 최 집사였다. 그는 악수하면서 이렇게 말했다: "목사님, 오늘 설교에 은혜 많이 받았어요!"

나는 그 말을 믿지 않았지만, 그래도 위로가 되었다. 그는 "나의 바나바"였다. 저녁 후에 최 집사로부터 전화가 왔다. "목사님, 오늘 설교에 은혜 많이 받았어요!" 똑같은 말을 되풀이했다. 그는 내가 설교 후, 쳐진 모습을 보고 위로에 위로를 거듭했다. 그는 바나바처럼 착한 사람이요, 바나바가 사도들도 위로한 것처럼 나를 위로했다. 바나바로부터 위로를 받지 않았다면, 사도들이 그의 이름을 '위로의 아들'의 뜻인 바나바로 바꾸지 않았을 것이다.

화요일에 예쁜 카드를 받았는데, 최 집사가 보낸 것이었다. 그 카드에는 이런 말이 쓰여있었다: "목사님, 설교에 은혜받았어요. 이 세상에서 목사님을 제일 사랑합니다!" 나의 가슴은 뭉클해졌다. 다음 날 수요일 오전에 최 집사로부터 전화가 왔다. 상의할 일이 있어서 우리 집에 오후에 오겠다는 것이다. 몇 시간 후 다시 전화가 왔는데, 아무래도 집에서는 그러니 밖으로 나가자는 것이다.

그 부부가 우리 부부를 태우고 저 유명한 케이프 코드^{Cape Cod}로 갔다. 한참을 달리더니 해변에 있는 식당으로 들어갔는데, 예약한 창가에 자리를 잡았다. 최 집사는 상의하기 위해서가 아니라, 우리를 대접하기 위해 계획한 것이었다. 우리는 빨갛게 넘어가는 해를 보면서 랍스터를 먹었다. 최 집사는 "나의 바나바"로 내가 목회하지 않았을 때, 바울을 부르듯 나를 불렀다. 그뿐 아니라, 마가처럼 연약할 때, 교제하면서 나를 붙잡아 일으켰다.

주님은 "나의 바나바"에게 많은 복을 내리셨다. 우선, 그의 집 이야기를 해보자. 그 부부는 어느 반지하에 월세로 살았는데, 장모님이 한국에서 그 부부를 보러온다는 것이다. 바퀴벌레가 출몰하는 그 지하에 모실 수 없어서 임시변통으로 집을 샀다. 그 집에서 우리 교회가 첫 예배를 드렸는데, 잠시 있겠다는 장모님이 그 집이 너무 좋아서 6개월이나 있었다. 최 집사 부부는 장모님을 공항에 모셔드린 후, 돌아오는 길에 부동산중개소를 들렀다.

그 집을 다시 팔기 위해서였다. 그런데 놀라운 일이 생겼다. 그 6개월 사이에 집값이 두 배나 올랐다! 이것을 기적이라고 하지 않는다면 무엇을 기적이라 할 수 있겠는가! 그 집을 판 후, 최 집사는 교회 근처에 있는 큰 집을 구매하기 원했는데, 그 목적은 교인들이 그 집에서 자유롭게 교제도 하고, 김치와 된장국을 먹기 위해서였다. 우리가 모이는 미국교회에서는 한 번도 그런 식사를 한 적이 없었는데, 냄새 때문이었다.

그 당시 그렇게 큰 집은 최 집사에게는 벅찼지만, 오로지 주님과 교회를 위하겠다는 갸륵한 마음을 주님은 아셨고, 또 허락하셨다. 은행에서 쉽게 많은 돈을 빌릴 수 있도록 때에 맞춰 직장에서 승진했기 때문이다. 우리 교인들은 크리스마스나 새해, 혹은 추석에 그 집에 몰려가서 한국 음식을 마음껏 먹으면서, 찬송하면서, 간증을 나누면서 마음껏 교제할 수 있었다. 주님의 인도하심과 축복은 거기에서 끝나지 않았다.

최 집사는 더 큰 집으로 이사했는데, 수영장과 테니스장이 있는 거대한 저택이었다. 그곳에서 그리스도인들이 자유롭게 교제했을 뿐 아니라, 강사들과 손님들을 주저하지 않고 모시기도 했다. 내가 그 교회에 부흥회를 인도하러 갔을 때, 그 집에서 머물렀다. 그 집에 머무르는 동안 최 집사는 나에게 또 "바나바"의 역할을 마다하지 않았는데, $2,500의 거금으로 노트북을 사서 나에게 선물한 것이다.

최언집 집사는 바나바처럼 모든 훈련을 마치고 사역자가 되었다.

그는 보스턴에서 국제 학생들을 위하여 전도 사역을 10년 동안 하다가, 보스턴 남동쪽에 있는 퀸시Quincy의 미국 침례교회 담임목사로 5년 동안 복음을 전하고 2021년 6월에 은퇴하였다. 주님이 바나바를 계속 사용하신 것처럼, 은퇴한 최언집 목사를 계속 사용하신다. 다시 그는 2021년 11월부터 보스턴 서쪽 프레이밍햄주립대학교Framingham State University에서 교목으로 섬기고 있다. "나의 바나바"는 다시 많은 "바나바"를 일으키기 위해 지금도 헌신하고 있다.

23장

서울신학대학교

　내가 서울신학대학교와 첫 번째 관계를 맺게 된 것은 뉴질랜드 유학을 마치고 귀국하면서부터였다. 본래 장로교회 교인이었으나, OMS선교회에 총무로 부임하면서 기독교대한성결교회로 적을 옮기게 되었다. 서울 마포 신촌교회에 적을 두었는데, 킬본 박사는 나를 서울신학대학교에 소개했다. 그래서 나는 신학과 1학년 학생들에게 교양영어를 가르치게 되었다. 나는 앤드류 머레이^{Andrew Murray}의 『온전한 굴복』^{Absolute Surrender}을 교재로 선택했다.

　그 책을 선택한 이유가 있었는데, 첫째는 신학생들의 영어 실력을 과대평가했기 때문이다. 둘째는 신학생한테 신앙 서적이 일반 서적보다 좋으리라 생각했다. 셋째는 영어 교재를 바탕으로 신앙 문제도 다루고 싶었다. 넷째는 신학생들에게 영어로 성경적 용어에 접할 수 있게 하기 위해서였다. 다섯째는 평신도가 신학생을 가르친다는 사실에 나도 긴장했기 때문이다. 학생들을 가르치면서 알게 된 것은 몇 명을 제외하고는 영어 실력이 변변치 않다는 것이었다.

그러나 놀랍고도 충격적인 것은 신학생들인데도 구원의 확신이 없는 학생들이 있었다는 사실이다. 가뜩이나 뉴질랜드에서 십자가로 부르심을 받고 귀국한 터라, 십자가의 복음을 전하겠다는 열망으로 가득했던 나였다. 그 결과 몇몇 학생이 나를 통해 구원을 확신하게 되었다. 그들은 구원의 간증을 급우들에게 개인적으로 나누면서 전도했을 뿐 아니라, 그룹으로도 간증했다. 예를 들면, 기숙사 금요일 철야 예배에서 공개적으로 구원의 간증을 나누었다.

학교 당국은 나를 의심의 눈초리로 보기 시작했으며, 따라서 다음 해부터는 강의가 주어지지 않았다. 그들의 주된 논점은 이미 구원받은 신학생들에게 왜 복음을 전했느냐는 것이다. 그런데 그 의심의 눈초리가 사라지는 일이 벌어졌다. 당시 조종남 학장이 존경하는 애즈베리대학교 총장인 데니스 킨로 박사를 학교의 부흥회 강사로 초청했다. 그런데 그는 설교를 끝낸 후 구원초청을 했고, 칠십여 명의 학생들이 그 초청에 응했다.

그 부흥회를 계기로 학장을 비롯한 교수들의 관점이 바뀌었는데, 신학생들도 구원의 확신이 없을 수 있다는 사실이었다. 그렇게 인정하자 학장은 학생들에게 구원의 확신을 통한 전도자로 양성해야 한다고 결정했다. 그 결정 때문에 전교생을 대학생선교회에 보내서 전도훈련을 받도록 조처했다. 학생들이 전도훈련을 통해 받은 감격스러운 은혜를 학교 예배시간에 나누었는데, 그야말로 은혜의 도가니였다.

내가 서울신학대학교와 관계를 맺은 두 번째 계기는 애즈베리신학교에서 석사(M.A.)과정을 마치고 귀국한 1978년이었다. 나는 성결교단의 목사가 되기로 작심하고 그 학교의 대학원에 입학하였다. 교수들의 깊은 배려로 애즈베리신학교의 모든 학점을 인정해주어 빨리 신학석사(M.Div.)과정을 마칠 수 있었다. 그뿐 아니라, 1년 수업을 마치자 나에게 강의까지 맡겨주었는데, 영어를 가르친 지 8년 만이었다. 학장과 교수들의 선처로 이루어진 일이었다.

학교에서 강의하면서 동시에 전국적으로 다니면서 복음을 열정적으로 전하던 시기였다. 어느 날, 학장이 나를 불러서 전임 교수로 들어오라는 것이었다. 그것도 두 해 연속해서 그렇게 불렀다. 그런 초청은 특별한 배려였는데, 그 배경에는 신학생들이 나를 통해 구원받은 경우와 자신의 아들과 며느리가 복음으로 변화된 것이 조종남 학장의 마음을 움직였다고 여겨졌다. 그러나 나는 전도하면서 십자가를 전하기로 작정했기에 그 초청을 받아들이지 못했다.

그렇다고 그 학교의 교수가 되는 일에 전혀 무관심했던 것은 아니다. 젊었을 때는 하나님이 인도하시는 대로 어디든지 가서 전도해야 한다는 사명감이 나를 사로잡고 있었다. 그런데 초청을 거부한 또 다른 이유는 내가 자격이 없다고 느꼈기 때문이다. 교수라면 박사 학위를 소지해야 한다고 믿었기 때문이다. 그런 이유로 미국의 여러 신학교에 문을 두드리고 있었다. 이미 언급한 대로, 세 학교에서 입학 허가와 장학금을 허락받은 바 있었다.

그러다가 갑자기 태국으로 가게 되었다. 그곳에서도 방콕성서대학Bangkok Bible College에서 강의했는데, 목회자 후보들을 가르치는 보람을 느꼈다. 그때 미국 이민 교회 중에서 가장 큰 동양선교교회의 담임목사인 임동선 목사 부부가 태국을 방문해서 우리 집에 10일간 머물면서 여러 곳에서 말씀을 전했다. 그분은 서울신학대학교의 대

선배이셨는데, 우리 집을 찾은 목적이 있었다. 나에게 그의 후임이 되달라고 간곡하게 부탁하기 위해서였다.

그때까지만 해도 나는 목회에 전혀 관심이 없었다. 나는 그 거물급 목사이자 선배에게 목회에는 관심이 없다고 대답했다. 나는 공부를 더 한 후, 교수가 되겠다고 말했다. 그분은 나를 설득하려고 부단히 노력했지만, 나는 받아들이지 못했다. 그때 교수가 되기를 원한다는 말은 어떤 특정한 학교를 염두에 둔 것은 아니었지만, 그래도 서울신학대학교는 강력한 후보 가운데 하나였다.

우리 가족이 미국 유학을 위해 로스앤젤레스Los Angeles에 도착했는데, 임동선 목사의 후대는 그야말로 지극했다. 그분은 교회에서 숙식하면서 그 집을 통째로 우리 가족에게 내어주어, 우리는 일주일을 편안하게 지냈다. 그 교회에서 설교하게 했을 뿐 아니라, 그 거물 목사가 손수 우리 식구들을 디즈니랜드Disney Land로 데리고 갔다. 그것도 하루만이 아니라 이틀씩이나 말이다. 그분은 누가 와도 손수 그곳을 데리고 가는 일이 없었는데, 우리에게는 예외였다.

임동선 목사는 그때에도 나를 후임으로 초청하고 싶다고 간곡하게 부탁했다. 후에 내가 애즈베리신학교 교수가 되었을 때도 그분은 나를 그 교회의 부흥회를 인도하라고 초청한 후, 역시 후임 문제를 거론했다. 만일 후에 내가 목회에 뛰어들어 목회할 것을 알았다면, 그때 동양선교교회의 담임목사가 되었을 것이다. 그러나 나의 마음에는 오직 한 가지 생각으로 가득했다. 어느 신학교일 줄은 몰랐지만, 전도학 교수가 되는 것이었다

내가 서울신학대학교와 관계를 세 번째 맺은 것은 보스턴대학교에서 학위를 마쳤을 때였다. 조종남 학장의 초청으로 전임 교수가

된 것인데, 1990년이었다. 그런데 나는 성결교단의 선교국에 속한 목사였다. 그렇지 않았다면 이봉성 총무가 유학비를 그렇게 오랫동안 지원하지 않았을 것이다. 실제로 학위를 받기 6개월 전쯤 그 당시 총무였던 임철재 목사가 나에게 선교국장을 맡으라고 명령하였다. 나는 6개월만 기다려달라고 간청했다.

그도 급하긴 급했나 본데, 특사를 보스턴으로 보내 나를 설득하려 했다. 나는 학위를 반드시 취득해야 한다고 믿었기에 그 특사의 설득을 받아들이지 못했다. 후에 들은 말인데, 임철재 목사는 나를 선교국장으로 앉혔다가 교단 총무로 영전시킬 작정이었다는 것이다. 마침내 6개월이 지나서 학위를 취득하게 되었다. 나는 총무에게 사과의 편지를 정중하게 올리면서, 어디든지 보내는 대로 순종하겠다고 했다. 나의 제1지망은 할 일 많은 중국이었다.

회신을 받지 못한 나는 다시 사과와 굴복의 편지를 올렸는데, 나의 앞날을 총무에게 완전히 맡기면서 말이다. 그렇게 굴복하고 결정을 기다리고 있는데, 서울신학대학교 교수로 들어오라는 조종남 학장의 전갈을 받았다. 나는 그 전갈을 받아들였는데, 당연히 총무와 선교국의 결정이라고 믿었기 때문이다. 교수로 들어간 후, 전후 사정을 듣게 되었는데, 가히 충격적이었다. 조종남 학장이 정진경 목사를 모시고 해외선교위원회에 참석했다는 것이다.

그 당시 두 분은 교단의 거물 목사로서 서로 견제하는 처지였다. 그러나 학장은 어떻게 해서든지 나를 교수로 임명하려고 정 목사를 설득했고 동의를 받아냈다. 두 분이 해외선교위원회에 참석했고, 정 목사가 설득하자 위원들이 묵묵부답으로 동의했다는 것이다. 그 위원들은 모두 정 목사의 제자였었다. 해외선교위원회에서는 나를 해외 총무로 임명하려고 생각하고 있었다는 것이다. 모르긴 몰라도 그들의 실망은 컸을 것이다.

해외선교위원회의 위원들은 기대가 무너지면서 그 불평을 나에게 퍼부었다. 내가 배후에서 조종남 학장을 조종하고 설득해서 학교의 교수가 되었다는 것이다. 물론 그런 사실도 세월이 지나서 알게 되었다. 실제로 어느 위원장은 나에게 위원회에 와서 무조건 사과하라고 명령했다. 나는 이유도 모른 채 그 위원장의 지시대로 위원회에 가서 무조건 사과한다고 하면서 고개를 숙인 적이 있었다.

왜 학장은 나를 그렇게 원했는가? 위에서 언급한 대로, 복음에 대한 나의 열정이 한 몫이었을 것이다. 그런데 또 다른 이유가 있었는데, 그것은 학생들의 데모였다. 그들은 실천신학부 교수를 보충해 달라고 심각하게 데모했다는 것이다. 그 당시 미국과 독일에서 학위 과정에 들어간 학자는 많은데, 실천신학을 전공하는 사람은 없었다. 그 이유도 분명했는데, 그 당시 실천신학은 신학자들에 의하여 홀대를 받던 분야였기 때문이다.

조종남 학장은 학생들에게 굳게 약속하면서 조만간 실천신학 교수를 보충하겠다고 했다는 것이다. 내가 전공하는 전도학은 실천신학부에 속하는 과목이었는데, 그 당시 내가 실천신학을 전공하는 유일한 사람이었다. 학장은 나를 염두에 두고 약속했다는 것이다. 학교에 교수로 들어간 후에야 왜 학장이 나에게 교수로 들어와서 논문을 마치라고 재촉했는지를 이해하게 되었다. 그는 편지로, 국제 전화로, 어떤 때는 미국 보스턴으로 직접 와서 재촉했다.

결국, 나는 빙빙 돌고 돌아서 서울신학대학교의 전임 전도학 교수가 되었다. 나의 생애에서 또 다른 국면으로 들어간 자리였다. 지금까지는 하나님이 인도하시는 대로 여기저기 다니면서 복음전파와 제자훈련에 매달렸다면, 이제부터는 한 자리에서 학기마다 다른 학생들을 가르치며, 훈련하며, 영향을 주게 된 것이다. 마땅히 정신적으로나 경제적으로 안정될 수 있는 사역지였다. 그러나 어떤 미래가 펼쳐질지 전혀 모르면서 말이다.

24장

부흥회

한국교회의 시작과 형성에 미국 선교사들의 역할은 참으로 지대했는데, 그들은 당연히 미국교회의 특징 가운데 하나인 부흥회를 이식시켰다. 독일의 경건주의와 영국의 청교도 정신을 결합한 미국의 부흥 운동은 한국교회의 발전에 미친 영향이 말할 수 없이 컸다. 저 유명한 평양의 장대현교회의 부흥도 부흥회 마지막 날에 일어난 역사였다. 미국 선교사 둘이 사회와 설교를 맡았는데, 그때 등장해서 부흥의 불씨를 지핀 분이 전설적인 인물 길선주 장로였다.

그 전통을 이어받은 한국의 교회들은 대부분 일 년에 한두 차례 부흥회를 개최한다. 나도 그런 부흥회에 초청받아서 인도한 적이 제법 많았다. 그런데 나는 교회에서 신앙생활하다가 구원받지 않고 오히려 교회 밖에서 교인들을 박해하다가 구원을 받았기에, 교회생활에서 생기는 문제에 대해서는 잘 알지 못했다. 그런 까닭에 나는 생활보다는 신앙 자체를 다루는 메시지를 주로 전했다. 나의 경험과 신앙에 근거한 메시지이기 때문이다.

그렇다면 왜 교회는 부흥회를 개최해야 하는가? 그 이유도 각가지인데, 그 가운데 하나는 잃은 활력을 되찾기 위해서이다. 어떻게 활력을 잃었는가? 첫째는 '흘러 떠내려'drift away 보냈기 때문이다 (히 2:1). 무엇을 '흘러 떠내려' 보냈는가? 무엇보다도 구원의 확신을 꽉 붙잡아야 하는데, 시간이 지나면서 그렇지 못한 그리스도인들도 생긴다. 히브리서 저자는 이렇게 분명히 경고했다. "우리가 이같이 큰 구원을 등한히 여기면 어찌 보응을 피하리요?" (히 2:3).

둘째는 '완고한 마음'hardened-heart (히 3:8)이다. 첫째의 원인이 개인의 문제라면, 둘째의 원인은 '하나님의 집'에서 일어나는 문제이다 (히 3:6). 같은 교회에 속한 그리스도인들도 때때로 서로에 대해 불편한 마음을 품을 수 있다. 서로에 대해 마음을 닫는 것은 '악한 마음'이다 (히 3:12). 그렇게 서로를 사랑으로 받아들이지 않고, 굳은 마음을 갖는 그리스도인들에게 히브리서 저자는 이렇게 경고했다. "…하나님에게서 떨어질까 조심할 것이요" (히 3:12).

셋째는 하나님의 말씀을 '흘러 떠내려' 보내는 태도이다. 그리스도인들이 그렇게 오래 신앙생활을 하면서도 말씀에 우뚝 서지 못하고 "말씀의 초보에 대하여 누구에게 가르침을 받아야 할 처지"이다 (히 5:12). 그들은 다른 사람이 먹여주는 젖이나 먹으면서 만족해한다. 그들에게 단단한 음식은 그림 속에 들어있는 떡처럼 여겨질 뿐이다. 그런 그리스도인들은 숟가락으로 먹여주는 젖을 얻어먹을 뿐인데, 영어로는 *spoon-fed Christian*이라 한다.

물론 교회들이 부흥회를 개최하는 이유는 위의 세 가지 외에도 얼마든지 있을 수 있다. 그러나 나는 이런 성경적인 진단에 따라서 메시지를 전하려고 애를 썼다. 거의 예외 없이 나의 첫 메시지는 구원의 확신에 관한 것이었다. 내가 즐겨 인용한 말씀은 요한복음 3장으로, 예수님이 종교적인 지도자 니고데모에게 전하면서 하신 말씀이다. "···물과 성령으로 나지 아니하면 하나님의 나라에 들어갈 수 없느니라"(요 3:5).

이 말씀의 의미를 풀어갈 때 두 종류의 사람들이 '거듭나지' 않으면 안 된다는 사실을 깨닫는데, 한 종류의 사람들은 죄인이다. 그들이 인간적으로는 도덕적이고 종교적일지는 몰라도 그런 것을 통해 거듭나지 못한다는 사실을 깨닫는다. 두 번째 종류의 사람들은 신자라고 자처하는 소위 '교인'들이다. 그들은 명목상의 신자들로, 이름만 신자들이란 말이다. 비록 그들이 교회를 오래 다녔어도, 말씀을 들으면서 거듭나지 못했다는 사실을 깨닫는다.

어떤 종류의 사람이든 그들이 거듭나야 한다는 사실을 깨닫게 되면, 곧바로 그리스도 예수를 그들의 구주로 영접하도록 도와야 한다. 그렇지 않으면 그들의 깨달음은 깨달음으로 끝나게 될 수 있다. 그러면 그런 메시지에 면역이 생겨서 참으로 거듭나기 어려운 딱딱한 마음으로 변할 수 있다. 그런 이유로 나는 메시지를 끝내기 무섭게 그들의 결단을 촉구한다. 그리고 그 사람들이 기도로 예수님을 영접하게 한다.

서울신학대학교 신학대학원에 재학 중인 학생들이 예배 시간에 구원의 초청에 응하여 그리스도 예수를 영접한 것은 명목상의 신자가 거듭난 경우이다. 그러나 태국에서 강도가 그리스도를 영접하고, 또 스님들에게 불교를 가르치던 불교 선생이 그리스도를 영접한 것은 전자前者, 곧 불신자가 거듭난 경우이다. 물론 태국에서도 명목상의 신자가 거듭난 경우가 있는데, 목사들 30여 명이 눈물로 그리스도 예수를 영접한 경우이다.

나는 '완고한 마음', 곧 '악한 마음'을 품은 그리스도인들을 위해서도 메시지를 전한다. 그 메시지는 나의 두 번째 메시지인데, 특히 성령 충만을 강조한다. 성령으로 충만하기 위해 그리스도인들이 '소제'가 되어야 한다면서 레위기 23장을 풀어간다. "일곱 안식일 이튿날까지 합하여 오십 일을 계수하여 새 소제를 여호와께 드리되, 너희의 처소에서 십분의 이 에바로 만든 떡 두 개를 가져다가 흔들지니…" (레 23:16-17).

'오십 일'은 오순절을 가리키며, 오순절에 성령이 바람같이, 불같이 임하셨다. 그런데 그렇게 성령으로 충만을 받기 위해 두 가지를 해야 하는데, 곧 '소제를 드리고 떡 두 개를 흔들라는' 것이다. 소제는 레위기 2장에 상세하게 나오는데, 한 마디로 소제素祭는 곡물 제물이다. 곡물을 갈아서 고운 가루로 만든 후, 그 가루로 떡을 만들어서 하나님께 바치는 제물이다. 내가 강조하는 것은 우리가 갈아지지 않으면 소제가 될 수 없다는 사실이다.

'굳은 마음'이든 '악한 마음'이든 갈아져야 한다는 것이다. 그렇게 갈아지지 않는데 어떻게 오순절의 성령 충만을 경험할 수 있냐는 것이다. '내'가 갈아져서 부수어질 때 '나'는 성령으로 충만해서 다른 그리스도인들과 합쳐서 떡이 될 수 있다는 것이다. 물론 떡은 사람들이 먹고 배를 불린다. 그렇다! '내'가 갈아져서 다른 그리스도인들과 연합해야 비로소 이웃들을 섬길 수 있다는 말이다.

'십분의 이 에바로 만든 떡 두 개'는 무엇을 뜻하는가? 떡 하나는 유대인을 가리키고, 다른 떡은 이방인을 가리키는 것으로 적용할 수 있다. 유대인과 이방인은 절대로 하나로 뭉쳐질 수 없는 사이다. 종교적으로는 두말할 필요도 없고, 문화적으로나 민족적으로도 합쳐질 수 없는 영원히 다른 두 집단이다. 그러나 성령으로 충만하면 그 둘이 하나가 된다는 것이다. 유대인인 베드로는 이방인인 고넬료를 믿게 하여 그리스도 안에서 형제가 되게 했다 (행 10장).

한 번은 오하이오주에 있는 콜럼버스한인연합감리교회에서 부흥회를 인도했다. 그 교회에는 뿌리 깊은 문제가 있었는데, 장로와 권사가 같은 교회를 다니면서도 서로 등을 지고 있었다. 장로는 한국에서 고등학교 선생이었다가 이민 후, 치과 기공技工으로 부를 쌓은 사람이었고, 권사는 의사로 부를 쌓은 사람이었다. 그들은 10여 년이나 서로 눈도 마주치지 않는 앙숙이었다. 교인들도 답답해하면서, 예수님이 오셔도 해결될 수 없는 사이라고 수군댔다.

나의 두 번째 메시지는 소제로서, 우리가 갈아지지 않으면 결단코 성령 충만을 경험할 수 없다고 외쳤다. 그리고 '완고한 마음', '악한 마음'을 회개하라는 강한 메시지를 선포했다. 그 메시지를 마치자 나는 기도하면서 갈아지지 않은 '완고한 마음'을 버리라고 외치면서, 진정으로 회개하고 갈아지기를 원하는 사람은 그 자리에서 일어나라고 초청했다. 놀랍게도 그 장로가 벌떡 일어났다. 한참 소리를 높여 기도하더니 뒷자리에 있는 권사에게로 갔다.

그들은 서로 악수와 포옹을 하면서 10여 년 동안 쌓인 문제를 풀었다. 그들은 이제 더는 '완고한 마음', '악한 마음'을 가지고 서로를 미워하면서 피할 이유가 없었다. 다음 날 아침, 새벽 집회 후에 그 권사가 아침 식사에 나를 초대해서 가보니, 거기에는 그 장로도 있었다. 여러 사람이 둘러앉아서 정겨운 대화를 나누었다. 그날 아침 식사는 지금까지 먹었던 어떤 식사보다 뜻있고 맛있는 조반이었다. 그런 것이 천국의 맛이 아니면 무엇이란 말인가!

결국, 나의 메시지는 구원의 확신이든 성령의 충만이든 하나님의 말씀에 근거했다. 세 번째 메시지도 역시 하나님의 말씀에 근거한 영적 부흥에 대한 것인데, 그 근거는 역대하 7장이었다. "내 이름으로 일컫는 내 백성이 그들의 악한 길에서 떠나 스스로 낮추고 기도하여 내 얼굴을 찾으면, 내가 하늘에서 듣고 그들의 죄를 사하고 그들의 땅을 고칠지라"(대하 7:14). 성전을 완성하고 기쁨과 기대에 찬 솔로몬에게 하나님은 심판과 용서를 말씀하셨다(대하 7:13).

그리스도인들도 마찬가지이다! 그들이 죄를 범하면 영적으로 삭막하게 될 뿐 아니라, 하나님과의 교제도 끊어진다. 그런 그리스도인들은 하나님의 말씀에 따라 그들이 범한 죄에서 떠나야 하고, 겸손하게 기도하면서 하나님의 얼굴을 구해야 한다. 그렇게 할 때 하나님은 그들의 죄를 용서하실 뿐 아니라, "그들의 땅을 고칠지라"고 약속하셨다. 그 약속은 영적 부흥을 통한 회복을 포함한 것이다.

한 번은 전국 성결교회의 목사 사모들과 여전도사들을 위한 부흥회를 인도한 적이 있었다. 많은 참석자가 집회 장소인 경주에 있는 어느 콘도에 운집했다. 나의 마지막 메시지는 영적 부흥이었다. 말씀을 풀어가면서 우리에게 필요한 것은 영적 부흥이라고 하면서 "악한 길에서 떠나고, 기도해야" 한다고 외쳤다. 메시지를 마치고 기도시간을 가졌는데, 그들이 얼마나 울부짖으며 기도하는지, 그 모습은 말과 글로는 표현할 수 없을 지경이었다.

그들 중에는 서울에서 온 분들도 많았는데, 그중 한 그룹의 말을 옮겨보자. 미니버스에 탄 그들은 서울로 가는 동안 돌아가면서 기도했는데, 하나같이 통곡하며 기도했다는 것이다. 그뿐 아니라, 그들은 정기적으로 만나서 기도회를 했다는 것이다. 그들은 기도할 적마다 주님 앞에서 울부짖었다는 것이다. 그렇다! 주님은 말씀을 통해 그리스도인들이 하나님을 떠나갔을 때, 그들을 돌이키시고 다시 영적으로 부흥시키시는 부흥의 주님이시다.

25장

체력 관리

　내가 애즈베리신학교에서 박사과정을 밟고 있을 때, 경험한 에피소드가 있다. 그 학교가 나에게 거는 기대가 자못 컸다. 그뿐 아니라, 기독교대한성결교회의 지도자들도 나에게 큰 기대를 하고 있었다. 한편 그들의 기대에 부응하려고, 또 한편 나를 그곳까지 인도해 주신 주님의 영광을 위하여 나는 참으로 열심히 공부했다. 얼마나 공부에 열중했던지, 첫 학기를 마쳤을 때, 탁구도 한 번 못쳤다. 나는 그런 자신에 대해 긍지도 가졌다.

　어느 날 저녁 책을 읽고 있었는데, 갑자기 머리가 빠개지는 것처럼 아팠다. 나는 주님께 매달려서 기도하고 또 기도했으나, 더는 책을 읽을 수 없었다. 나에게 종말이 오는 것 같았다. 그런 상태에서 공부를 더 한다는 것은 어불성설이었다. 나는 눈물을 쏟으면서 주님께 하소연했다. "주님, 나는 박사가 되면 안 됩니까? 주님, 이것으로 끝장입니까?" 그러나 주님은 아무런 반응도 하지 않으셨다.

나는 학업을 포기할 수밖에 없었다.

자포자기의 심정으로 테니스 라켓을 들고 체육관으로 갔다. 나는 울부짖으면서 벽에다 공을 치고 또 쳤다. 그렇게 두 시간쯤 지났는데, 이상하게 내 머리가 깨끗해졌다. 그때 나는 참으로 중요한 인생의 원리를 깨달았는데, 그것은 체력의 중요성이었다. 아무리 영적으로 충만해도, 그리고 아무리 지적으로 우수해도, 체력이 받쳐주지 않으면 아무 소용이 없다는 것이다. 영력과 지력과 체력은 삼위일체처럼 서로 떼려야 뗄 수 없는 불가분의 관계였다.

나는 그때부터 미국 학생들과 조깅을 시작하였다. 처음에는 그들과 보조를 맞추기 힘들었지만, 차차 체력이 좋아지고 있었다. 나는 다시 활력을 되찾고 학업에 전념할 수 있었다. 보스턴대학교로 학교를 옮긴 후에도 체력에 신경을 쓰면서 정기적으로 운동을 했다. 처음에는 탁구를 열심히 했다. 일주일에 한 번 했는데, 한 번에 5~7시간씩 했다. 그렇게 운동하면서 학업과 목회의 스트레스를 말끔히 씻었을 뿐 아니라, 체력을 유지할 수 있었다.

언젠가부터는 탁구 대신 테니스를 치기 시작했는데, 그 이유 중 하나는 딸들이 테니스를 배웠기 때문이다. 그들은 마침내 학교를 대표하는 선수로 발탁되므로, 시간이 나는 대로 테니스에 열중하고 있었다. 나는 신일중학교에서 가르칠 때 테니스를 배웠는데, 처음부터 흥미진진했다. 한참 열심히 하다가 하나님의 부르심에 호응하여 헌신하면서 테니스를 포기했다. 헌신한 그리스도인은 테니스를 치면 안 된다는 오해 때문이었다.

그런데 하나님의 큰 종 제임스 케네디 목사가 월요일마다 장로들과 어울려 테니스 치는 것을 본 후에 내 생각이 바뀌었다. 나는 다시 라켓을 구해서 기회가 주어지는 대로 테니스를 치기 시작했다. 그때가 1977년이니까 그 후 40여 년 동안 꾸준히 테니스를 통해서 체력 관리를 해 온 셈이다. 물론 운동을 통해서만 체력이 관리되는 것은 아니다. 음식도 못지않게 중요한데, 나의 몸은 내가 취하는 음식에 따라 변화되기 때문이다.

그리스도인이 된 후, 나는 술과 담배는 물론 어떤 나쁜 음식도 먹은 적이 없다. 그뿐 아니라, 나는 다른 운동하는 사람들과 비교할 때 비교적 소식하는 편이다. 특히 저녁 7시 이후에는 어떤 음식에도 손을 대지 않으려고 노력한다. 그리고 아침마다 사과를 껍질째 먹는데, 그렇게 하기를 수십 년을 했다. 그 후 아침 식사를 든든하게 먹는데, 그래야 하루를 튼튼하게 지낼 수 있기 때문이다. 아침에 단단한 음식을 먹어야 그동안 쉬던 위가 작업을 한다.

건강의 비결이 하나 더 있는데, 그것은 숙면이다. 이미 다른 장에서 언급한 것처럼, 나는 숙면을 잘 하지 못했었는데, 거듭난 후 주님이 그런 연약한 나를 바꾸어 주셨다. 나는 어디서든 아무 때나 잘 수 있는데, 감사하게도 밤에는 숙면할 수 있게 된 것이다. 하루에 8시간 정도를 자는데, 그만큼 자지 않으면 하루의 일과가 흐트러진다. 그렇게 잠을 잘 수 있도록 도우시는 주님은 참으로 위대하시다 (시 127:2).

그러나 아무리 숙면해도, 그리고 아무리 운동하면서 소식해도, 주님과의 관계가 흐트러지면 우리의 건강도 하나님 나라의 확장에 별로 도움이 되지 못한다. 그런 이유로 나는 주님과의 관계를 가장 중요하게 여긴다. 아침에 일어나면 반드시 주님과 교제하는데, 가능하면 깊이 교제하기를 원한다. 물론 하나님의 말씀도 읽고 기도하면서 교제해야 한다. 그 기도의 시간에 주님은 나에게 많은 것을 깨닫게 하시고, 그것을 글로 옮기게 하신다.

그렇게 주님과 교제한 후, 나는 아령으로 근육을 다진다. 테니스를 열심히 치는 사람들 가운데 제법 많은 사람이 테니스 엘보로 고생한다. 그뿐 아니라, 발목이나 무릎이나 어깨가 아파서 힘들어하거나 테니스를 포기한 사람도 적잖다. 그러나 나는 아침마다 아령으로 근육을 다지면서 그런 문제들을 극복한다. 두말할 필요도 없이 노인들은 근육이 약해지면서 잘 넘어지기도 한다. 아령은 그런 것들을 극복하게 하는 일석이조의 유익이 있다.

나도 한때 테니스 엘보로 인해 근 1년 동안 테니스를 치지 못했다. 온갖 방법으로도 그 테니스 엘보를 극복하지 못했는데, 마침내 아령으로 극복하게 되었다. 나는 아침마다 아령으로 근육을 다지면서 하는 것이 또 있는데, 그것은 심호흡이다. 창문을 활짝 열고 심호흡을 하는데, 한 번에 20을 셀 동안 숨을 들여 마신 후 그 숨을 내보낸다. 그렇게 다섯 번 하면 결국 100번 하는 셈이 된다. 그런 호흡법은 폐활량을 넓게 하므로 설교나 가르칠 때 도움이 된다.

내가 이처럼 음식과 잠을 조절하고 운동을 적절히 해도 나의 건강은 결국 하나님의 손에 달린 것이다. 하나님이 무익한 담배나 술도 끊게 하셨고, 하나님이 잠을 주셨기 때문이다. 그뿐 아니라, 하나님은 이미 나를 두 번씩이나 몹쓸 병에서 고쳐주셨다. 내가 고등학교 시절 하루에 4시간만 자면서 영어를 공부했다고 앞에서 기록한 바 있다. 새벽 2시 30분에 일어나서 잘 알지도 못하는 영어를 암송한다는 것은 너무나 어려웠는데, 밀려오는 졸음 때문이었다.

나는 그 졸음을 극복하기 위하여 커피를 진하게 타서 마셨는데,

그러면 아침까지 정신이 말똥말똥했기 때문이었다. 그 당시 가정 형편이 어려워서 영양가 있는 음식을 먹지 못하면서 그렇게 7개월을 강행군했다. 그 결과 두 가지를 얻었는데, 하나는 영어였는데 제법 자신감이 생겼다. 또 하나는 건강의 약화였는데, 위가 너무 약해진 것이다. 그 이후 밥을 조금이라도 많이 먹거나, 식사 후에 과자나 과일을 먹으면 여지없이 설사했다. 진한 커피가 나의 위를 망가뜨렸다.

나는 약해진 위를 회복하려고 약도 먹고 등산도 꾸준히 했으나, 백약이 무효였다. 눈물도 많이 흘렸다. 그러다가 예수 그리스도를 나의 구주로 믿고 영접하여 구원을 경험하게 되었다. 그때까지 내가 늘 찾는 약국이 있었는데, 대략 사흘에 한 번꼴로 갔다. 그런데 구원받고 기쁨에 충만해서 지나다가 급하게 전화할 일이 생겨서 그 약국에서 전화를 빌렸다. 그런데 약사가 나를 보는 눈빛이 평상시와는 달리 너무 냉랭했다.

집으로 가면서 왜 약사가 나를 대하는 태도가 바뀌었나를 곰곰이 생각해보다가 놀라운 사실을 깨닫게 되었다. 나는 구원받은 후 6개월 동안 한 번도 설사하지 않았다! 할렐루야! 주님이 걸레 같은 나의 위를 말끔히 고쳐주셨던 것이다! 지금 돌이켜보면 너무나 큰 주님의 은혜이다! 만일 주님의 치료가 없었다면, 어떻게 내가 전도자가 되어 세계 곳곳을 누비면서 복음을 전할 수 있었겠는가? 어떻게 몇 시간씩 하나님의 말씀을 가르칠 수 있었겠는가?

그 후에도 하나님은 나에게 신유神癒의 역사를 또 일으키셨는데, 곧 나를 전임사역자로 부르셨을 때였다. 이미 언급한 대로, 나는 3개월이나 일어나지 못하고 누워있었다. 병명도 모르면서 누워서 깜깜한 세월을 보내고 있었을 때도 하나님은 나의 몸을 어루만져서 나를 벌떡 일으키셨다. 일으키시면서 하나님의 나라를 위해 일하라고 나를 신학교로 보내셨다. 그렇다! 하나님은 나를 전도자로 만드시기 위해 두 번씩이나 신유의 기적을 베푸셨다.

또 있다! 내가 애즈베리신학교 교수였을 때, 대장암 초기 수술을 받은 적이 있었다. 나는 폐가 약해서 기침과 알레르기와 가까운 친구처럼 늘 함께 지냈다. 그런데 그 수술 후, 기침과 알레르기가 더는 나를 괴롭히지 않는다. 그뿐 아니라, 수술 전에는 운전대만 잡으면 졸음이 와서 쩔쩔맸는데, 그 문제도 더는 나를 괴롭히지 않는다. 이것도 역시 주님이 나에게 베풀어주신 신유의 역사였다.

그러나 그 못지않은 중요한 신유의 역사도 있었는데, 그것은 예방이었다. 하나님은 나에게 예방의 중요성을 가르치시면서, 음식을 절제하게 하셨다. 예수 그리스도 안에서 나는 '새로운 피조물'이 되어 그 전에 즐기던 술과 담배는 물론 하지 않았다. 그뿐 아니라, 입에 당기는 대로 아무 음식이나 그것도 아무 때나 먹지 않도록 인도하셨다. 더군다나 닥치는 대로 폭식하는 습관도 바꾸게 하셨다. 그렇다! 성령의 도우심으로 절제의 삶을 살게 하신 것이다 (갈 5:23).

예를 들면, 부흥회를 인도하는 동안 대접을 융성하게 받는다. 아무리 적게 먹어도 결국 많이 먹게 되어 부흥회 기간 중 보통 1~2kg씩이나 체중이 불어난다. 부흥회가 끝난 후 나는 2주 동안 저녁 대신에 과일을 먹는다. 그러면 다시 정상으로 돌아간다. 목사는 항상 서서 설교하거나 가르치기에 체력을 조절하지 않으면 안 된다. 몸이 너무 무거우면 무릎에 무리가 가게 마련이며, 무릎에 무리가 가면 결국 거동이 불편해질 수밖에 없다.

    건강한 몸과 건강한 정신은 한평생 동행해야 하는 가까운 친구이다. 정신이 건강하지 않으면 목사가 어떻게 사람들을 올바르게 인도할 수 있겠는가? 건강한 정신을 유지하기 위해서라도 목사는 체력 관리에 정성을 다해야 한다. 나를 구원하신 주님, 나를 전도자로 부르신 주님, 나를 강건하게 바꾸신 주님이지만, 몸을 돌보면서 건강한 몸을 유지하는 것은 나의 몫이다. 그 결과 지금도 우렁찬 목소리로 복음을 전할 수 있게 하신 주님은 참으로 위대하신 분이다.

26장

소그룹

소그룹은 소수의 사람이 공동의 목적을 가지고 정규적으로 모이는 모임이다. 성경에서 최초의 소그룹은 모세가 만들었는데, 그의 재판권과 지도력을 위임하기 위해서였다 (출 18:25). 그 후 예수 그리스도가 12명의 소그룹을 조성하여 깊이 교제하며 훈련하셨는데, 그분의 지도력을 위임하시기 위해서였다. 그분의 제자들도 구원받은 많은 사람과 가정에서 소그룹으로 예배도 드리고 교제도 나누었다 (행 2:42). 그 후 영국의 존 웨슬리는 소그룹을 활성화하여 평신도를 활용하였다.

이처럼 성경적으로나 역사적으로 하나님이 귀하게 사용하신 소그룹의 유용성을 나는 거의 처음부터 경험했다. 이미 묘사한 대로, 성령 충만 후 삼선고등학교 학생들과 소그룹으로 교제하고 훈련했다. 그뿐 아니라, 애즈베리신학교의 학생으로서, 그리고 태국의 선교사로서, 보스턴소망교회에서, 소그룹으로 각각 교제하면서 훈련했다. 예배만으로 변화에 한계를 느끼는 성도들이 소그룹 훈련을 통해 삶이 성경적으로 변화되었으며 신앙도 깊어졌다.

소그룹 교제와 훈련은 팔다리와 같이 떼려야 뗄 수 없는 나의 삶이자 사역이다. 내가 평신도이든, 학생이든, 전도사이든, 목사이든, 선교사이든, 교수이든 상관없이 나는 언제나 소그룹을 인도했다. 그런 소그룹의 교제는 나의 삶을 말할 수 없이 풍요롭게 했을 뿐 아니라, 소그룹을 통해 변화된 사람들이 주님에 의하여 귀하게 쓰임 받는 것을 지켜볼 수 있었다. 하나님이 부어주신 은혜이며, 하나님이 허락하신 은사라고밖에 말할 수 없다.

소그룹 교제가 삶 자체가 된 것은 한순간에 터득된 것도 아니고, 그렇다고 지적으로 깨달아서 된 것도 아니다. 한 단계씩 인도하시는 주님의 손길로 형성된 것이다. 결혼 전, 삼선고등학교 학생들과 토요일마다 교제하면서 절실하게 터득한 것은 소그룹의 중요성이었다. 결혼 후, 믿은 지 얼마 되지 않은 신자들을 훈련한 것은 그다음 단계였다. 그리고 뉴질랜드에서 그리스도인들이 나에게 보여준 사랑은 교제의 중요성을 깨닫게 해준 차원 높은 그다음 단계였다.

애즈베리신학교에서 학생으로 나누었던 삼중적인 소그룹은 주님의 은혜가 아니었다면 가능하지 않은 것이었다. 하나는 미국 학생들과 나눈 소그룹이었는데, 남학생들과 여학생 두 그룹이었고, 또하나는 이강천 교수와 조종남 박사 아들과 며느리 등 네 명으로 이루어진 소그룹이었다. 그리고 세 번째는 로버트 콜먼 박사와 나눈 교제였다. 단 두 사람이 모였지만, 내가 그 스승 교수와 교제하면서 받은 사랑과 훈련은 말과 글로는 다 표현할 수 없다.

학업을 마치고 귀국해서 다시 OMS선교회의 특수전도부의 책임을 맡으면서, 서울신학대학교 대학원에 입학했다. 그때 내가 소속한 기독교대한성결교회의 영성화와 복음화를 위해 적지만 그래도 이바지할 수 있는 방도를 찾기 시작했다. 그 방도가 지도자 양성임을 주님은 확인해주셨다. 그래서 대학원의 유망한 학생들과 소그룹을 형성했는데, 학년마다 2명씩이었다. 임원준, 이의철, 임재성, 권혁승, 김양경, 김상일 등 6명으로 이루어진 소그룹을 인도했다.

그러던 차에 내가 교제하던 영국 대사관의 참사가 이스라엘에서 일할 사람을 소개하라고 하여, 구약을 전공하기로 한 권혁승을 보내게 되었다. 이스라엘에서 교육을 받아 구약신학으로 학위를 취득한 권혁승은 서울신학대학교 교수가 되어 크나큰 업적을 남겼다. 임원준은 보스턴소망교회에서 나의 후임이 되었고, 이의철은 미주성결신학대학의 총장을 역임했다. 임재성은 외항선교회 대표를 역임했고, 현재는 인천금곡교회 담임목사로 사역하고 있다.

대학원 졸업 후, 성결교단의 전도사가 되어 신촌교회에서 섬긴 적이 있었다. 어느 날 부목사인 최지원 목사가 나에게 다른 목사 세 명을 소개했다. 자신을 포함해서 그 세 목사에게 하나님의 말씀을 가르치라고 간곡하면서도 엄하게 부탁했다. 전도사가 목사를 가르치라니, 어불성설이다. 그 세 분은 장시춘, 조영한, 김수영이었다. 우리는 월요일마다 만나서 대략 5시간씩 성경을 연구하고 기도했는데, 그 목사들의 체면을 위해 극비로 모였다.

네 목사 가운데 장시춘은 탁월했다. 그는 새벽기도회를 마친 후 그 자리에서 매일 3시간씩 성경을 읽고, 암송하고, 묵상했다. 후에 그의 성경 강해는 유명해져서 미국은 물론 한국 각처에서 세미나 강사로 많은 성도와 목사에게 성경 해석에 크나큰 영향을 끼쳤다. 하나님의 말씀을 잘 알지 못하던 목사가 그렇게 변하다니, 소그룹의 영향력은 이루 말할 수 없다. 조영한 목사는 후에 남지방 교회확장 위원회의 위원장으로 나의 교회 개척에 엄청난 도움을 주었다.

내가 목사가 되었을 때도 마찬가지였다. 나는 11명의 목사로 구성된 소그룹을 인도했다. 그들은 강선영, 고원실, 김광렬, 김종국 부부, 임헌평, 장종섭 등이었다. 우리의 소그룹에는 엄격한 규율이 있었는데, 지각과 결석을 할 수 없고, 성경을 읽고 암송해야 하고, 내가 추천한 신앙 서적을 일주일에 한 권씩 읽고 요약해야 했다. 우리가 연구하는 성경책을 그 주간에 한 번씩 통독해야 하고, 지난주에 함께 연구한 구절들을 암송해야 했다.

중견 목사들이 목회하면서 이처럼 많은 숙제를 한다는 것은 결단코 쉽지 않은 것으로, 그들을 짓누를 수 있었다. 그러나 보다 훌륭한 목양을 위해 어떤 희생이라도 각오한 그들이기에 꾸준히 그리고 신실하게 모든 것을 이행했다. 어느 목사는 견디다 못해 도중하차를 했는데, 그것이 약이 되어 나머지 목사들은 끝까지 견디었다. 이 소그룹에서도 일주일에 한 번씩 모여서 5시간씩 함께 머리를 맞대고 연구했고 또 기도했다.

그것만이 아니었다! 우리는 일 년에 두 번씩 2박 3일로 수련회도 가졌는데, 그 기간에 집중적으로 하나님의 말씀에 몰두할 수 있었다. 우리는 그렇게 2년 4개월을 보내면서, 요한일서, 출애굽기, 레위기, 민수기, 로마서 등을 섭렵했다. 그들 중 임헌평 목사는 전국 여러 곳으로 부흥회를 다녔는데, 그가 전한 내용은 주로 소그룹에서 공부한 것들이었다. 그는 머리로만 공부하지 않고, 그것을 삶의 현장에서 실천하면서 널리 그리고 멀리 전하며 다녔다.

강선영 목사는 탁월한 설교자가 되었을 뿐 아니라 저술도 많이 했는데, 그의 저서는 자그마치 2,500쪽에 이른다. 그는 나의 소개와 추천으로 애즈베리대학교Asbury University에서 명예 신학박사를 받는 영광도 누렸다. 그 당시 그 학교 총장은 폴 레이더 박사였는데, 한국에서 사귐을 나누던 선교사였다. 그리고 그 학교의 이사 중 한 분은 제이비 크라우스 선교사였다. 그들의 적극적인 지지가 없었다면 나의 추천은 빛을 보지 못했을 것이다.

강선영 목사는 서울 영등포교회를 크게 부흥시켰을 뿐 아니라, 성결 교단의 총회장이 되었다. 내가 서울신학대학교에서 은퇴하자, 미국의 두 신학교에서 교수 초청을 받았다. 한 곳 학교는 애즈베리 신학교이고, 다른 곳 학교는 고든콘웰신학교Gordon-Conwell Theological Seminary였다. 그때 총회장인 강선영 목사와 OMS선교회 총재인 크라우스 선교사가 나를 서울신학대학교의 석좌교수로 붙잡아두기로 합의했고, OMS선교회에서 석좌교수 기금으로 100만불을 학교에 기증했다.

나의 소그룹 활동은 계속되었다. 서울신학대학교 교수가 된 후에도 이중으로 소그룹을 지도했는데, 하나는 교수들이었고 또 하나는 학생들이었다. 일주일에 한 번씩 모인 교수들은 김금희, 민지은, 이소연, 전광현, 정무성 등 5명이었다. 우리는 역시 극비로 모였는데, 다른 교수들이 오해하지 않게 하기 위함이었다. 우리는 함께 공부했고, 함께 기도했고, 함께 교제하는 등 은혜가 넘쳤는데, 후에는 함께 교회를 개척하기도 했다.

또 한 그룹은 학생들이었는데, 대학원을 다니면서도 영적으로 메말라하는 그들을 위해 나는 많은 시간과 정력을 할애하여 그들과 소그룹을 만들어서 지도했다. 그 당시 하나님의 은혜로 나는 목회도 했다. 우리 교회의 재정이 넉넉지 못해 사역자들에게 후하게 사례를 하지 못했지만, 그들이 큰 그릇이 되기를 바라는 마음으로 일주일에 한 번씩 소그룹으로 가르치고 훈련했다. 그 소그룹에서 배출된 사람 중 하나는 하도균 교수였다.

그는 나의 수업에서 은혜를 받으면서 거의 매시간 눈물을 흘렸다는 것이다. 그때부터 그는 나를 따르면서 훈련을 받았고, 그 결과 거대한 전도 설교자가 되었을 뿐 아니라, 서울신학대학교에서 나의 후계자가 되었다. 다른 그룹에서 배출된 인물 중 한 사람은 최재성 목사이다. 그도 나를 붙좇았는데, 내가 애즈베리신학교 교수로 부임하자 거기까지 좇아와서 훈련을 받았다. 그도 중요한 복음 설교자가 되어 목회에 전념하고 있다.

서울신학대학교에서 안식년을 맞아 애즈베리신학교에서 일 년 가르친 적이 있었다. 학생들이 얼마나 조르는지, 거의 억지로 한국 학생들 두 그룹을 지도하였다. 남학생 그룹은 주일 저녁에, 여학생 그룹은 토요일 오전에 모였다. 그리고 나서 일 년 후에 헤어지기 너무 아쉬워하는 학생들이 일 년에 한 번씩 모이자고 하여 애즈베리커넥션Asbury Connection을 만들었다. 우리는 세계 어느 곳에 있든지 한곳에 모여서 일주일 동안 교제했고, 또 가르쳤다.

우리 부부는 그렇게 해서 일 년에 한 번씩 미국으로 가서 그들과 교제하며 훈련했는데, 자그마치 11년이나 계속했다. 그 후 애즈베리신학교 교수가 되었을 때도 마찬가지였다. 매주 목요일에 십여 명의 학생들과 교제를 나누며 말씀을 가르쳤는데, 학업 중에 있는 그들이 정기적으로 참여한 것은 훌륭한 지도자가 되겠다는 마음 없이는 불가능했다. 그들 중에는 구병옥, 김학섭, 소정화, 이경원, 이성일, 장이준, 정찬응, 주상락, 황병배 등이 있었다.

구병옥, 소정화, 이성일 및 주상락은 교수가 되었고; 정찬응과 황병배는 목회자와 교수가 되었고; 김학섭, 이경원 및 장이준은 목회자가 되었는데, 그들의 지역에서 폭넓은 영향력을 끼치고 있다. 나는 지금도 그들과 정겨운 교제를 나누고 있다. 돌이켜보면 하나님의 은혜로 지금까지 23개의 소그룹을 인도했다. 지금도 그런 소그룹 사역을 계속하고 있는데, 건강이 허락하는 한 나는 그 사역을 계속할 것이다. 하나님이 주신 은사를 사용하는 것이 진정한 순종이기 때문이다.

27장

교제

죠이선교회의 특징 가운데 하나는 교제였다. 그 선교회에 속한 사람들은 문자 그대로 형제자매였다. 많은 경우 그들은 혈육의 형제자매보다 더 가까웠고 더 친밀했다. 그들은 서로를 있는 그대로 받아들였다. 한발 더 나아가서 서로를 조건 없이 사랑했다. 그 사랑은 시간이 지날수록 깊어졌다. 그들은 그렇게 사랑하는 형제자매를 위한 기도의 끈도 놓지 않았다. 그뿐 아니라, 시시때때로 일어나는 형제자매들의 필요도 채워주었다.

나는 그런 환경에서 구원받았기에 자연스럽게 그와 같은 사랑의 교제를 누리게 되었다. 그 친밀한 교제로 인하여 나는 그리스도인들이 한 몸^{body}에 붙어있는 지체들^{members}이라는 사실도 쉽게 이해할 수 있었다. 하나님의 말씀대로였다. "몸은 하나인데 많은 지체가 있고 몸의 지체가 많으나 한 몸임과 같이…우리가 유대인이나 헬라인이나 종이나 자유인이나 다 한 성령으로 세례를 받아 한 몸이 되었고 또 다 한 성령을 마시게 하셨느니라"(고전 12:12-13).

그런데 지체들의 역할은 모두 달랐다. 마치 손과 발이 다르고, 눈과 귀가 다른 것처럼 역할이 달랐다. "만일 발이 이르되 나는 손이 아니니 몸에 붙지 아니하였다 할지라도 이로써 몸에 붙지 아니한 것이 아니요, 또 귀가 이르되 나는 눈이 아니니 몸에 붙지 아니하였다 할지라도 이로써 몸에 붙지 아니한 것이 아니니, 만일 온 몸이 눈이면 듣는 곳은 어디며 온 몸이 듣는 곳이면 냄새 맡는 곳은 어디냐?" (고전 12:15-17).

비록 역할은 다르지만, 신분은 같았다. 신분은 한 몸에 붙은 존귀한 지체들이었다. 그런데 이런 다름은 시시때때로 갈등을 일으키기도 한다. 교제의 밀도가 깊어지면 깊어질수록 갈등도 일어나는 것 같다. 그 이유도 분명한데, 서로에 대한 깊은 애정 때문이다. 누가 관심도 없는 고등학교 동창 때문에 갈등을 갖는가? 그렇지만 그런 갈등으로 인해 어떤 때는 그 공동체를 떠나고 싶은 충동도 생긴다. 사랑하던 부부가 서로 헤어지기를 원하는 것처럼 말이다.

나도 그와 같은 갈등으로 죠이선교회를 떠난 적도 있었고, 또 다른 형제를 미워한 적도 있었다. 그렇지만 그 공동체를 완전히 떠날 수는 없었다. 한 번은 그런 갈등으로 신앙이 냉랭해진 적이 있었다. 그때 뉴질랜드로 유학을 가게 되었는데, 그곳에서 뉴질랜드 그리스도인들의 뜨거운 사랑을 경험했다. 그들과 사랑의 교제를 깊이 나누면서 나는 신앙의 회복은 물론 더 깊이 들어가게 되었다. 나의 일생에서 그들이 나누어준 교제는 큰 전환점이 되었다.

한 번은 북단의 다거빌Dargaville을 방문했는데, 그곳 주민들이 한국 선생들을 초청해서 일주일을 대접했다. 그들의 대접과 관광은 뛰어났지만, 그리스도인은 나뿐이었다. 나는 다른 그리스도인들과의 교제에 목말랐다. 버스를 타고 돌아오는 길에 어떤 젊은 뉴질랜드 여자가 내 옆에 앉았는데, 그 당시 뉴질랜드 사람들은 동양인을 무시했기에 그 여자가 내 옆자리를 택한 것은 이상하리만큼 예외였다.

그녀는 교사인데 고향에 갔다가 돌아가는 길로, 자신의 가족들 중에 그리스도인이 없어서 그동안 영적으로 너무나 외로웠다는 것이다. 우리는 서로의 비슷한 상황을 나누면서 눈물을 흘렸다. 주님이 외로운 우리를 위로하기 위해 한 자리로 인도하신 것이다. 나는 오클랜드Auckland에서 그녀가 소개한 그리스도인들을 만나서 정겨운 교제를 나누었다. 난생처음 만난 사람들인데도 오래 알던 친구처럼 정겨운 교제를 나누었다.

예수 그리스도가 이 세상에 오신 목적은 크게 두 가지였는데, 하나는 죄인의 구원이고 둘은 구원받은 사람들의 교제이다. 사도 요한의 확언이다. "우리가 보고 들은 바를 너희에게도 전함은 너희로 우리와 사귐이 있게 하려 함이니, 우리의 사귐은 아버지와 그의 아들 예수 그리스도와 더불어 누림이라"(요일 1:3). 이 말씀에 의하면, 그리스도인의 교제는 이중적인데 종적으로는 성부 성자 성령이신 삼위일체 하나님과, 그리고 횡적으로는 다른 그리스도인들과 나누는 교제이다.

내가 미국에서 유학할 때, 경제적인 이유로 가족을 데리고 갈 수 없었다. 나는 너무나 외로웠다. 그때 죠이선교회의 한 형제로부터 편지를 받았는데, 그들이 비행기 표와 생활비를 충당할 터이니 가족을 데리고 가라는 것이었다. 나는 그 편지를 읽고 얼마나 많이 울었는지 모른다. 나에게 그런 형제자매들이 있다니, 얼마나 감사한

가! 비록 나의 가족이 미국으로 오지는 못했지만, 나는 그때부터 외로움을 극복하고 학업과 사역에 전념할 수 있었다.

이미 언급한 대로, 미국에서도 뜨거운 교제를 나눌 수 있는 형제자매들이 있었다. 학교에서는 미국 학생들과 소그룹으로 만났는데, 그룹 모임에서만이 아니었다. 아무 때나 우리는 만났고, 교제했고, 사랑을 나누었다. 그 그룹에 있는 어느 학생이 기도 제목을 내놓았는데, $1,100이 급히 필요하다는 것이었다. 물론 그의 필요를 위해 우리는 열심히 기도했다. 그런데 다른 학생이 그의 교회에서 3년 만에 처음으로 수표를 받았는데, $1,300이었다.

그는 $200을 제하고 나머지를 무기명으로 그 학생에게 보냈다. 이런 일은 미국 신학생 사이에서 흔치 않은 일이었다. 또 다른 학생이 금전적 필요를 말했는데, 다른 학생이 금반지를 전당포에 맡기고 그 금액을 보냈다. 그렇다! 우리의 교제는 시간도 나누고, 마음도 나누고, 물질도 나누고, 사랑을 나누는 교제였다. 주님은 나에게 얼 애보트 목사를 통해 가정도 허락하셨다. 그 가족과 얼마나 정겨운 교제를 나누었는지 모른다.

내가 어느 곳에서 무엇을 하든지 교제가 일어났다. 그리고 그 교제는 그 순간만이 아니라, 반영구적이다. 내가 태국의 그리스도인들과 교제를 나누었는데, 40년이 지난 현재도 그 교제는 계속되고 있다. 보스턴소망교회에서 교제를 나누었는데, 그 교제도 계속되고 있다. 우리가 형제자매라는 사실을 배운 후, 어느 집사는 유학생에게 자동차를 선물했다. 이미 언급한 대로, 어느 집사는 내게 그당시 $2,500이나 되는 노트북을 선물했다.

나는 미국인과 결혼한 한국 여성도들과 깊은 신앙적인 교제를 나누었다. 그들은 영어도 부족하고, 미국 문화에도 익숙하지 않아서 외로워했다. 그들을 찾아가서 함께 많은 시간을 보냈다. 함께 웃고, 울고, 밥 먹고, 기도하고, 말씀도 나누었다. 그 가운데 한 여성은 남편이 가출한 후, 3살짜리 아들과 외롭게 지내고 있었다. 나는 그녀를 찾아갔는데, 아들은 나를 반기면서도 어려워했다. 그에게 장난감 자동차를 선물하면서 접근했다.

수요일마다 그 집에 갔는데, 그 아들이 집 밖에서 나를 기다렸다. 그 아들은 나를 그의 방으로 데려가서 장난감들을 보여주면서 놀았다. 그는 나보고 엎드리라고 하고 내 등에 올라타서 말타기를 즐겼다. 내가 떠나면 가지 말라고 울었다. 나는 아이에게 주일에 교회로 오면 일주일에 두 번이나 볼 수 있다고 했더니, 엄마에게 조르고 졸라서 교회를 오기 시작했다. 나이를 초월한 교제를 통해 전도한 경우가 되었다.

귀국해서 산돌교회를 개척했는데, 그 이름은 '산 돌'의 뜻을 깊이 이해한 성도들이 지었다. 그리스도인 한 사람 한 사람은 산 돌이신 그리스도 예수께 나아온 '산 돌들'이다. 베드로가 한 말을 인용해보자. "사람에게는 버린 바가 되었으나 하나님께는 택하심을 입은 보배로운 산 돌이신 예수께 나아가, 너희도 산 돌 같이 신령한 집으로 세워지고…"(벧전 2:4-5). 예수님을 통해 죽은 돌들이 '산 돌들'이 된 것이다.

그런데 '산 돌들'은 울퉁불퉁하기 짝이 없을 뿐 아니라 크기도 모두 달랐다. 이 세상에 똑같은 돌이 없는 것과 마찬가지로, '산 돌들'은 모두 다르다. 그렇게 다른 '산 돌들'이 모여서 아름다운 '신령한 집', 곧 교회를 세우는 것이다. 돌들로 지어진 교회는 매우 튼튼하지만, 시시때때로 다름 때문에 갈등도 일어난다. 그러나 그 갈등은 주님이 당신의 몸 된 교회에 허락하신 특별한 은총이다. 왜 갈등이 은총인가? 그 이유는 분명하다.

돌들이 서로 부딪치면서 갈아지기 때문이다. 갈아지는 것은 성화의 과정에서 반드시 있어야 할 경험이다. 물론 성화의 과정에서 성령의 역사가 있어야 하지만, 그 역사만으로는 부족한지 주님은 교회라는 공동체를 주셨다. 그 교제권에서 서로 부딪치면서 갈아지라는 것이다. 그러니까 성화의 과정에서 필요불가결한 요소 중 하나가 교제권을 이루고 있는 형제자매라는 것이다. 그렇다! 교회라는 공동체에서 마음에 들지 않는 성도는 나를 위해 존재한다는 것이다.

나는 산돌교회에서 산 돌들인 성도들과 정겨운 교제를 나누었다. 함께 웃고 우는 교제였다. 그뿐 아니라, 서로의 필요를 채워주는 교제였다. 교회를 몸과 지체의 교제권으로 묘사한 바울 사도의 권면이다. "즐거워하는 자들과 함께 즐거워하고, 우는 자들과 함께 울라"(롬 12:15). 그 교제권에서 성도들이 훈련받으며 성장하고 있었다. 나는 그 성도들 가운데 몇 사람을 세워서 주일 예배를 위해 설교도 부탁했는데, 그들의 메시지를 통해 주어지는 은혜가 컸다.

교제는 성령의 시대에 나타나는 뚜렷한 특징이다. 오순절 날 성령이 임하신 결과 예루살렘교회는 이런 사역에 전념했다. "그들이 사도의 가르침을 받아 서로 교제하고 떡을 떼며 오로지 기도하기를 힘쓰니라"(행 2:42). 이처럼 중요한 네 가지 사역에서 "가르침과 떡을 떼고 기도하는 것"은 구약시대에도 존재했었다. 그러나 구약시대에 없던 사역이 포함되었는데, 그것은 "서로 교제하는 것"이었다.

물론 구약시대에도 교제가 있었지만, 그 교제는 종적인 것이었다. 위로 왕이 있었고, 그다음 제사장, 그다음 레위인, 그다음 방백, 그다음 백성, 그다음 종이었다. 그러나 성령과 교회의 시대에는 다르다! 우리의 교제는 종적인 것이 아니라, 횡적인 것이다. 다시 말해서, 우리는 모두 예수 그리스도의 보혈로 깨끗함을 받아 한 몸에 붙은 지체들이고, 같은 하나님을 아버지로 모시는 형제자매이다. 그러므로 우리는 종적으로는 하나님과, 횡적으로는 형제자매와 교제를 나눈다.

28장

기념 여행

나는 1990년에 서울신학대학교의 교수로 부임하면서 가족과 헤어져야만 했다. 그 당시 고등학교 학생인 두 딸이 대학에 들어갈 때까지 아내가 그들을 돌보기로 했기 때문이다. 헌신해서 신학을 시작할 때도 가족과 헤어졌는데, 그 헌신의 결과 신학교 교수가 되었을 때도 가족과 헤어지지 않을 수 없었다. 느닷없이 기러기 아빠가 되어 방학 중에만 가족을 만날 수 있었다. 그렇게 3년이 지나자 딸들이 대학에 들어갔고, 아내는 귀국할 수 있었다.

딸들과 헤어지면서 기념 여행을 하기로 했는데, 목적지는 서부 유럽이었다. 보스턴에서 비행기를 타고 로마로 갔는데, 그 이유는 로마에서 멀지 않은 곳에 있는 삐루지아한인교회의 담임목사로부터 초청을 받았기 때문이다. 그 당시 그 목사는 주중에는 서울신학대학교 신대원에서 공부했고 주말에는 그 교회를 돌보았다. 우리 가족 4명은 그 교회에서 마련해준 곳에서 숙식을 하면서 주일에 나는 그가 섬기는 교회에서 설교했다.

그 교인 중 한 유학생이 방학 중 한국으로 가면서 놓아둔 자동차를 우리가 빌렸다. 우리 가족은 그 차로 유럽의 여러 나라를 다녔는데, 우선 이탈리아의 유명한 관광지를 둘러보았다. 로마의 바티칸 시에서는 성 베드로사원, 시스틴교회, 콜로세움 등 볼거리가 많았다. 우리는 남쪽으로 내려가서 나폴리와 폼페이를 둘러보았는데, 특히 주후 79년에 화산 폭발로 재가 된 폼페이는 우리에게 깊은 인상을 남겼다.

우리는 북쪽으로 가서 기울어지는 피사탑을 보고, 이어서 밀란으로 올라가서 미켈란젤로의 조각인 다윗 상을 보았다. 그 후 물의 도시인 베니스를 둘러보았는데, 그곳에 있는 성 마가성당은 참으로 아름답고도 웅장했다. 이탈리아에는 볼거리가 너무 많았는데, 어떤 유럽 국가보다 많았다. 그래서 관광객들은 유럽을 여행하면서 그 나라를 마지막으로 가는 게 정상인데, 우리는 자동차 때문에 그 나라를 제일 먼저 갔던 것이다.

우리는 알프스의 삼대 미봉 중 하나인 스위스의 융프라우로 올라가서 얼음과 눈으로 둘러싸인 광경을 만끽했다. 그 후 라인강에서 스위스와 독일과 프랑스가 만나는 지점Dreiländereck을 둘러본 후, 파리로 갔다. 홍남표 목사 댁에서 며칠 머무르면서 주일에는 그가 목회하는 교회인 파리성결교회에서 설교했다. 우리는 에펠탑과 저 유명한 루브르박물관을 방문한 후, 칼레Calais에서 자동차로 터널을 통과해서 도버해협을 건너 대망하던 영국으로 들어갔다.

우리는 런던에서 목회하는 김석천 목사 댁에서 며칠을 머무르면서 그 도시를 둘러보았다. 그 목사는 후에 한국으로 돌아와서 서울신학대학교에서 강의하면서 우리 연구소를 위해 여러 권의 책을 번역하였다. 그의 안내로 옥스퍼드대학을 둘러보았는데, 특히 존 웨슬리가 다니던 크라이스트처치대학Christ Church College과 그가 가르치던 링컨대학을 둘러보았다. 가장 감동적인 것은 존 웨슬리가 목회하던 엡워드교회The Epworth Church를 방문한 것이었다.

프랑스로 돌아올 때는 배를 타고 도버해협을 건넜다. 그리고 파리공항에서 차를 인계했는데, 우리가 타던 자동차를 가지러 뻬루지아교회에 속한 유학생 둘이 기차로 그곳까지 왔다. 그 가운데 한 학생은 임헌평 목사의 아들이었는데, 그런 수고를 마다하지 않은 고마운 청년이었다. 우리 가족은 그렇게 유럽을 한 달 정도 여행하면서 가족의 우의도 다지고, 그리고 무엇보다도 언제 다시 만나게 될지 모르는 딸들과 이별의 기념 여행을 마쳤다.

두 번째 기념 여행은 우리 부부가 결혼 30주년을 맞이했을 때였다. 1972년에 결혼했으니 30주년이면 2002년이었다. 나는 기념이 될만한 여행을 위해 북유럽을 선택했는데, 준비는 만만치 않았다. 이왕이면 오로라aurora도 보기로 했는데, 그것을 볼 수 있는 기간은 8월 중순 이후부터였다. 물론 그 극치는 3월이나 9월이지만 나는 방학 때 갈 수밖에 없었다. 그런데 8월에는 당연히 관광객들로 붐비는 기간이므로, 숙소를 구하기가 쉽지 않았다.

우선 저렴한 숙소를 위해 호스텔의 회원으로 등록했고, 그 회원권을 사용해서 숙소를 예약했다. 그러나 오로라 지역에는 숙소를 찾기가 하늘의 별 따기였다. 할 수 없이 그 지역의 관광안내소에 전화해서 숙소를 겨우 얻었다. 그곳에 가기 전에 우리는 미국의 OMS 선교회 연례 총회에 참석하여 나는 총회장의 인사말을 통역했다. 그다음 미국 동남부에 있는 17개의 장로교회 연합수련회에서 며칠 동안 설교했다. 그 후 애즈베리커넥션 수련회에서 말씀을 가르쳤다.

우리 부부는 비행기로 미국 인디애나폴리스에서 네덜란드를 거쳐 오랫동안 준비한 스칸디나비아의 첫 나라인 덴마크에 들어갔다. 바다에 앉아 있는 인어공주도 보고, 동화 작가로 유명한 한스 안데르센Hans Andersen의 생가가 있는 오덴세Odense를 들렀다. 한국어로 번역된 그의 저서가 제법 여러 권 있었는데, 그의 책들은 125개국의 언어로 번역되었다. 다시 기차로 덴마크의 가장 북단에 있는 프레데릭스하운Frederikshvan으로 가서 하루를 묵었다.

그다음 날 노르웨이의 수도 오슬로로 가는 배를 탔는데, 자그마치 9시간이나 걸렸다. 오슬로에서 인상적이었던 것은 비거랜드조각공원Vigeland Sculpture Park이었다. 그 공원에는 화강암과 구리로 조각된 212개나 되는 인간이 있는데, 세계에서 가장 큰 조각공원이다. 인간의 모습을 그처럼 다양하게 묘사할 수 있다니 놀라울 뿐이다. 한 사람의 예술가가 20여 년에 걸쳐서 조각한 집념의 작품들이다.

우리 부부는 기차로 베르겐Bergen을 갔는데, 그 항구 도시는 아름답기로 유명하다. 그곳에서 이틀을 머물면서 관광했는데, 야외 시장이 아침마다 성시를 이루었다. 우리는 그곳에서 훈제 연어를 사서 그곳에 있는 동안 실컷 먹었다. 그곳에서 일정을 마치고 우리는 다시 기차로 오슬로로 돌아왔는데, 그 이유는 오로라를 보려고 그 목적지로 떠나기 위해서였다. 오슬로에서 북방에 있는 알타Alta까지는 1,700km이지만, 길이 험해서 차로는 21시간이나 걸린다.

우리는 오슬로에서 비행기를 타고 알타로 가서, 거기에서 빌린 차로 세 시간 이상 달려서 노드캅Nordcap에 이르렀다. 그곳은 대서양

북단에 있는데, 그 광경은 너무나 장엄했다. 그곳에서 이틀을 묵으면서 대망의 오로라를 구경하기 위해 비싼 입장권을 구매했다. 오로라는 특히 자정에 그 아름다움이 극치에 달하므로, 우리 부부는 늦게까지 그곳에서 시간이 되기를 기다렸다. 그러나 날씨가 흐려서 우리의 오랜 꿈은 이루어지지 않았다.

우리는 다시 오슬로로 돌아와서 기차로 스웨덴의 스톡홀름으로 이동했다. 우리는 강가에 세워 놓은 배에서 하루를 잤는데, 큰 배를 숙소로 만들었다. 그곳에서 두 가지를 경험했는데, 하나는 길을 물으며 버스를 탔는데 관광객이라고 요금을 받지 않았다. 둘은 왕궁의 내부를 관람한 것인데, 그 나라의 역사가 그렇게 오래된 줄 알지 못했었다. 우리는 그곳에서 하루를 잔 후 핀란드로 갔는데, 그때도 배를 이용해서 바다를 건너 핀란드의 헬싱키에 도착했다.

시간도 오래 걸렸는데, 자그마치 17시간이나 되었다. 헬싱키의 광장 잔디밭에 많은 사람이 앉아서 여유롭게 시간을 보내는 모습은 참으로 인상적이었다. 우리 부부는 하루를 묵고 기차로 투르쿠^{Turku}로 가서 묵었는데, 그만큼 배를 타는 시간이 줄었다. 다음 날 그곳에서 배로 스톡홀름으로 갔는데, 10시간쯤 걸렸다. 우리는 그곳에서 야간열차로 덴마크의 코펜하겐으로 갔는데, 그렇게 해서 하루 숙비를 절감할 수 있었다.

세 번째 기념 여행은 아내의 환갑을 기해서였다. 이번에는 내가 기획하지 않고 딸들이 했다. 아쉽게도 큰 딸은 마지막에 회사 일로 동행하지 못했다. 그해, 곧 2008년에 애즈베리신학교의 교수로 초빙되어 우리 부부는 한국을 완전히 떠났다. 예년처럼 우리 부부는 미국 인디애나^{Indiana}에 있는 OMS선교회 총회에 참석한 후 애즈베리커넥션에서 하나님의 말씀을 가르쳤다. 그 후 비행기로 스페인의 남쪽 국제공항인 말라가Malaga에서 둘째 딸을 만났다.

그때부터 모든 프로그램은 그 딸이 기획한 대로 다녔다. 빌린 차로 우리 세 식구는 나흘 동안 스페인 남부를 다녔는데, 특히 그라나다Granada에 있는 무슬림 왕궁은 인상적이었다. 한때 무슬림이 스페인을 지배했던 흔적이었는데, 지금은 관광지가 되었다. 우리는 알제리카스Algericas에서 차를 반납한 후, 배를 타고 약 3시간 걸려서 모로코의 탄지어Tangier에 도착했다. 그곳은 아프리카 최북단에 있는 나라인 모로코의 항구 도시였다.

우리는 그 나라에서 7일을 보냈는데, 주로 기차로 여행을 했다. 숙소들은 도심 속 깊이에 있는 개인 집들이었는데, 오가는 길이 구불구불할 뿐 아니라 완전히 흑인들에 둘러싸여 있었다. 나는 은근히 겁도 났는데, 딸은 용감하게 우리를 안내했다. 만일 그 나라에서 관광 우대 정책을 세우고 철저하게 관광객을 보호하지 않았더라면, 어떤 일이 일어날지 아무도 모르는 상황이었다. 그러나 우리를 비롯한 모든 관광객은 안전하게 보호되었다.

딸은 마라케시Marrakech에서 뉴욕으로 돌아갔고, 우리 부부는 마드리드로 갔다. 그곳에서 서지오Sergio Rosell의 집에 며칠 묵으면서 관광을 했는데, 그는 마드리드신학교의 교수였다. 그의 가족과 5일을 즐겁게 보낸 후, 우리 부부는 자동차를 빌려서 스페인 북쪽을 여행했다. 13일 동안 스페인 구석구석을 찾아다니면서 아름답고 광활한 나라의 경치를 즐기면서 역사를 배웠다. 심지어는 2세기에 로마 사람들에 의해 세워진 건축물도 있었다.

우리 부부는 오랫동안 들었던 투우도 관람했는데, 잔인한 게임이라는 생각을 떨칠 수 없었다. 여하튼 우리 부부는 오붓하게 이곳저곳을 찾아다니며 아내의 환갑을 기념했다. 우리는 저 유명한 산티아고^{Santiago} 순례길도 둘러보았고, 해변에서 3일이나 물과 햇볕을 즐기기도 했다. 그렇게 기념 여행을 마치고 우리는 영국의 맨체스터로 가서 성수환 목사의 교회에서 3일 동안 말씀을 전했다. 그 후에 우리는 종착지인 애즈베리신학교가 있는 미국 켄터키^{Kentucky}주에 소재한 윌모어^{Wilmore}에 정착했다.

29장
교회 개척

나는 1996년에 교회를 개척하면서 이름을 열린교회로 정했는데, 요한계시록에 나오는 빌라델비아교회를 모델로 하고 싶었기 때문이다. 장소는 서울 제기동에 있는 죠이선교회의 회관이었는데, 그 당시 죠이선교회의 대표였던 남전우 목사의 배려로 가능했다. 그는 가족과 함께 그 교회의 개척 멤버가 되어 교회 성장에 이바지했다. 하나님의 은혜로 교회는 차곡차곡 성장하여 1년 후에는 성도가 100명으로 늘었는데, 대학교수와 박사가 10명이나 되었다.

어떻게 서울신학대학교 전임 교수가 교회를 개척할 수 있었는가? 성결교회의 법에 따르면, 교수는 목회할 수 없다. 그렇지만 내가 목회할 수 있게 한 중요한 일이 생겼다. 어느 장로교회에서 나온 30여 명의 성도가 박명수 교수를 목회자로 초빙했다. 그 교수는 성결교회총회에 문의했고, 총회의 선교부는 두 가지 조건으로 승낙했다. 하나는 학교의 총장 허락이고 또 하나는 지방회의 승낙이었다.

그렇게 박명수 교수는 교회를 개척했는데, 전혀 문제가 없었다. 그 사실을 눈여겨보던 나도 1년 후에 교회를 개척했다. 성결교단의 법적 문제가 해결되었기 때문이다. 교회 개척이 가능했던 또 다른 요인이 있었는데, 그것은 개척 멤버였다. 성도가 없다면 교회 개척은 불가능하기 때문이다. 그런데 하나님의 은혜로 나에게는 기쁨으로 교회 개척에 헌신한 성도들이 있었다. 어떻게 그 성도들을 알게 되었는지 알아보자.

내가 서울신학대학교의 교수가 될 때, 나의 아내는 함께 귀국하지 못했다. 두 딸의 교육 문제가 걸려있기 때문이었다. 그들은 어려서 한국을 떠나 태국과 미국에서 공부했기에 귀국해서 대학교에 들어가는 것은 불가능했다. 그 당시에는 외국에서 오래 공부한 자녀들을 위한 특례입학제도가 아직 있지 않았다. 그때 고등학교 1학년과 2학년인 딸들이 대학교에 들어갈 때까지 아내가 보스턴에 남아서 그들의 뒷바라지를 했다.

딸들이 대학에 들어가자 아내도 귀국했는데, 그렇게 떨어진 기간이 3년이나 되었다. 그때 나의 제자인 임종환 목사가 성도들을 훈련해달라고 간청했다. 그는 성악의 대가로 어느 합창단을 지도하고 있었는데, 합창단원들에게 하나님의 말씀을 가르치라는 것이었다. 나는 아내가 미국에서 귀국할 때까지는 할 수 없다고 했는데, 마침내 아내가 귀국한 것이었다. 그렇게 해서 13가정의 부부를 만났는데, 그들의 신앙생활을 들어보니 말할 수 없이 애처로웠다.

그들과 일주일에 한 번씩 만나서 하나님의 말씀을 가르쳤는데, 그 교제를 통해 구원을 확신하게 된 사람들도 적지 않았다. 내가 교회를 개척할 때, 그들 가운데 다섯 부부가 참여하여 교회의 중심이 되었다. 그들만 아니라 과거에 나의 가르침과 훈련을 통해 관계를 갖게 된 사람들도 참여했고, 서울신학대학교에서 나에게 하나님의 말씀을 배우던 교수들도 참여했다. 그뿐 아니라, 죠이선교회에서 교제하던 형제자매들 가운데에서도 참여한 사람들이 있었다.

나는 목회하면서 세 가지를 강조했는데, 강해 설교와 전도와 교제였다. 강해 설교를 위해 하나님의 말씀을 차례로 풀어갔는데, 말씀에 굶주려있던 성도들이 여기저기에서 모여들었다. 어떤 교수는 주일마다 설교를 들으면서 눈물을 펑펑 흘렸다. 설교를 모아서 책으로 출간되기도 했는데, 첫 번째 책은『우리에게 일용할 양식을 주소서』인데, 주기도문을 풀어서 설교한 것이었다. 그 내용이 깊고도 넓어서 자그마치 221쪽이나 되었다.

두 번째 책은『고난 중에도 기뻐하라』인데, 빌립보서를 풀어나간 것이다. 그 당시 IMF 때문에 많은 성도가 고통을 겪고 있었다. 나는 그런 성도들을 위해 빌립보서의 말씀으로 그들을 위로하고 싶었다. 거의 1년 동안 빌립보서와 씨름하면서 41번 설교했다. 506쪽이나 되는 방대한 책으로 탄생했는데, 많은 목사가 그 책으로 수요예배를 인도하기도 했다. 두란노서원의 월간지『목회와 신학』에서 지금까지 나온 빌립보 강해서 가운데 가장 방대하다면서 그 책을 소개해주었다.

내가 애즈베리신학교의 교수로 재직하고 있을 때, 한국으로부터 전화를 받았는데, 광성교회의 이성곤 목사였다. 그는 내게 부흥회를 인도해달라는 것이었다. 나를 초청한 이유를 설명했는데,『고난 중에도 기뻐하라』때문이라는 것이다. 그는 교회에서 빌립보서를 강해하기 위하여 한국에서 출판된 모든 책, 곧 42권을 구매했다.

그중에서 나의 책을 가장 많이 의존했다고 하면서, 그 책의 저자라면 부흥회를 맡겨도 좋다는 것이었다.

나는 그때까지 많은 부흥회를 인도했지만, 그 교회에서처럼 은혜를 크게 받은 교회는 없었다. 6,500여 명의 교인들의 반응도 파격적이었는데, 시간마다 눈물과 통곡으로 반응했다. 새벽에 3번 설교하면서 '바나바'에 대해서 풀었고, 낮 성경공부 시간에는 베드로전서 2장 1~10절을 가르쳤다. 그리고 저녁 집회에는 '거듭남의 비밀', '성령 충만의 비밀', '깊은 신앙의 비밀', '부흥의 비밀' 등을 설교했다.

열린교회의 두 번째 강조점은 전도였다. 교회에 열댓 명이 모일 때 일인데, 여자 한 사람이 방문했다. 예배가 끝나자 그 여자는 나에게 상담을 요청했다. 그녀는 구원받고 싶으니 도와달라는 것이었다. 나는 물었다. "어떻게 구원받지 못한 것을 그렇게 확신하세요?" 그녀는 내가 편집한 책, 『나는 어떻게 예수님을 만났는가?』를 읽으면서 구원받지 못한 것을 알게 되었다는 것이다. 나는 복음을 전했고, 그녀는 그리스도 예수를 구주로 영접했다.

그다음 주, 그녀는 교회에 오지 않아서 나는 다소 실망했다. 그런데 그녀는 2주 만에 다시 왔다. 지난주에 오지 않은 이유를 물었더니, 그녀가 다니던 예능교회의 목사에게 고별인사를 했다는 것이다. 그 교회를 3년이나 다녔는데 복음을 듣지 못했기에 교회를 떠나겠다고 했다는 것이다. 그녀는 유명한 배우 윤여정의 동생 윤여순이었다. 그녀는 미국에서 박사 학위를 받고 귀국해서 LG의 전무로 일하고 있었는데, 그 회사에서 최초의 여성 임원이 되었다.

그다음 주 남편과 함께 왔는데, 그도 역시 미국에서 박사 학위를 받은 엘리트였다. 위에서 언급한 것처럼, 우리 교회의 세 번째 강조는 교제였다. 나는 물론 교인들이 그 부부와 정겨운 교제를 나누기 시작했다. 주님이 십자가에서 죽기까지 고난받으신 두 가지 두드러진 목적은 영혼 구원과 구원받은 사람들의 교제인데 (눅 19:10, 요일 1:3), 그 교제의 장은 두말할 필요도 없이 지역 교회이다. 우리 교인들은 형제자매가 되어 끈끈한 교제를 즐겼다.

교회가 이처럼 아름답게 성장하고 있을 때, 호기성 목사를 만났다. 그는 빌딩을 구매한 후, 지하층에 교회를 만들었는데, 갑자기 IMF로 인해 은행 이자를 3개월이나 입금하지 못했다는 것이다. 얼마 지나면 교회는 파산하게 된다는 것이었다. 그는 울면서 우리 교회가 그의 교회를 인수할 것을 제안했다. 조건은 간단했는데, 그에게 빚 2억 원을 갚아주면 된다는 것이었다. 성장을 거듭하고 있는 열린교회는 건물이 필요했다.

우리는 많은 상의와 투표를 통해 그 교회를 인수하기로 했다. 두 교회가 합쳐져서 교인은 늘었지만, 면목동으로 가지 못하겠다는 성도들은 동참하지 않았다. 교회의 이름을 한밀교회로 바꾸었다. 호기성 목사는 먼저 교회의 사택에 살고 있었는데, 이제 그 집을 비워야 할 처지가 되었다. 나는 용단을 내려 그 사택을 그 목사에게 퇴직금 조로 선물했다. 교회를 위해 생애를 헌신한 목사를 길거리로 나앉게 할 수 없었기 때문이었다.

그런데 얼마 지나지 않아서 문제가 생겼는데, 서울신학대학교의 이사회가 나에게 교회를 포기하라는 지시가 왔다. 이유는 이중직이라는 것이다. 이사회에서 조사위원들을 파송했는데, 나는 교회를 개척한 이래 교회에서 한 푼도 받은 적이 없었다. 이중직의 기준은 봉급이므로, 나는 떳떳했다. 이사회는 그런 사실을 문서화할 수 없어서, 이사장이 구두로 내게 교회를 포기하라고 한 것이었다.

그 배후에는 호기성 목사가 있었다. 그는 정치적 성향의 목사들을 동원해서 이사장에게 압박을 가하게 했는데, 그 목적은 본인이 다시 한밀교회로 돌아와서 목회하기를 원했기 때문이다. 나는 목사들의 비정하면서도 의리가 없는 모습을 보면서 한밀교회를 떠났다. 그동안 희생하면서 일군 교회가 하루아침에 정치적인 목사에게 넘어갔다. 나는 퇴직금을 한 푼도 받지 못하고 정치 목사들에 의해 밀려났다.

나는 학교에 안식년을 신청하고 애즈베리신학교의 방문 교수로 1년 동안 가르쳤다. 그동안 나를 따랐던 교인들 30여 명이 나를 기다리고 있었다. 1년 후 내가 다시 귀국하면서 그들과 함께 다시 교회를 시작했는데 그 교회가 바로 산돌교회였다. 내가 미국으로 가기 전 그들과 수련회를 하면서 베드로전서를 가르쳤는데, 그 가운데 '산 돌'이라는 표현이 나온다 (벧전 2:5). 그 말씀에서 은혜를 받은 성도들이 그렇게 이름을 지었다.

산돌교회는 장소가 없어서 처음에는 가정에서 예배를 드렸는데, 얼마 지나지 않아서 장소가 비좁았다. 교인들의 주선으로 이화여대 부속중학교의 강당으로 옮겨 예배를 드렸는데, 교회가 부흥되면서 자체 건물을 갖자는 의견이 성도들에게서 나오기 시작했다. 우리는 공항동에 있는 어느 예성교회를 인수했는데, 성도들의 희생이 컸다. 그뿐 아니라, 외부의 도움도 많았는데, 서울 영등포 신길교회의 이신웅 목사가 거금 5천만 원을 헌금하였다.

남지방회 산하 교회확장위원회의 위원장인 조영한 목사의 주선으로 4억 원을 받았다. 그 외에도 많은 목사가 후원했는데, 교단 총무인 김운태 목사의 주선으로 총회에서 5천만 원, 신촌교회 이정익 목사의 1천만 원, 수정교회의 조일래 목사는 3년 동안 매달 5십만 원, 이렇게 해서 우리 교회는 17억에 그처럼 잘 건축된 아름다운 건물을 구매했다. 산돌교회 성도들도 행복했고, 나도 행복했다. 교회 개척은 이렇게 아름답게 진척되고 있었다.

30장

사명감

　내가 서울신학대학교의 교수가 되었을 때, 나의 사명감은 하늘도 찌를 듯 활활 타오르고 있었다. 그 사명감은 간단하고도 분명했다! 구원의 확신이 없는 학생들을 복음화하겠다는 것이며, 구원의 확신이 있는 학생들을 전도자로 만들겠다는 것이다. 그 사명을 위해 주님은 나를 십자가의 메시지로 전도자가 되게 하셨다. 그뿐 아니라, 전도자의 사명을 감당하기 위해 나 자신을 번제물처럼 완전히 드리라는 부르심을 받았다.

　교수가 된 지 한 달쯤 지나서 학교 채플에서 설교했다. 주님이 뉴질랜드에서 주신 말씀을 택했는데, 제목은 "십자가의 도"였다. "…하나님께서 전도의 미련한 것으로 믿는 자들을 구원하시기를 기뻐하셨도다…. 우리는 십자가에 못 박힌 그리스도를 전하니 유대인에게는 거리끼는 것이요 이방인에게는 미련한 것이로되, 오직 부르심을 받은 자들에게는 유대인이나 헬라인이나 그리스도는 하나님의 능력이요 하나님의 지혜니라" (고전 1:21-22, 24).

진보적인 보스턴대학교 출신인 내게 큰 기대를 걸었던 진보적인 학생들은 크게 실망했다. 그러나 복음적인 학생들의 반응은 뜨거웠다. 내가 보스턴대학교에서 더 복음적인 전도자가 된 사실을 진보적인 학생들은 이해하지 못했다. 나는 진보적인 신학이 사람의 심금을 울리지 못하는 지적 유희에 불과하다는 사실을 깊이 알게 되었다. 그 신학이 자유, 정의, 희생을 강조하지만, 실천이 없는 허구에 지나지 않는다는 사실을 보스턴대학교에서 알게 되었다.

그 대학교의 교수들 가운데 이혼과 재혼을 거듭한 분들이 적지 않았다. 혹자는 거룩한 방법을 제쳐놓고 목적 성취를 위해 각가지 수단과 방법도 사용했다. 내가 그 대학교의 채플에서 위의 본문으로 설교했더니, 학생들로부터 미움의 대상이 되었다. 진보주의자들은 무슬림, 불교 및 유대교의 신자들은 받아들이면서, 복음주의자들은 철저하게 배척했다. 그뿐 아니라, 교수들이나 학생들 가운데 구체적으로 가난한 사람들을 헌신적으로 돕는 사람을 보지 못했다.

사명감에 불타는 나에게 너무나 잘 맞는 과목이 배정되었는데, "전도의 이론과 실제"였다. 이 제목은 조종남 학장이 고안했는데, 그분의 혜안이라고밖에 달리 말할 수 없다. 내가 이 과목의 내용을 구상할 때, 방향 제시를 준 경험이 있었는데, 교사들을 위한 세미나를 위해 준비할 때였다. 미국에서 학위를 취득했으니 신학적으로 깊은 내용을 가르치면서 나의 실력을 과시하고 싶은 유혹을 받았다. 그 세미나를 위해 기도하기 시작했는데, 마음이 편치 않았다.

갑자기 성령이 임하면서 나를 깨뜨리셨다. 그 순간 나는 얼마나 많이 통곡하며 회개했는지 모른다. 주님은 십자가를 전하라고 나를 그렇게 분명히 부르셨는데, 나는 신학적 지식을 과시하려 하다니…! 그때 나는 주님께 약속했다. 내 지식의 과시가 아니라, 나를 구원해주시고, 인도하시고, 불러주신 주님을 전하겠다고! 단순하고 미련해 보이는 십자가만을 전하겠다고! 신학적으로 축적된 지식의 과시가 아니라, 심령의 변화를 위한 메시지를 전하겠다고!

　결론부터 말하면, "전도의 이론과 실제"를 통해 얼마나 많은 학생이 구원을 확신하게 되었는지 모른다. 그뿐 아니라, 얼마나 많은 학생이 복음을 실제로 전하게 되었는지 모른다. 그 과목은 모든 학부와 대학원 학생이 이수해야 하는 교책 과목이었기에 학생도 많았다. 나에게 맡겨진 너무나 중요한 과목이었다. 그 과목의 교재로 "전도폭발"을 선정했는데, 학생들은 모두 그 전도폭발의 복음 제시를 암송해야 했고 또 그것으로 전도해야 했다.

　학생들이 구원을 확신하고 있는지 알아보기 위해 '구원 간증'을 쓰게 했다. 확신이 없는 간증은 돌려주면서 다시 쓰라고 했다. 학생들 가운데에는 여러 번 간증을 쓰면서 확신이 없다는 결론을 내렸고, 구원을 추구했고, 마침내 구원받은 학생들도 많았다. 신대원 학생들 가운데 많은 학생이 목회자가 된 후에 교인들에게 간증문을 쓰라고 하면서 복음을 전한 목사들도 적지 않았다.

　그런데, 사회사업과의 학생 하나가 간증문을 제출하지 않았다. 나는 수업이 끝나자 그를 데리고 연구실로 와서 제출하지 않은 이유를 물었다. 그 학생은 쓸 것이 없어서 그랬다는 것인데, 알고 보니 그는 모태 교인이었다. 나는 매주 수업이 끝나면 그 학생과 연구실에서 대화했다. 한 달쯤 지났을 때, 그 학생은 눈물을 펑펑 쏟으면서 지난주 중에 예수 그리스도를 구주로 영접했다는 것이다. 눈물은 흘렸지만, 평안과 기쁨이 넘친다고 했다.

'영혼 구원'이라는 고귀한 목적을 알지 못하는 진보적인 성향의 유석성 교수가 개입했다. 그는 교무위원회에서 위원들을 오도(誤導)하면서, 그 과목의 이름을 "기독교 이해"로 바꾸었다. 원래 과목의 이름을 바꾸려면 교과과정위원회의 결의를 거쳐야 한다. 그 위원회에서 그런 결의를 한 적이 없는데도 그는 학교의 최상위 결정 기관인 교무위원회에서 이미 결정했다고 거짓 보고를 했다. 신학과와 기독교교육과를 제외하고는 "전도의 이론과 실제"가 없어졌다.

조종남 학장은 웨슬리언 복음주의자였다. 그는 많은 반대에도 불구하고 진보적인 유석성을 윤리학 교수로 채용했다. 유석성은 서울신학대학교에서 학부를 졸업한 후, 진보적 신학교인 한국기독교장로회의 신학대학원에서 공부했고, 그 교단에서 목사가 되었다. 그 당시 이강천 교수가 윤리학을 가르치면서 학생들에게 큰 영향을 주고 있었는데, 영적 아버지와 같았다. 윤리학 교수가 둘씩 필요하지 않기에 이강천 교수는 학교를 떠났는데, 학교는 귀한 영적 거장을 잃었다.

나도 학교를 떠나려고 날짜를 정해놓고 기도하기 시작했다. 그 날짜 안에 초빙이 오면 어느 곳이든 가겠다고 하나님께 아뢰었는데, 얼마나 결사적으로 기도했는지 모른다. 다행인지 불행인지 그 날짜 안에 아무 초빙도 없었다. 그 날짜로부터 7일 지났을 때, 제법 큰 교회의 청빙위원이 나를 찾아왔다. 나는 그에게 왜 이제 왔느냐고 서운한 마음을 표현했다. 결국, 내가 서울신학대학교에서 가르치는 것이 주님의 뜻이었다.

그런 험악한 분위기에도 불구하고 복음에 대한 나의 열정은 식을 줄 몰랐다. 한 번은 신학대학원 입학생들을 위한 수련회의 강사로 초청받았다. 나는 목사가 되려고 헌신하여 입학한 170여 명의 신입생들에게 거듭남의 중요성에 대해 설교한 후 초청을 했다. 내가 복음을 전하면 늘 구원초청을 하는 것처럼, 그날에도 초청했다. 놀랍게도 50여 명이 응했는데, 그들 중에는 적잖은 학생들이 눈물을 흘리고 있었다.

목사가 되려고 신학대학원에 입학한 헌신자들을 능력의 전도자로 만들려는 의도로, 나는 "전도의 이론과 실제"를 수강하는 학생들에게 한 학기에 10명을 전도하라고 했다. 그뿐 아니라, 수업시간에 그들의 전도 경험을 간증하게 했다. 그 간증을 통해서 전도할 때, 서투른 점을 고쳐주면서 그들이 훌륭한 전도자가 되게 하려고 했다. 그들을 통해서 많은 사람이 구원받은 것도 감사하지만, 그 학생들이 우수한 전도자로 탈바꿈하고 있다는 사실에 감사했다.

학생들이 전도할 때, 성령의 역사가 없다면 가능하지 않다는 사실을 나는 너무나 잘 알고 있었다. 그뿐만 아니라, 그들이 전도자로 변화되기 위해서도 역시 성령의 임재와 능력이 없이는 불가능하다는 것을 나는 잘 알고 있었다. 그런 이유로 나는 열심히 기도했다. 어떤 때는 새벽 2시에 학생들을 위하여 기도했는데, 그렇게 자주 기도했다. 주님이 부족한 나의 기도를 들어주시어 특별한 역사가 나타날 때도 종종 있었다.

한 학생이 어느 구두 수선공에게 전도했는데, 그 수선공은 마음의 문을 열고 그리스도 예수를 그의 구주로 영접했다. 그 학생은 일주일 후 같은 시간에 다시 오겠다고 약속했는데, 그를 양육하기 위해서였다. 그 학생이 일주일 후 약속대로 갔더니, 구둣방이 닫혀 있었다. 실망했지만, 그 학생은 포기하지 않았다. 그가 기도하면서 주변에 있는 호프집에 들어가 보았더니 거기에 그 수선공이 있었다. 그들은 함께 구둣방으로 와서 양육을 시작했다.

다음 주에 갔더니 다시 구둣방이 닫혀 있었다. 그 학생은 기도하면서 주변에 있는 당구장에 들어갔더니, 그가 거기에서 당구를 치고 있었다. 학생보다 더 놀란 사람은 그 구두 수선공이었다. 다시 그들은 돌아왔고 그는 그 수선공을 양육했다. 다음부터는 그가 자리를 비우지 않았고, 계획대로 양육을 마쳤다. 그런데 그 수선공이 봉투를 주면서, 그동안의 십일조라는 것이었다. 상당한 액수인데 복음전파에 써달라는 것이었다.

'전도의 미련한 것'으로 온 천하보다 귀한 영혼들이 한 사람씩 주님께 돌아오는 역사가 많았다 (고전 1:21). 참으로 보람된 사역이었다! 그러나 항상 좋은 일만 있었던 것은 아니었다. 어떤 때는 학생들이 반정부 시위에 연루되면서 학업이 중단되었다. 어떤 때는 교수들 사이에 갈등이 표출되어 학업이 제대로 이루어지지 않았다. 그 대표적인 실례가 조종남 학장의 재임용을 반대하는 교수들의 시위로 수업이 중단되기도 했다.

비록 학교의 분위기가 험악해서 수업이 제대로 진행되지 않을 때가 종종 있었지만, 그래도 잃어버린 영혼을 영적으로 살리는 복음은 신실하게 전해졌다. 한 번은 어느 신학대학원 학생이 이런 간증을 했다. 그의 교회에서 전도팀이 가가호호를 방문하며 전도했는데, 전도하기 어려운 노인을 만났다. 많은 전도자가 도전했으나 실패했고, 마지막으로 그 신학대학원 학생이 그 노인을 찾아가게 됐다. 그 노인은 무슨 말을 해도 요지부동이었다.

그 학생은 그 노인에게 큰절을 올렸더니, 노인은 돌아앉았다. 학생은 돌아앉은 그 노인 앞으로 가서 다시 큰절을 올렸다. 그러다가 학생이 울기 시작했고, 그 노인은 놀라서 그가 전한 예수님을 받아들였다. 일주일 후, 그 학생이 그 노인의 부인에게 전도하러 다시 갔다. 그 노인이 마당에서 왔다 갔다 하면서 이렇게 말했다. "여보, 그 청년이 전하는 예수님을 받아들여. 그렇지 않으면 그 청년이 울어!" 복음의 능력이 노인을 통해서 할머니에게도 역사했던 것이다.

31장

연구소

수양대군이 반란을 일으켜 왕이 되자, 상왕인 단종을 영월로 유배시킨 것은 잘 알려진 역사이다. 서울신학대학교에서도 유사한 일이 벌어졌는데, 서명 교수들의 시위로 당시 조종남 학장이 물러나고 대신 강근환 교수가 학장이 되었다. 강 학장은 서명 교수들과 학교를 운영하면서, 조종남 학장을 지지하던 나를 유배지로 여겨지던 선교문제연구소 소장으로 임명했다. 그때까지만 해도 그 연구소는 유명무실한 기관이었다.

나는 그런 연구소를 살리기 위해 당장 세 가지를 시행했다. 첫째, 여러 나라의 실상을 녹화한 모든 비디오를 KBS로부터 구매했다. 둘째, 선교를 다룬 책들을 미국의 여러 출판사로부터 대량 구매했다. 셋째, 『선교 세계』를 편집해서 출판했다. 학교에서 연구소에 할당한 보조금은 연 5백만 원이었는데, 그것으로는 턱없이 부족했다. 그때까지 그 보조금이 어떻게 사용되었는지 아는 사람은 없었다. 나는 모금을 시작했고, 그리고 큰 그림을 그리기 시작했다.

우선『선교 세계』를 모든 성결교회에 우송했다. 그런데 곧 문제가 생겼는데, 그것은 그 소장직에서 물러나라는 것이었다. 이유는 간단했다! 내가 그 책의 서문에서 앞으로의 포부를 밝혔는데, 복음적이며 웨슬리언 글을 발굴해서 게재할 뿐 아니라, 세계적인 석학들의 글을 게재하겠다고 했다. 죽은 것이나 다름없는 연구소를 살리겠다는 것이다. 그러나 그 포부를 그 당시의 학교 지도자들은 받아들일 수 없었던 것 같다.

나는 이미 국내외의 여러 석학에게 논문을 요청하였다. 만일 취소한다면 서울신학대학교의 위상은 그야말로 땅에 떨어질 판국이었다. 나는 궁지에 몰려서 다시 주님께 간절히 호소할 수밖에 없었다. 그런데 그 기도가 전혀 생각지도 못한 곳을 통해 응답받았는데, 곧 학교였다. 교수들이 원하면 연구소를 만들 수 있다고 학교 당국이 발표하면서, 학교의 부설 기관으로 하든, 독립적인 기관으로 하든 각자가 선택해서 만들라는 것이었다.

학교의 부설 연구소는 모금은 쉽지만, 학교의 간섭을 피할 수 없을 것이다. 나는 주저하지 않고 독립적인 연구소를 선택했는데, 선교문제연구소에서처럼 간섭받고 싶지 않았기 때문이다. 그런데 얼마 지나지 않아서 학교의 부설 연구소는 취소한다는 발표가 따랐다. 나는 새벽 2시에 일어나서 주님께 문의했고, 그분은 내게 방법을 구체적으로 알려주셨다. 그렇게 탄생한 연구소가 "세계복음화문제연구소"였는데, 그때는 1994년이었다.

주님이 인도하시는 대로 나는 운영위원회와 이사회를 조직했다. 운영위원들은 내가『선교 세계』를 편집할 때부터 많은 도움을 준 분들이었다. 이사회는 실질적으로 연구소를 운영하면서 방향을 제시하고 재정적으로 후원하는 최고의 기관이었다. 이사회는 회칙도 만들었고, 회원들을 모집하여 매월 일정액을 후원하는 체계를 완성했다. 이제 연구소는 세계 복음화를 위해 문서사역은 물론 세미나를 통해 지도자들을 훈련할 준비가 되었다.

내가 청탁했던 원고들이 들어왔는데, "회심"이라는 제목의 우산 아래 여러 가지 측면을 다룬 원고들이었다. 남침례교회의 전도학 교수인 드러먼드Lewis Drummond 박사, 애즈베리신학교의 멀홀랜드Robert Mulholland 박사, 시먼즈Steve Seamands 박사, 오스왈트John Oswalt 박사, 감리교대학의 콜린스Kenneth Collins 박사 등 세계적으로 알려진 석학들의 주옥같은 글들과 한국의 석학들이 보낸 글들로 연구소의 첫 작품인 『회심』이 출간되었다.

연구소의 첫 작품으로 『회심』을 출간한 데는 이유가 있었다. 첫째는 한국에는 그때까지 회심이란 주제를 다룬 전문서적이 없었기 때문이었다. 둘째는 복음화의 열쇠가 회심이기 때문이었다. 그런데, 그 당시에는 연구소가 얼마나 발전할지 아무도 상상하지 못했다. 책을 출판하는데 원고료를 제외하고 천만 원 정도 드는데, 어떤 특정한 독지가도 없이 항해를 시작했기 때문이다. 인간적으로 볼 때, 엔진 없는 돛단배가 바다 항해를 시작한 것처럼 무모해 보였다.

그렇게 미약하게 시작한 연구소는 점차 활기를 띠기 시작했는데, 그 활력소의 원천은 두말할 필요도 없이 이사회였다. 목사와 장로로 구성된 이사회의 적극적인 후원이 없었다면 그동안 어떻게 137권의 책을 출간했고, 23회의 세미나를 개최할 수 있었겠는가? 현재까지 28년이란 기간에 이룬 엄청난 업적이라 아니할 수 없다. 기독교대한성결교회 산하에 연구소가 많지만, 그만큼 사업을 많이 한 연구소는 없을 것이다.

이사들을 열거하기란 벅찬 일이기에 이사장만이라도 소개해보자. 제1대 이사장은 구미중앙교회의 김종국 목사였다. 2년이 임기인 이사장들을 차례로 명기해보면 다음과 같다. 강선영(영등포교회), 김수영(북아현교회), 남봉현(부산수정동교회), 송철웅(새소망교회), 류종길(백합교회), 조일래(수정교회), 이준성(역촌교회), 이신웅(신길교회), 김영호(논산교회), 노영근(대전태평교회), 정재우(평택교회), 장수만(전민새생명교회).

장수만은 유일한 장로교 목사 이사장인데, 그와는 특별한 인연이 있었다. 나는 결혼하면서 전세를 살았는데, 그 집주인의 큰아들이었다. 철저한 불교 집안이었으나 그 아들은 나를 통해 예수 그리스도를 그의 구주로 영접하고 변화되었다. 말할 수 없는 박해와 고난을 겪었지만, 마침내 그의 가족을 모두 그리스도 앞으로 인도했다. 그는 안양신학대학교에서 공부한 후, 대전에 교회를 개척하여 전도와 훈련을 통해 교회를 성장시키면서 33년이나 교회를 이끌었다.

나는 "세계복음화문제연구소" 산하에 '도서출판 세복'이라는 출판사도 만들었는데, '세복'은 세계 복음화의 첫 글자를 배합해서 나온 이름이다. 초창기에는 학교에서 나의 조교였던 김정숙 전도사가 편집을 맡았다. 그러나 그가 선교에 헌신하여 캄보디아로 가면서부터 모든 행정은 아내인 이혜숙이 책임졌다. 그리고 출판전문가들에게 의뢰하여 편집과 표지디자인과 인쇄를 했는데, 위에선 언급한 것처럼 그 비용이 만만치 않았다.

연구소가 세미나를 23회 개최했다고 했는데, 그 가운데 처음 9

회는 미국의 저명한 인사들을 강사로 초청했다. 제1차 세미나는 『기도로 세계를 움직이라』는 명저로 전 세계의 많은 그리스도인을 흔들어놓은 웨슬리 듀웰Wesley L. Duewell 박사를 강사로 초청했다. 그것이 기적인 이유는 연구소가 탄생한 지 겨우 1년 지나서 세계적인 강사를 모시고 세미나를 개최했기 때문이다. 세미나의 제목도 "기도 세미나"였다.

반응이 좋아서 다음 해에도 그를 초청했는데, 서울에서만 하지 않고 부산에서도 개최했다. 참고로 듀웰 박사는 세계적으로 초청을 받아서 참으로 바쁜 분이었다. 미국에서 그의 저서는 백만 권 이상 판매되었다. 그다음의 강사는 데니스 킨로Dennis Kinlaw 박사로 "그리스도의 마음"이란 제목으로 2회의 세미나를 인도했다. 그는 애즈베리 대학교의 총장을 역임한, 미국에서 10대 설교가 중 한 분으로, 빌리그레이엄협회의 연례수련회 고정 강사였다.

그다음 두 번의 세미나는 프랭크 바커Frank Barker 박사였는데, 세미나 제목은 "교회 활성화와 지도력"이었다. 그는 앨라배마Alabama주의 버밍햄Birmingham에 교회를 개척하여 거대한 교회로 성장시켰는데, 그 교회 이름은 브라이어우드Briarwood장로교회였다. 그는 그 교회 산하에 중고등학교 및 신학교를 설립하였다. 그뿐 아니라, 그는 진보적인 미국장로교단을 탈퇴하고 보수적인 미국장로교Presbyterian Church in America(약칭: PCA) 교단을 설립했다.

미국의 저명한 강사를 초청하기란 쉽지 않았는데, 어떤 때는 2년이나 기다리기도 했다. 거기에다 비행기 표, 숙식, 사례비 등 비용도 만만치 않았다. 그러나 세계 복음화라는 사명으로 시작한 연구소는 한국 교계의 지도자들을 위해 그런 것들을 기쁨으로 감당했다. 두말할 필요도 없이 모든 세미나의 통역은 내가 맡았다. 그러니까 강사 섭외는 물론 프로그램 작성, 세미나 장소 물색, 통역은 모두 나에게 맡겨진 책임이었다.

그렇게 열심히 하는 것만큼 결실이 따르지 않았을 뿐 아니라, 적잖은 도전도 생겼다. 첫 번째 도전은 미국과 세계에서는 초청하기 어려운 강사들임에도 불구하고, 한국의 목회자들과 교계의 지도자들에게는 생소한 강사들이었다. 그런 까닭에 기대만큼 많은 목사가 참석하지 않았다. 두 번째 도전은 경비 문제였다. 세미나에 참석하는 사람들의 숫자가 제한적이기에 수입도 역시 제한적이었다. 세 번째 도전은 통역 때문에 강의시간이 두 배나 길어졌다.

그때까지는 이사들이 부족한 재정을 충당했다. 많은 논의 끝에 이사들이 나에게 세미나를 인도하라고 강력하게 제안했다. 그런 기대를 해본 적이 없었지만, 많은 생각과 기도 끝에 그 제안을 받아들였다. 그 결과 제10회 세미나에서부터 제23회까지의 강사는 내가 되었다. 목회자들에게 하나님의 말씀을 복음적으로 접근해야 한다는 사실을 강조하기 위해 제일 먼저 택한 제목이 "출애굽기 세미나"였다. 이때는 이사들이 목회자를 초청한 소규모의 세미나였다.

반응이 좋아서 세미나를 확대하기 시작했다. 사랑의교회 수양관을 대여해서 세미나를 개최했는데, 제법 많은 목사와 지도자가 참석했다. 나는 본격적으로 하나님의 말씀을 중심으로 세미나를 인도했다. 나의 두 번째 세미나는 "레위기에 나타난 종말론"이었는데, 레위기 전체를 다룬 것이 아니라 23장을 해석한 것이었다. 후에 예수교대한성결교회의 월간지인 『성결』에 그 내용을 1년간 게재한 다음, 『유대인의 절기와 예수 그리스도』라는 제목으로 출판되었다.

그 후의 세미나 제목들이다: "창세기", "민수기", "신명기", "에스겔", "요한계시록", "로마서", "룻기", "기독교 신앙 질의응답", "요한일서" 등이다. 이와 같은 세미나의 결과로 책이 발간되었는데, 다음과 같다. 『로마서에서 제시된 구원과 성화』, 『어린 양과 신부: 새롭게 접근한 요한계시록』, 『진흙 속에서 피어난 백합화: 룻기』, 『거룩한 삶, 사랑의 삶: 요한일서』, 『기독교 신앙에 대한 질의응답 50』이다. 이런 저술들은 한국교회 성도들의 신앙성장에 보탬이 되고 있다.

32장

안식년

내가 한밀교회에서 사표를 낼 즈음에는 심신이 말할 수 없이 지쳐 있었다. 그 교회는 먼 면목동에 있기에 오가는 길도 만만치 않았다. 나는 두 교회가 합쳐진 후유증을 극복하기 위해 기도하며, 심방을 하며, 훈련하는 등 열과 성의를 다했다. 두말할 필요도 없이 헌금도 적잖게 했다. 교회를 개척한 지 2년도 안 되어 6층 건물을 갖게 되었다는 것이 큰 기쁨이었다. 이렇게 혼신을 바친 교회를 떠나야 하는 아픔은 말로 다 표현할 수 없었다.

나는 학교에 부임한 이래 처음으로 안식년을 신청했는데, 모든 것을 잊고 쉬고 싶었기 때문이었다. 그렇게 안식년을 즐기며 6개월 정도 지났을 때, 생각지도 않은 이메일을 받았다. 그 메일은 애즈베리신학교의 부총장인 로버트 멀홀랜드 박사에게서 온 것이었다. 그는 내가 안식년이란 이야기를 들었는데, 사실이냐고 물었다. 나는 사실이라고 즉시 회답했다. 그다음 날 그는 또 메일을 보냈는데, 안식년에 애즈베리신학교에서 가르칠 용의가 없느냐고 물었다.

꿈도 꿔보지 못한 너무나 엄청난 초청이었다. 나는 뛰는 가슴을 억제하면서 가르칠 용의가 있다고 회신했다. 바로 그다음 날, 그는 메일을 보내면서 이렇게 말했다. "새학기가 1주일 후에 시작하니 오늘 강의 과목을 올리세요." 나는 즉각적으로 과목을 올렸는데, "웨슬리의 전도 방법"이었다. 그런데 안식년 1년 중 거의 6개월을 이미 보냈는데, 애즈베리신학교에서 1년 동안 가르치려면 안식년을 연장하지 않으면 안 되었다.

나는 그 초청장을 그 당시 서울신학대학교의 이사장인 이병돈 목사에게 제시하면서 안식년 연장을 요청했다. 그는 우리 학교와 교단의 명예라고 하면서 허락해주었다. 안식년 규정에 따르면 국내 체류는 5백만 원, 국외 체류는 천만 원을 지원했는데, 그 목적은 안식년을 마치면 저서를 제출해야 하기 때문이다. 나는 이미 국내 체류비를 받았기에 국외로 가는 나에게 지원금이 더 있으리라고 기대했지만, 그 기대는 어그러졌다. 허락받은 것만으로 감사해야 했다.

나는 급하게 짐도 싸고 비행기 표도 구매한 후, 한국을 떠났다. 애즈베리신학교에 도착한 후, 알게 된 사실이 있었다. 그 신학교는 2년에 한 번씩 저명한 국제적인 학자를 초청하여 강의를 부탁하는데, 나를 그 범주로 초청했다는 것이다. 1년 동안 3과목을 가르쳤는데, 대우는 그 당시 상상을 초월할 정도인 $45,000이었다. 애즈베리신학교의 우산 아래 신학교, 상담학교, 전도 선교학교, 목회학교 등 네 학교가 있는데, 나는 전도 선교학교에 속하게 되었다.

우리 부부는 부총장을 만나서 고마운 마음을 표현하면서, 동시에 아내도 공부하기를 원한다고 했다. 아내가 원하는 과목은 목회 상담학이었다. 목회 상담학에 입학하기 위해서는 6개월 전부터 시험과 면접을 통과하지 않으면 안 되었다. 그러나 부총장은 교수의 아내는 남편처럼 특권을 누릴 수 있다면서 즉석에서 입학을 수락했다. 아내가 과거에 이수한 학위(M.Div.)의 학점 전이도 허락하여 2년의 과정을 1년에 마칠 수 있었다. 그것도 전액 장학금으로!

내가 그렇게 애즈베리신학교에서 가르친 2001년은 한국교회에 뜨겁게 퍼부은 헌신과 수고를 하나님이 갚아주신 것 같은 1년이었다. 그렇지 않다면 어떻게 그렇게 많은 은혜가 부어졌겠는가? 첫 번째 은혜는 오랜만에 영어로 강의했지만, 무사히 마칠 수 있었다는 것이다. 그때 그렇게 강의한 것이 7년 후, 그 신학교의 전임 교수가 되는 발판이 될 줄 누가 상상이나 했겠는가? 특히 "전도 교재로서의 로마서"라는 과목은 깊은 인상을 남긴 것 같다.

하나님이 두 번째 부어주신 은혜는 부흥회 인도였다. 내가 애즈베리신학교의 방문 교수라는 사실이 결코 광고된 적이 없었다. 그런데도 여기저기에서 부흥회를 인도해달라는 초청이 왔다. 그 1년 동안 부흥회를 10번이나 인도했는데, 하나님이 교회의 문들을 열어주셨음이 틀림없다. 교회 외의 특별집회도 6번 인도했고, 영어 설교도 10번 했다. 세미나도 2번이나 인도하는 등 주님의 은혜가 넘치면서 복음을 마음껏 전할 수 있었다.

세 번째 은혜는 그 기간에 저술과 번역을 각각 2권씩 할 수 있었다는 것이다. 위에서 언급한 대로, 안식년을 마치면 한 권의 저술을 학교에 제출해야 한다. 나는 틈틈이 저술을 시작했는데, 하나는 『복음 전도의 성경적 모델』이고, 또 하나는 『눈물로 빚어낸 기쁨』이었다. 앞의 저서는 예수 그리스도가 전도하신 복음을 차례로 묘사한 것인데, 모두 9편이었다. 그 저서의 목적 가운데 하나는 설교자들이 성경을 풀어가면서 복음을 전할 수 있도록 돕는 것이었다.

둘째 책은 룻기였는데, 룻기는 나의 설교 사역에 중요한 매개가 된 책이다. 우선, 보스턴소망교회에서 룻기로 강해 설교를 시작했다. 그 당시 강해 설교에 익숙하지 않은 교인들에게 강해 설교를 시작하면서, 재미있으면서도 간단한 책을 선택했는데 그것이 룻기였다. 물론 교인들도 은혜를 받았지만, 그들보다 훨씬 많은 은혜를 받은 사람은 정작 설교자인 나였다. 그렇지 않았다면, 흑석성결교회의 주일 오후 예배에서 룻기를 강해하며 설교하지 않았을 것이다.

시간이 지나면서『눈물로 빚어낸 기쁨』이라는 제목은 룻기의 주인공이 룻이 아니라, 나오미에 대한 것임을 알게 되었다. 그뿐 아니라, 15년의 세월을 지나면서 룻기를 보는 나의 안목도 달라졌다. 그래서 또 룻기를 저술했는데, 그 제목은『진흙 속에서 피어난 백합화』였다. 이번에는 룻을 주제로 제목을 잡았는데, 특히 '백합화'를 택한 것은 그 꽃이 기독교대한성결교회를 상징하기 때문이다. 룻과 성결교회의 공통점은 어두움에서 피어났다는 사실이다.

안식년의 기간에 번역도 두 권 했는데, 하나는 나의 스승인 시먼즈John T. Seamands 박사의『너희는 나를 누구라 하느냐?』였다. 다른 번역은 나의 한글 저서,『불타는 전도자 존 웨슬리』를 영어로 번역한 것이었다. 나의 저서를 영어로 번역하지 않으면 안 되는 절박감이 있었다. 애즈베리신학교 교수들은 모두 그들의 저서를 학생들에게 읽히면서 가르치는 것을 아는 나도 학생들에게 읽힐 나의 저서가 필요했기 때문이다.

네 번째 은혜는 그 기간에 아이티Haiti란 나라를 방문한 경험이었다. 그 나라는 세상에서 가장 가난한 나라 중 하나인데, OMS선교회가 활발히 선교하는 나라였다. OMS선교회의 주선으로 그 나라에 가서 두 가지 사역을 했는데, 하나는 전국 목회자들을 위한 부흥회 인도였다. 또 하나는 그곳에 있는 신학교에서 부흥회 인도였다. 비록 가난한 나라지만, 목회자와 신학생의 복음적 열정은 대단히 높았다. 그들에게 하나님의 말씀을 전한 것은 하나님의 은혜였다.

아이티행 비행기에서 옆자리에 앉은 분은 마침 베테랑 선교사였다. 그는 대화 중 그의 사위 이야기를 했는데, 그 사위는 신학교에서 로마서라는 과목을 택했다는 것이다. 그런데 교수가 로마서를 50번 읽혔다는 것이다. 그렇게 읽고 나니 로마서를 거의 외우게 되었다며 자랑하는 것이었다. 그 교수가 옆자리에 앉은 나라는 사실을 알고 그도 놀랐고 나도 놀랐다. 그 선교사는 돌아오는 비행기도 같이 탔는데, 나에게 아이티를 상징하는 마체테machete를 선물했다.

마체테는 일종의 큰 칼인데, 그것으로 풀도 베고 나무도 자르는 도구였다. 그런데 마체테밖에 없는 아이티 노예들이 반란을 일으켜서 그들을 억압하던 프랑스 사람들을 대적한 적이 있었다. 그 당시 프랑스의 식민지였던 아이티가 마체테만으로 프랑스 군대를 물리쳤으며, 그때부터 마체테는 그 나라의 상징이 되었고, 그것을 사용한 무술도 개발되어 세계에 소개되기도 했다. 그 선교사는 그처럼 의미깊은 마세테를 내게 선물했고, 나는 그것을 애즈베리신학교의 전도 선교학교에 기증했다.

다섯 번째 하나님이 부어주신 은혜는 소그룹 교제였다. 그 당시 애즈베리신학교에 재학 중인 한국 학생은 대략 30명이었는데, 그 중 학생 몇 명이 나를 찾아왔다. 그들이 찾아온 이유는 그들이 나한

테 훈련받고 싶다는 것이다. 물론 나는 주저하지 않고 거절했는데, 심신이 지칠 대로 지친 상태였기 때문이다. 내가 원하는 것은 한 가지뿐이었는데, 1년을 쉬겠다는 것이었다. 그렇지만 그들은 포기하지 않고 줄기차게 찾아왔고, 또 반복적으로 전화했다.

그들의 집요한 요구는 마침내 나를 감동시켰다. 그들은 세계에서 최고의 웨슬리언 계통의 신학교를 다니면서도 훈련을 받겠다는 참으로 기특한 학생들이었다. 그들은 곧 모든 한국 학생에게 소식을 전하면서 누구든지 원하면 신청하라고 했다. 대략 30명의 학생 가운데 18명 정도가 신청했으며, 그들을 두 그룹으로 나누었다. 한 그룹은 주일 저녁 7시부터 12시까지, 다른 그룹은 토요일 오전 8시부터 12까지, 각각 모였다.

나는 그들에게 하나님의 말씀을 가르쳤지만, 그 못지않게 중요한 것은 친밀한 교제였다. 그들은 돌아가면서 우리 부부를 초청하여 대접하면서 삶을 나누었다. 그들로 인하여 나의 심신은 회복되기 시작했다. 어떤 때는 한국 드라마도 함께 보고, 어떤 때는 함께 테니스를 치는 등 사랑을 나누었다. 그들은 어떤 정치적인 야심도 없이 순수하게 하나님의 말씀을 배우면서 하나님 나라의 확장에 이바지하겠다는 사명으로 가득했다.

여름방학이 되자 그들은 하나님의 말씀을 집중적으로 배우고 싶다고 했다. 그래서 우리는 논의하고 기도하면서 수련회를 준비했다. 마침 그 학생들 가운데 하나가 목회를 시작했는데, 그의 초청으로 우리 일행은 그 교회에서 수련회를 하게 되었다. 아침에는 학생들이 돌아가면서 그 교회의 새벽기도회를 인도했고, 저녁에는 내가 부흥회를 인도했다. 그 외의 시간에는 함께 머리를 맞대고 꿀보다 더 단 하나님의 말씀을 공부했다.

이미 "소그룹"이란 장에서 언급한 것처럼, 그 학생들은 1년 후에 우리 부부가 귀국하면 그처럼 달콤한 교제가 끝날 것을 너무나 아쉬워했다. 그래서 고안해낸 것이 바로 애즈베리커넥션이었다. 그들이 모든 학업을 마치고 어느 곳으로 가서 목회하든지 일 년에 한 번씩 모여서 함께 일주일을 보내기로 한 것이다. 우리는 매년 다른 곳에서 모였는데, 미네소타, 일리노이, 오하이오, 뉴저지, 플로리다, 노스캐롤라이나, 켄터키 등에서였다.

33장

비전 투어

　제이비 크라우스 선교사는 한국과 성결교회를 위해 인생을 바친 귀한 분이었다. 그는 25세라는 약관의 나이에 전쟁으로 황폐된 한국에 와서 34년이란 긴 세월 동안 자신을 불태웠다. 그 후 OMS 선교회 총재로 12년 동안 사역과 재정에 큰 업적을 남기고 은퇴했는데, 그때 그의 나이가 71세였다. 그 후에도 그는 노구를 이끌고 자주 한국을 찾았는데, 그가 한국을 매우 깊이 사랑한다는 증거이기도 했다.

　성결교회에 대한 그의 헌신과 사랑도 끊이지 않았다. 그는 목회자들을 돕고 싶은 간절한 마음을 거듭거듭 표현했는데, 그 가운데 하나가 비전 투어Vision Tour였다. 성결교회 목회자들을 미국에 초청하여 성장하는 교회를 소개하고 싶어서 만든 프로그램이 비전 투어였다. 나는 그 투어에 참석하기를 원하는 목사들을 선정하는 일을 책임지고, 그는 미국의 교회들을 접촉하는 일을 맡았다. 그분은 영어 프로그램을 만들고, 나는 국어 프로그램을 만들었다.

비전 투어를 두 번 했는데, 1차는 2006년 4월 24∼5월 6일에, 2차는 2008년 4월 14∼29일에 각각 했다. 1차는 성결신문에 두 번의 광고를 통해 지원자를 모집했으나, 2차는 크라우스 선교사의 제안으로 내가 직접 접촉해서 초청했다. 1차에는 23명이 지원해서 나까지 24명이 같이 다녔고, 2차에는 우리 부부를 포함해서 25명 이었다. 1차에는 플로리다 남단에 있는 코럴릿지장로교회Coral Ridge Presbyterian Church에서 투어를 시작했다.

그 교회는 "전도폭발" 프로그램을 시작했을 뿐 아니라, 그것으로 교회를 17명에서 10,000여 명으로 성장시킨 케네디James Kennedy 목 사가 시무하는 곳이었다. 그 교회의 다양한 사역-국제전도폭발, 라디오와 텔레비전 방송, 녹스신학교Knox Theological Seminary-에 대한 소 개를 받았다. 그러나 그 교회는 다른 교회들로부터 너무 멀리 떨어 져 있어서 우리 일행이 이동하기가 불편했다. 그래서 2차 투어에서 는 그곳을 포함하지 않았다.

1차 투어에는 들어있었으나 2차에는 포함하지 않은 교회가 하나 더 있는데, 그곳은 알저연합감리교회Alger UM Church였다. 그 교회의 특 징은 선교였다. 비록 교회가 크지는 않아서 교인은 80명 정도밖에 되지 않지만, 그 교회의 예산 가운데 상당한 비중을 선교지로 보내 는 놀라운 교회였다. 그 교인들은 그런 선교의 열정을 우리 일행에 게도 보여주었는데, 정성껏 점심을 준비해주었고, 그리고 교회의 선교사역을 목사와 교인들이 간증 형식으로 들려주었다.

그런가 하면 1차에 들어있지 않은 교회들을 2차에 포함했는데, 다음과 같다: 퍼미터장로교회Permeter Presbyterian Church, 라이프포인트교회Life Point Church, 하베스트성경교회Harvest Bible Chapel, 새들백교회Saddleback Church 및 크리스털교회The Crystal Cathedral. 그러니까 1차에는 플로리다에서 시작해서 시카고에서 끝났는데, 2차에는 애틀랜타에서 시작해서 로스앤젤레스L.A.에서 끝났다.

우리 일행이 애틀랜타에 도착하자 예은성결교회의 박승로 목사가 우리를 따듯하게 영접하면서 저녁을 대접했다. 그다음 날 퍼미터장로교회를 방문했는데, 담임목사가 친히 교회를 안내하고 교회 성장의 비결을 알려주었다. 그 교회는 출석 교인이 5,000명이나 되는데, 2,000대의 차를 수용할 수 있는 주차장이 있고, 중고등학교, 세 개의 야구장, 연못 등을 자랑하는 교회였다. 그 교회의 중심 사역은 평신도 훈련과 사역이었다.

그다음 날 앨라배마주에 있는 프레이저기념감리교회Frazer Memorial UM Church를 방문했는데, 담임목사인 매디슨John Mathison 목사는 350명의 교인을 9,000명으로 성장시킨 유명한 분이다. 그 교회의 특징은 교인들 중 거의 90%가 교회를 위하여 적어도 한 가지 사역에 참여하고 있다는 사실이다. 이런 평신도 사역을 통해서 하나님의 말씀이 삶의 현장에서 적용되었다. 성도들이 교회의 성장에 일익을 담당하게 하므로 그들도 보람과 긍지를 가지고 있었다.

그 교회에서 우리에게 저녁 식사는 물론 그 지역을 떠나기 전에 점심 식사까지 대접하는 사랑을 보였다. 그뿐만 아니라 그 교회의 주선으로 우리 일행은 대한민국의 위상을 높이고 있는 현대자동차 공장을 둘러보면서 대단한 긍지를 가졌다. 그런 긍지를 가지고 우리는 다시 버스로 버밍햄으로 이동했다. 그 버스는 크라우스 선교사의 주선으로 어느 교회에서 빌려주었는데, 그 교회는 그린우드커

뮤니티교회^{Community Church of Greenwood}였다.

버밍햄에 있는 교회는 브라이어우드장로교회^{Briarwood Presbyterian Church}인데, 30명의 교인으로 개척한 교회가 그 당시에는 4,000여 명에 이르렀다. 그 교회는 2,000명이나 되는 초중고등학교를 운영하면서 지역사회의 복음화에 앞장서고 있다. 그 교회도 평신도 훈련과 전도를 강조하는 교회였다. 그 교회의 개척자인 프랭크 바커^{Frank M. Barker} 목사는 우리『세계복음화문제연구소』의 초청으로 한국의 목회자들을 위해 교회성장 세미나를 두 번 인도했다.

그다음 날, 우리는 복음적 웨슬리 신학의 산실인 켄터키주에 있는 저 유명한 애즈베리대학교와 애즈베리신학교를 찾았다. 영적 부흥을 몇 차례 경험한 대학교의 소개는 우리를 감동하고도 남았다. 그다음 신학교를 둘러보고 총장이 주최하는 만찬에 참석하였다. 그곳에 머무는 동안 사우스랜드크리스천교회^{Southland Christian Church}를 방문했는데, 그 교회의 특징은 29세의 젊은 목사가 부임하여 몇 년 만에 4,000명에서 10,000명으로 급성장시켰다는 사실이다.

우리는 루이빌로 이동하여 사우스이스턴크리스천교회^{Southeastern Christian Church}에서 예배를 드렸는데, 20,000명의 교인을 가진 대형교회였다. 그 교회에 발을 들여놓으면 운동장만큼 넓은 홀이 나오는데, 새신자를 영접할 뿐 아니라 교인들이 자유롭게 교제하는 곳이었다. 그날 오후에는 그 교회의 교인인 크라우스 선교사의 사촌이 집으로 초대하여 점심 식사를 대접하면서 정겨운 교제를 나누었다. 그는 그 교회의 부활절 뮤지컬의 주인공이기도 했다.

우리는 OMS선교회 국제본부로 이동하여 이틀을 지내면서 극진한 대접을 받았다. OMS선교회는 미국에서 다섯 번째로 큰 선교단

체인데, 한국에서 1907년에 선교를 시작하였다. 그 결과 태어난 교회가 성결교회인데, 한국의 삼대 교단으로 성장했다. 실제로 OMS선교회가 선교사를 파송한 42개 국가에서 한국의 성결교회가 가장 괄목할만한 성장을 보였는데, 3,000여의 개교회와 4,000여 명의 학생을 가진 서울신학대학교가 대표적인 결실이다.

우리 일행은 OMS선교회의 역사와 선교에 대한 브리핑도 받고, 또 화요일 채플에서는 우리 목사들이 설교와 간증을 하는 등 우의를 돈독하게 하였다. 그곳에 머무는 동안 우리는 두 교회를 방문했는데, 하나는 그린우드커뮤니티교회이고, 하나는 라이프포인트교회였다. 앞의 교회는 OMS선교회 선교사였던 분이 40년 전에 개척하여 소그룹과 제자훈련을 강조하는 목회를 했다. 비록 그 교회는 성도가 1,700명이지만, 외형적 대형교회가 되는 것을 의도적으로 거부했다.

훈련받은 사람들이 그 교회에 머무르지 않고 다른 곳에서 교회를 분립 개척했기 때문이다. 그렇게 이루어진 자매 교회가 자그마치 35개나 되는데, 그 교인들을 모두 합치면 20,000명이 넘는다. 그렇게 개척된 자매 교회 중 하나가 라이프포인트교회였다. 그 교회의 담임목사는 모교회에서 제자훈련을 받은 후, 개척하여 교인들을 훈련하기 시작했다. 그 결과 그 교회도 차곡차곡 성장하여 얼마 지나지 않아서 번듯한 교회를 건축하였다.

그 후, 스탠리 탬Dr. Stanley Tam의 미국플라스틱회사US Plastic Corp를 방문했다. 맨손으로 시작한 그 회사를 통해 그는 지금까지 $1억 이상을 주님의 나라를 위해 바쳤고, 개인 전도를 통해 백만 명 이상을 그리스도 앞으로 인도한 전도의 왕이다. 한때는 몇 년 동안 하루평

균 4.5명을 그리스도 앞으로 인도하기도 했다. 그의 후원으로 유지되는 십자군전도대Every Creature Crusade를 통해 세계적으로 16만 명이 예수를 믿었고 1,300 지역에 교회가 탄생했다.

그곳에서 사랑의 대접을 받은 후, 우리는 시카고에 있는 윌로우크릭교회Willow Creek Church와 하베스트성경교회를 방문했다. 후자는 18년 만에 18명이 14,000명의 대형교회로 성장했는데, 그 비결은 하나님의 말씀과 기도였다. 그뿐 아니라, 그 교회는 27개의 교회를 개척했고, 700명의 학생을 거느린 초중고등학교를 운영하고 있다. 성도들의 자녀를 성경적으로 양육하기 위함이었다.

우리는 비행기로 LA로 가서 새들백교회와 크리스털교회를 방문하여 그들의 비전과 성장 비결에 대한 설명을 들었다. 그곳에 있는 동안 OMS선교회의 창시자인 찰스 카우만Charles Cowmans 부부와 2대 총재인 어네스트 킬본Earnest Kilbourne이 잠들어있는 묘지를 방문하였다. 그들이 밀알처럼 헌신한 결과 세계 여러 나라에서 그처럼 많은 성도와 교회와 신학교가 탄생할 줄 누가 알았겠는가? 우리는 옷깃을 여미며 우리도 그들처럼 밀알이 되겠다고 다시 다짐했다.

비전 투어에 참석한 분들은 작은 교회와 중견 교회 및 대형 교회의 목사들이었다. 그중 두 번 다 참석한 정재우 목사는 성결교단 잡지『활천』에 비전 투어 탐방에 대해 5회에 걸쳐 게재했다. 재정적으로는 1인당 3백만 원씩 회비를 냈으나, 턱없이 부족했다. 우리가 탐방한 여러 교회와 사역자들의 섬김을 통해 시시때때로 식사 제공을 하지 않았더라면 불가능했을 것이다. 그뿐 아니라, 마지막에는 일행이 자진 갹출하여 인솔과 통역을 책임진 나에게 약간의 사례를 하기도 했다.

우리가 탐방한 교회들은 교회성장의 대명사라 할 수 있다. 그런데 그들에게 다음과 같은 공통점이 있었는데, 1) 성경 중심 2) 지상명령에 절대 순종 3) 소그룹의 활성화 4) 평신도 훈련과 사역자화 5) 희생적 헌금 6) 체육관의 확보 7) 자녀 교육. 특히 그 교회들은 다음 세대의 교육에 엄청난 투자를 하고 있었다. 자녀들이 끌릴 수밖에 없는 시설과 프로그램은 그 교회들의 비전이자 동시에 장래를 위한 탁월한 투자였다.

34장
석좌교수

　서울신학대학교에서 재직하는 동안 나는 학생들을 가르치는 것만으로는 만족하지 않았다. 만족했다면 구설수에 오르락내리락하면서 목회하지 않았을 것이다. 목회하면서 성도들과 정겨운 사랑을 나누면서 때로는 같이 웃고, 때로는 같이 울었다. 그뿐 아니라 여기저기에서 특강과 세미나와 부흥회를 인도해달라는 요청을 받았다. 그러니까 잠시라도 쉴 틈이 없을 정도로 하루하루를 보냈다.

　그런데 한 가지 일이 더 생겼다. 기독교대한성결교회 지도자들과 OMS선교회 지도자들 사이에 미묘한 갈등이 생겼는데, 해결의 기미가 보이지 않았다. 두 기관으로부터 은혜를 받은 나는 가만히 있을 수 없어서 중간자liaison officer 역할을 자청했다. 그때부터 미국에 정기적으로 가서 두 기관의 대표를 위해 통역도 하고, 중재도 했다. 차츰차츰 두 기관의 대표들은 서로를 이해하고, 용납하여 두 기관은 다시 정상적으로 돌아왔다.

서울신학대학교에서 가르치고 동시에 산돌교회에서 목회하는 동안, 그리고 여러 가지 사역에 관계되는 동안, 세월이 훌쩍 지나갔다. 한국에서 대학교수는 65세가 되면 은퇴해야 하는데, 어느덧 나도 그 나이가 된 것이다. 나는 서울신학대학교에 1990년 3월에 부임했는데, 2006년 봄학기를 마치면서 은퇴하였다. 그러니까 나는 그 학교에서 16년 반을 가르친 것이다. 그렇게 은퇴하면서 애석한 일과 환희의 일이 동시에 일어났다.

애석한 일은 직원들의 실수로 내가 학교에 부임했을 때, 사학연금공단에 나의 교수 임명을 등록하지 못한 것이다. 교수가 부임하면 3년 안에 등록해야 은퇴할 때 연금을 받을 수 있는데 말이다. 물론 20년을 가르쳐야 연금을 받을 수 있다. 그러나 내가 학교에 부임했을 때, 군대와 교편의 경력, 전도사와 목사 및 선교사의 경력 등이 인정되어, 모두 22년으로 계산되었다. 당연히 연금을 받을 수 있는데도, 학교 당국이 제때 등록하지 못해서 자격을 잃었다.

사람들이 학교를 고소하라고 하면서 당연히 내가 승소한다는 것이다. 세 가지 이유로 나는 고소하지 않았다. 첫째, 어느 선배 교수가 학교를 고소하여 승소했으나, 그의 삶이 비극적으로 끝나는 것을 보았기 때문이다. 하나님이 세우신 학교로부터 막대한 금액을 받고 싶지 않았다. 둘째, 하나님의 종인 나를 하나님 아버지가 끝까지 돌보실 것을 확신했기 때문이다. '공중의 새'와 '들의 백합화'를 돌보시는 그분이 당신의 종을 돌보지 않으실 이유가 없기 때문이다.

셋째, 너무나 분명한 하나님의 말씀을 위배하고 싶지 않았기 때문이다. "그런즉 너희가 세상 사건이 있을 때에, 교회에서 경히 여김을 받는 자들을 세우느냐?…너희가 피차 고발함으로 너희 가운데 이미 뚜렷한 허물이 있나니, 차라리 불의를 당하는 것이 낫지 아니하며, 차라리 속는 것이 낫지 아니하냐?" (고전 6:4, 7). 지금까지 하나님의 말씀에 나의 생애를 맡기면서 살아왔는데, 이제 그런 삶을 허물어뜨리고 싶지 않았다.

환희의 일은 제자들이 "홍성철 교수 정년기념사업회"를 만든 것이었다. 기념사업회의 위원장은 우창준 목사였는데, 그는 나의 지도로 "한국인의 의식구조와 복음전도"라는 탁월한 논문으로 신학박사(Th.D.) 학위를 취득하고, 서울신학대학교에서 강의하고 있었다. 그뿐 아니라, 그는 연희제일교회의 담임목사였다. 그는 기념사업회 회원들과 함께 나의 정년을 기념하기 위하여 여러 가지 사업을 펼쳤다.

첫째 사업은 CD 제작이었다. 나의 전도설교와 부흥회 설교 및 강해 설교는 물론 강의를 수집하여 CD로 제작하여 배포했다. 둘째 사업은 목사들을 위해 "전도설교 세미나"에서 3시간 강의하는 것이었다. 셋째는 기념 음악회였는데, 음악회에 참석하는 모든 사람에게 저녁을 대접한 후, 1시간 30분 동안 열린음악회를 열었다. 많은 음악인이 자원해서 프로그램을 맡았다. 넷째 사업은 3권의 책을 출판하는 것이었다.

첫 번째 책은 『전도학』으로 전도 교재용으로 출판했는데, 제3부로 구성되었다. 제1부는 "전도 신학"이며, 제2부는 "전도 전략"이며, 제3부는 "전도 방법"인데, 총 15장으로 된 433쪽이나 되는 교재였다. 그 가운데 내가 7장을 썼고, 나머지 8장은 세계적인 석학들의 글이었다. 이 책은 많은 신학교에서 교재로 사용되는 귀한 자원이 되었다. 기념사업회의 위원장이 전도를 전공한 목사이기에 이처럼 훌륭한 책을 세상에 내놓을 수 있었다.

두 번째 책은『홍성철 교수 정년기념 논문집』인데 536쪽에 달하는 방대한 논문집이다. 이 책은 제1부와 제2부로 나뉘는데, 1부는 나의 글이고 2부는 주로 국내의 저명한 학자들의 글로 이루어졌다. 세 번째 책은『그 이름을 믿는 자들에게는』이라는 제목으로 만들어진 회고록이다. 그 제목은 나에게 구원의 확신을 안겨준 요한복음 1장 12절의 일부이다. 나를 잘 알지 못하면 그런 제목으로 책을 내지 못했을 것이다.

이 책도 크게 2부로 엮어졌는데, 제1부는 나의 제자들이 나의 저서들을 평가한 서평으로 이루어졌다. 제2부는 나의 딸들과 친구들과 스승들이 "내가 만난 홍성철"이란 주제로 나를 평가한 내용으로 이루어졌다. 그 가운데는 나에게서 훈련받은 사람들, 나를 훈련하여 준 지도자들, 나의 동역자들 등이 포함되어 있었다. 나의 스승들인 로버트 콜먼, 보스턴대학교의 지도교수 대너 로버트, 애즈베리 신학교의 로렌스 우드Lawrence Wood의 글도 있었다.

나를 택해서 평생 함께 동역한 제이비 크라우스와 구세군 대장으로 세계의 총재를 역임했고 또 애즈베리대학교의 총장인 폴 레이더 등의 주옥같은 글도 포함되었다. 특히 그 당시 OMS 총재인 크라우스 박사 부부와 부총재인 데이비드 딕David Dick은 나의 정년 기념회에 참석하기 위해 미국에서 불원천리를 달려온 고마운 분들이었다. 서울신학대학교 역사상 이처럼 다채로운 정년 기념회를 가진 교수는 없었다.

제자들에게 고마운 마음의 표현으로 여기에 부위원장과 총무를 소개하고자 한다. 부위원장에는 다음과 같은 기라성 같은 분들이었다. 문교수 목사(묵동교회), 이준성 목사(역촌교회), 조광성 목사(송현교회), 정인교 목사(서울신학대학교 교수), 곽춘희 권사(인산이사). 총무의 역할을 감당한 분들도 몇 분 있었는데, 선두 지휘자는 실행 총무 조병재 목사(강릉교회)가 맡았다.

그 휘하에 협동 총무 몇 분이 보좌했는데 다음과 같다: 김영호 목사(논산교회), 노영근 목사(대전태평교회), 임원준 목사(오류동교회), 장수만 목사(전민새생명교회), 심관보 집사(LG전자 책임연구원). 정년기념사업회 위원은 여러 목사와 평신도였는데, 한국에서뿐 아니라 미국에서도 여러분이 참여했다. 모든 연락과 재정은 간사들이 맡았는데, 최재성 목사와 김정숙 전도사였다.

이렇게 정년을 기념하기에 앞서 또 다른 사건도 있었다. 내가 마지막 학기를 맞아서 열심히 가르치고 있는데, 애즈베리신학교 총장인 제프리 그린웨이Jeffrey E. Greenway 박사가 학교를 방문했다. 그는 학교 채플에서 설교했는데, 통역은 내가 맡았다. 내가 학교에 재직하는 동안 영어권 강사가 제법 많이 왔는데, 그들의 설교와 강의는 거의 내가 맡아서 통역했다. 그린웨이 총장이 설교를 끝내고 우리는 중요한 대화를 나누었다.

그는 내가 그 학기를 끝으로 은퇴한다는 사실을 알고, 은퇴하면 애즈베리신학교의 교수로 오라고 정중히 초청했다. 나는 이미 2001년에 그 학교에서 방문 교수로 가르친 적이 있었기에 그 초청은 상당히 매력적이었다. 그런데 미국에 있는 다른 신학교에서도 나를 교수로 오라는 초청이 왔는데, 그 학교는 고든콘웰신학교였다. 그 학교의 세 분교 가운데 하나인 노스캐롤라이나주 샬럿Charlotte

에 있는 신학교의 학장이 초청한 것이었다.

　나는 그 학장을 개인적으로 알지 못하는데도 초청한 것은 틀림없이 로버트 콜먼 박사의 추천 때문이었을 것이다. 콜먼 박사는 시카고에 있는 트리니티신학교Trinity Theological Seminary에서 선교대학의 학장으로 봉직하면서 가르치다가 은퇴했다. 그의 명성으로 많은 학생이 그 학교에 몰려든 것은 너무나 잘 알려진 사실이었다. 거기에서 은퇴한 후, 그는 고든콘웰신학교의 초청을 받아서 가르치면서 역시 강력한 영향력을 끼치고 있었다.

　인간적으로는 당장 미국으로 가고 싶었다. 그러나 나를 붙잡는 것이 있었는데, 산돌교회 성도들이었다. 그들은 나만을 바라보면서 지금까지 온갖 어려움을 마다하지 않았다. 그뿐 아니라, 좋은 교회 건물을 매입하기 위하여 엄청난 희생을 감수했다. 나는 과연 양들을 위해 목숨을 걸 수 있는 선한 목자인가, 아니면 나의 영달을 위해 그들을 버릴 것인가? 그렇다면 나는 삯꾼 목자가 아닌가? 지금까지 하나님의 말씀대로 산다고 하면서 말이다!

　나를 미국으로 가지 못하게 한 사건이 또 있었다. 이미 앞에서 언급한 바 있지만, 우리 성결교단의 총회장 강선영 목사와 OMS선교회 총재인 제이비 크라우스 목사는 나를 미국으로 보낼 수 없다고 합의하고, 나를 서울신학대학교의 석좌교수로 초청할 것을 결정했다. 그것을 가능하도록 OMS선교회가 $100만을 학교에 기증했고, 총회 본부의 총회장과 임원회는 결의했다. 그렇게 해서 나는 제이비와 베티 크라우스 전도학 석좌교수JB & Bette Crouse Chair of Evangelism가 되었다.

　물론 하나님이 사람들을 통하여 역사하셨지만, 이것은 기적 중의 기적이었다. 지금까지 100여 년의 역사에서 서울신학대학교가 석좌교수를 둔 적이 없었다. 그뿐 아니라, 100여 년의 역사에서 OMS선교회가 세계 어느 신학교에서도 석좌교수를 임명하기 위해 거금을 희사한 적도 없었다. 그러니까 나는 서울신학대학교의 제1호 석좌교수가 되었는데, 내가 학교를 떠난 이후에도 더는 석좌교수로 임명된 교수가 없었다.

35장

애즈베리신학교 교수

서울신학대학교의 석좌교수가 되었기에 나는 계속해서 강의할 수 있었다. 그러나 모든 교수가 내가 석좌교수로 임명된 사실을 기뻐하는 것은 아니었다. 그 당시 총장은 목창균 교수였는데, 그는 앞에서 언급한 것처럼, 강근환 교수 등과 함께 학교에 쿠데타를 일으킨 서명 교수 중 한 사람이었다. 서명 교수들이 학교의 중요한 보직을 맡은 것은 두말할 필요가 없다. 그들이 나의 봉급을 결정하는 일에 깊이 개입했다.

다른 대학교에도 석좌교수들이 있었는데, 그들은 대부분 학문적 업적 때문에 청빙 받은 학자들이다. 그들의 봉급은 2백만 원 정도인데, 은퇴한 그들에게는 특별 대우였다. 나의 봉급을 결정한 보직 교수는 그들처럼 나의 봉급을 2백만 원으로 책정했는데, 경우가 전혀 달랐다. OMS선교회가 백만 달러를 석좌교수 기금으로 학교에 기증한 목적 중 하나는 그 기금의 이자만으로도 나의 생활비가 충분하다고 계산했기 때문이다.

　보직 교수들의 결정은 그것만이 아니었다. 그들은 그 봉급에서 나의 연구실 사용료를 제했다. 도대체 이 지구상에 있는 학교에서 석좌교수의 연구실 사용료를 받는 곳이 어디에 있단 말인가? 그뿐 아니었다! 그 봉급에서 건강보험료와 조교 급여도 제했다. 석좌교수를 이렇게 홀대하는 학교는 결단코 없다. 석좌교수는 둘 중 하나 때문에 청빙을 받는데, 하나는 학문적인 업적이고 또 하나는 외부에서 들어오는 기금 때문이다.

　그것만이 아니었다! 서울신학대학교는『신학과 선교』라는 학술지를 1년에 한 번씩 발행하는데, 나는 한 번도 예외 없이 기고했었다. 그런데 최초의 석좌교수가 그 학술지에 기고할 수 없다는 것이다. 나는 총장을 세 번이나 면담해서 기고할 수 있게 해달라고 요청했으나, 거절당했다. 내가 복음을 진작시키는 교수이기에 나의 글은 거의 예외 없이 복음을 전하는 내용이었는데, 그런 것을 마땅치 않게 여기던 총장과 보직 교수들의 횡포였다.

　또 있다! 학교 도서관에는 나의 저서와 번역서가 제법 많았다. 그뿐 아니라, 나의 설교 테이프도 적잖았다. 많은 사람들이 도서관에 비치된 나의 설교를 들었다. 도서관은 사람들이 접속한 숫자와 교수를 매달 발표하는데, 대부분 내가 제일 많았다. 그런데 놀랍게도 도서관에 비치된 나의 모든 설교 자료와 저서를 없애버렸다. 은퇴할 때 출간한 책 몇 권만 남긴 채 말이다. 이런 짓거리가 신학교에서 어떻게 일어날 수 있는지 모르겠다.

　학교마다 역사적인 유산을 귀하게 보관하면서 학교의 전통을 이어가려고 노력한다. 그런데 서울신학대학교는 귀한 유산을 폐기해

버린 것이다. 그것도 총장과 몇 명의 보직 교수들의 결정으로 말이다. 이런 행태가 진보적인 신학이 추구하는 것인가? 진보적인 신학자들은 그들의 목적을 위해서는 수단과 방법을 가리지 않는가? 그들에게는 윤리의식과 역사의식이 조금이라도 있는가? 석좌교수인 나의 실망감은 말할 수 없이 컸다.

그런 와중에서도 나에게 큰 위로와 격려를 아낌없이 주는 사람들이 있었는데, 그들은 산돌교회의 교인들이었다. 우리는 성령의 띠로 하나가 된 지체들이요, 형제자매들이었다. 그들이 얼마나 나를 사랑하고 따랐는지 모른다. 그들이 새로운 건물에서 예배를 시작하면서 보여준 교회에 대한 사랑과 헌신은 말과 글로는 다 표현할 수 없었다. 자연스럽게 교회는 차곡차곡 성장하기 시작했다.

새롭게 산돌 교회에서 6개월쯤 지났을 때, 새로 등록한 신자가 50명이나 되었다. 그러나 나의 마음을 아프게 한 것도 있었는데, 그 기간 중 교회에 오긴 했으나 한 번만 오고 그만둔 사람도 50여 명이나 되었다. 그 이유를 알아보았더니 내 설교가 너무 재미없고 어렵다는 것이다. 나는 어떻게 이런 점을 타개해야 할지 알 수 없었다. 그래서 어느 날 새벽기도를 마친 후, 나의 오랜 친구이며 동역자인 서울 구로구 오류동교회의 임원준 목사와 아침 식사를 하면서 타개책에 대해 문의했다.

그는 정색하면서 산돌교회가 반드시 부흥된다고 말하면서, 그의 말대로만 하라는 것이었다. 첫째, 학교의 석좌교수를 포기하라. 둘째, 부흥회에 다니지 말라. 셋째, 통역을 하지 말라. 넷째, 미국엘 너무 자주 가는데, 가지 말라. 다섯째, 글을 많이 쓰는데, 그것도 그만두어라. 여섯째, 테니스를 좋아하는데, 버려라. 그는 계속해서 말했다. 다른 목사들은 모든 것을 걸고 목회하는데, 내게는 목회가 7분의 1이라는 지적이었다.

내가 받은 충격은 컸다. 그리고 갈등하면서 기도하면서 나를 믿고 따르는 성도들이 가엽게 여겨졌다. 목회에 전념하는 목사를 만났다면 더 사랑을 받으며 신앙생활을 할 수 있는데, 나 같은 엉터리 목사를 만나서 사랑도 제대로 받지 못하고…. 그때가 3월이었는데, 기도하면서 7월까지 교회에 사표를 내기로 마음에 작정했다. 후임을 구하려면 몇 개월은 족히 지나야 할 것 같아서 그렇게 결정했다.

어느 날, 애즈베리신학교의 은사이자 전도 선교학교의 학장인 헌터George Hunter 박사가 나를 만나자고 했다. 그분과 식사도 하면서 장시간 대화를 나누었다. 그 교수는 나에게 놀라운 제안을 했는데, 애즈베리신학교의 교수로 오라는 것이었다. 어느 전도학 교수가 은퇴했는데, 마땅한 후임을 구하지 못했다고 하면서 내가 적임자라는 것이다. 나는 그렇게 할 수 없다고 분명히 거절했는데, 그 이유는 현재 내가 서울신학대학교의 석좌교수이기 때문이었다.

애즈베리신학교는 100년이 훨씬 넘는 역사적인 학교이며, 이 지구상의 모든 웨슬리언 신학교의 모델이다. 그 학교의 교수가 된다는 것은 하늘의 별을 따는 것과 같다. 유능한 지원자가 너무나 많기 때문이다. 한 예를 들어보자. 내가 그 학교의 교수로 간 후, 다른 전도학 교수가 은퇴했다. 교수를 보충하기 위하여 청빙위원회를 구성했는데, 나도 그 위원회의 일원이 되었다. 지원자가 33명이나 됐는데, 세계적으로 알려진 사람들이 대부분이었다.

그들의 이력도 찬란했고 학문적인 업적도 대단했다. 서류 검사와 화면 인터뷰를 통해 마지막 2명을 뽑았다. 그들을 학교로 초청하여 강의도 하게 했고 면접도 했다. 결론적으로 그 33명 중 마땅한 사람이 하나도 없어서 뽑지 못했다. 그런데 헌터 교수는 나를 초청하고 있었다. 나는 이렇게 대답했다. 현재의 석좌교수는 지원할 수 없다. 만일 지원하면 나는 도덕적으로 결함이 있는 교수가 된다.

헌터 교수는 애즈베리신학교 총장의 허락을 받아서 지원의 절차를 밟지 않고 나를 스카우트하겠다는 편지를 보냈다. 나는 조건을 물어보았는데, 애즈베리신학교에서 최고의 대우를 제시했다. 놀랍게도 임용 날짜는 7월 1일이었다. 하나님은 나의 중심에서 우러나오는 기도를 그렇게 응답하셨다. 내가 산돌교회를 떠나야 교인들이 좋은 목사를 만나서 사랑을 받으면서 신앙생활을 할 수 있을 것이니 말이다.

서울신학대학교의 교수들 가운데는 내가 석좌교수가 된 것을 환영하기는커녕 껄끄럽게 여기는 진보적인 사람들이 있었다. 결국, 나는 사표를 냈고, 그리고 나를 특채하면서 환영해주는 애즈베리신학교의 전도학 교수로 부임했다. 그 학교에서 지원의 과정을 밟지 않는 이유는 나를 너무나 잘 알고 있기 때문이었다. 1976년~78년에 내가 공부하는 동안 소그룹을 지도하면서 제자훈련의 전문가로 알려진 것이 첫 번째 이유였다.

두 번째 이유는 나의 선교사 경력 때문이었다. 비록 선교사로 활동한 기간이 길지 않았지만, 전도 선교학교는 선교의 경험이 있는 교수를 선호했기 때문이었다. 세 번째 이유는 내가 로버트 콜먼 박사의 제자였다는 사실 때문이었다. 그는 미국은 물론 세계에서 너무나 유명한 전도학 교수였다. 그는 트리니티신학교의 선교대학 학장이면서 동시에 빌리그레이엄전도학교의 책임을 맡은 거물이었다. 그의 제자라면 전도학에 관한 한 믿을 수 있다는 것이다.

네 번째 이유는 2001년 방문 교수로 가르칠 때, 학생들의 반응이 나쁘지 않았기 때문이었다. 그 한 해에 하나님의 은혜로 세 과목을 가르쳤는데, 큰 실수 없이 가르쳤다. 그뿐 아니라, 한국 학생들에게 미친 영향력 때문이었다. 그들을 위해 시간을 내서 소그룹으로 희생하고 가르치며 교제했는데, 그것이 미친 영향은 생각보다 컸다. 어느 학생은 채플에서 간증하면서 애즈베리신학교에 들어온 이후 가장 영향을 많이 준 교수가 나였다고 공언했다.

애즈베리신학교의 영적 분위기에 나는 깊이 빠졌다. 먼저, 교수들을 보면 그들에게 세 가지 공통점이 있었다. 첫째 공통점은 모든 교수가 철저한 복음주의자들이었다. 둘째 공통점은 모든 교수가 웨슬리언 학자였다. 그들의 전공이 무엇이든 그들은 똑같이 존 웨슬리의 가르침을 지키고 따랐다. 셋째 공통점은 모두 성결을 경험한 교수들이었다. 이런 것들이 가능한 것은 교수를 채용할 때 철저하게 검증하기 때문이다.

나는 그런 분위기를 누리면서 열심히 가르쳤고, 목요일 저녁마다 한국 학생들과 소그룹에서 교제했다. 집회 요청이 얼마나 많았는지 모른다. 거의 주말마다 여러 교회에서 설교했고, 그리고 많은 교회에서 부흥회를 인도했다. 그뿐 아니라, 매년 방학 중에는 중국에 가서 선교했는데, 비행기 표는 학교가 구매해주었다. 선교와 전도를 그만큼 중요하게 여기기 때문이다. 그리고 틈이 나는 대로 저술도 열심히 했다.

그렇게 한 학기를 마쳤는데, 놀랍게도 내가 석좌교수로 임명되었다. 그 학교에는 석좌교수가 13명이었는데, 내가 막내였다. 그 학교의 부총장 연구실 앞에 석좌교수들의 사진을 걸어놓았다. 그 학교를 방문하는 사람마다 그 사진들을 보면서 애즈베리신학교의 위상을 인지하게 했다. 내 사진은 마지막 자리에 걸려있었는데, 그때까지 내가 마지막으로 임명된 석좌교수였기 때문이다. 서로를 아끼며 높여주는 귀한 신학교였다.

36장

한국과 미국을 오가며

내가 애즈베리신학교로 간 이유 중 하나는 나 자신이 스스로 그만둘 때까지 가르칠 수 있다는 사실 때문이었다. 나는 8년을 가르친 후, 은퇴하겠다는 계획으로 그 신학교에 부임했는데, 그때 나이가 67세였으니 75세까지 가르치겠다는 생각이었다. 그러나 하나님의 계획은 달랐다. "사람이 마음으로 자기의 길을 계획할지라도 그의 걸음을 인도하시는 이는 여호와시니라"(잠 16:9). 결론부터 말하면, 나는 그 신학교에서 4년을 가르친 후, 다시 한국으로 돌아왔다.

나에게 맡겨진 임무는 강의 외에도 박사과정에 있는 학생들을 멘토링하는 것이었다. 그러니까 애즈베리신학교 학생들 가운데 최고의 엘리트들을 지도하는 것이었다. 4년의 기간 중 나의 지도를 받아서 박사 학위를 받은 학생이 2명이었는데, 하나는 선교학 박사(D.Miss.)였고 또 하나는 철학 박사(Ph.D.)였다. 그렇게 짧은 기간에 학위를 받는 경우는 흔치 않은데, 하나님의 은혜로 실력과 노력을 겸비한 학생들이 내게 배정되었기 때문이다.

그런데 나에게 영적 갈등을 안겨준 상황이 있었는데, 내 강의를 듣는 미국 학생들이 내가 원하는 만큼 영적으로 변화되지 않는 것이었다. 내가 애즈베리신학교 교수로 부임한 목적은 경제적인 안정과 평탄한 삶이 아니었다. 십자가의 메시지로 학생들을 인도하기 위함이었다. 그들이 지적으로는 뛰어나지만, 십자가의 의미를 깊이 깨닫고 경험하지 못한다면, 하나님의 사람들이 될 수 없기 때문이었다. 주님은 십자가를 전하라고 나를 부르셨다.

나는 갈등하면서 기도하고 또 기도했다. 그러나 학생들은 지적 추구에서 벗어나지 못하는 것 같았다. 나의 사명감이 학생들에게 전달되지 못했다. 나는 새벽 2시에 일어나서 하나님께 울부짖으며 기도했다. 3일 동안 그렇게 했으나, 하나님은 묵묵부답이시었다. 나는 하나님께 이곳에서 나의 사명을 이룰 수 없다면, 사역의 장소를 옮겨달라고 기도했으나 역시 하나님은 멀리만 계시는 것 같았다. 내가 애즈베리신학교에 온 이유를 찾기 시작했다.

그처럼 갈등하면서도 사람들 보기에는 아무 문제도 없는 것처럼 하루하루를 보냈다. 어느 날 한 학생과 테니스를 치고 있었는데, 이상하게도 그 학생이 내게 친 공이 보이지 않을 뿐 아니라 숨이 찼다. 병원에 갔더니 의사는 당장 큰 병원에 입원하라고 하면서 오늘 죽을 수도 있다는 것이다. 그런데 여러 의사가 검사하고 진단했으나 원인을 찾아내지 못한 채 4일 만에 퇴원을 시켰다. 그때부터 나는 정상적으로 생활할 수 없었다.

암이 원인일지도 모른다는 작은 딸의 권유에 따라 검사를 했는데, 대장암 초기로 판명되었다. 수술과 회복의 과정을 통해 믿기지 않는 놀라운 변화가 생겼다. 나는 봄가을로 알레르기로 심하게 고생했는데, 수술 후 알레르기가 사라졌다. 나는 폐가 약해 감기를 달고 살았는데, 수술 후 감기도 사라졌다. 나는 운전을 하면서 늘 졸음과 씨름했는데, 수술 후 운전 중 졸음이 없어졌다. 대장암 수술 후 더 건강해졌는데, 이것이 신유가 아니면 무엇이란 말인가?

내가 신유의 역사를 경험한 적이 있었는데, 예수 그리스도를 구주로 영접했을 때였다. 나는 위가 너무 나빠서 며칠에 한 번씩 약국에 갔었다. 그런데 나의 모든 죄가 예수님의 피로 씻김을 받았을 때, 나의 위도 완전히 나았다. 예수님은 내가 어느 날 전도자가 되어 그분의 구속적 죽음을 전하면서 한국의 방방곡곡은 물론 세계의 많은 곳을 다니게 될 것을 아셨음이 틀림없다. 조금만 먹어도 설사하면서 어떻게 복음을 전할 수 있겠는가?

여름방학이 되어 중국과 한국을 방문했다. 대안학교의 교목인 안성일 목사가 설교 초청을 했는데, 그는 나의 사랑하는 제자였다. 회중은 중고등학교 학생들이었는데, 그들은 대안학교에서 영어로 공부하고 있었다. 예배가 끝나고 저녁을 먹으러 갔는데, 그 학교의 교장과 이사장이 동석했다. 그 학교는 한국에서 가장 큰 대안학교였는데, 유치부, 초등부, 중고등부가 있었다. 교장은 대학교와 신학교도 설립하고 싶다면서 나를 그 책임자로 초청했다.

그 교장은 미국에 있는 신학교와 손을 잡고 대학교를 세우려는데, 그 책임자는 한국의 교육은 물론 미국의 교육도 아는 사람이어야 한다는 것이다. 내가 적임자라는 것이다. 나는 적잖게 놀랐다! 내가 애즈베리신학교를 떠나게 해달라고 기도했는데, 이제 응답이 온 것으로 여겨졌다. 나는 애즈베리신학교에 사표를 제출하고 다시 한국으로 돌아갔는데, 2008년에 시작한 교수직을 2012년에 끝냈다. 나는 대학교를 세운다는 큰 꿈을 가지고 다시 귀국했다.

그때부터 미국의 신학교들과 연락을 취했는데, 대학교를 세운다는 일이 그렇게 만만치 않았다. 미국 신학교와 대학교 협의회의 규정을 맞추어야 하는데, 그 대안학교로서는 시행 불가능한 규정이었다. 결국, 나는 그 학교로 들어간 지 7개월 만에 자의 반 타의 반으로 사표를 내게 되었다. 그때부터 나는 영적 지도자들을 위해 하나님의 말씀을 가르치는 세미나를 전국적으로 인도하는 사역에 몰입하였다. 물론 「세계복음화문제연구소」에서 주최하는 세미나였다.

그 세미나 가운데 하나는 요한계시록 강의였다. 의외로 목사들이 요한계시록에 관심을 많이 가지고 있어서, 몇 번에 걸쳐 여기저기에서 요한계시록으로 세미나를 인도했다. 한 번은 참석자 중 젊은 목사가 셋이 있었는데, 그들은 모두 기독교한국침례회에 속한 대학연합교회의 부목사들이었다. 그들 중 두 명은 서울 강남중앙침례교회가 시작한 둘로스신학원에서 나의 강의를 들은 적이 있었다. 세미나가 끝난 후, 얼마 있다가 그 세 목사가 나를 찾아왔다.

그들은 나를 대학연합교회에서 설교도 하고 하나님의 말씀도 가르쳐달라고 하면서 나를 초청하는 것이었다. 나는 조금도 주저하지 않고 거절했는데, 두 가지 이유 때문이었다. 하나는 어떤 지역 교회에도 매여있기 싫어서였다. 둘은 더 매력적인 곳에서 초청을 받았기 때문이다. 그것은 미국 애틀랜타에 있는 언더우드대학교Underwood University에서 신학부 학장으로 오라는 초청이었다.

그 학교는 이미 나를 불러서 한 과목을 집중적으로 가르치게 했고, 애틀랜타 지역의 목회자들을 위해 특별 세미나도 인도하게 한 바 있었다. 그러다가 대학연합교회의 담임목사가 나를 만났는데, 그녀의 말에 나는 설득되었다. 그녀는 본인이 능력은 있는데, 성경을 모르기에 양들을 살찌우게 하지 못하는 안타까움을 표현했다. 그녀의 소원은 양들이 하나님의 말씀을 통해 성장하는 것이라고 했다.

그 목사는 최근에 그 교회에 출석하던 대학교수 10명이 그룹으로 교회를 떠난 아픔을 가지고 있었는데, 그 원인은 하나님 말씀의 부족 때문이라는 것이다. 나는 그 목사의 말에 감동되었는데, 일반적으로 한국의 담임목사는 자기보다 실력이 있거나, 설교를 잘 하거나 아니면 하나님의 말씀을 잘 가르치는 사람을 원하지 않는다. 그런데 그 목사는 오직 양들을 위해 나를 초청하겠다는 것이다.

그렇게 해서 나는 대학연합교회에서 주일마다 설교도 하고, 주중에는 하나님의 말씀도 가르쳤다. 그때 나의 저서인 『기독교의 8가지 핵심진리』가 출간되었는데, 그 목사는 그 책으로 집사와 권사와 장로를 훈련하라는 것이다. 주일 오후에 그 책으로 훈련했는데, 한 시간은 내가 강의하고, 한 시간은 소그룹으로 나누어 강의 내용을 토론하게 하고, 그리고 남은 한 시간은 기도하게 했다. 그 반응은 그야말로 폭발적이었다.

그 교회는 한 달에 한 번씩 월간지를 발행했는데, 나의 글도 정기적으로 게재하겠다는 것이다. 그 글들을 모아서 책을 출간했는데, 그 책은 『더 북』THE BOOK이었다. 물론 그 교회의 월간지에 게재한 것만으로 충분치 않아서 여러 장을 더 썼다. 그 책은 성경에 관한 것으로, 제1부는 "성경은 무엇인가"이고, 제2부는 "성경을 어떻게 읽어야 하는가"이고, 제3부는 "성경은 왜 주어졌는가"이다. 각부마다

7장으로 구성되도록 집필했다.

　그 교회에서 2년 사역을 마쳤을 때, 나의 사랑하는 제자 장수만 목사의 초청을 받았다. 그가 1년 동안 안식년으로 교회를 비우는 동안 주일 예배를 맡아달라는 것이었다. 그때부터 나는 대전 유성에 있는 전민새생명교회에서 오전 1부와 2부 예배에서 설교했고, 오후에는 하나님의 말씀을 가르쳤다. 원래 담임목사가 하나님의 말씀을 깊이 가르쳤기에 1년 동안 어려운 다니엘을 풀어가는 설교를 했는데도, 반응은 매우 적극적이었다.

　그 교회에서 책임을 마쳤을 때, 정기적인 사역에서 은퇴한 셈이 되었다. 그때부터는 시시때때로 초청받아서 설교도 하고 부흥회도 인도했지만, 비정기적이었다. 구태여 정기적인 사역은 목사들을 소그룹으로 가르치는 것이었다. 두 그룹을 가르쳤는데, 한 그룹에서는 다니엘을 가르쳤고, 다른 그룹에서는 제목을 설정한 후, 그것을 연구하여 가르쳤다. 그 가르침의 결과로 탄생한 책이 『화목제물』이었다.

　나는 정기적인 사역에 갈급해있었다. 그런 사역을 위해 기도하는 중에 미국에 있는 이경원 목사에게 전화했다. 그는 얼마 전에 애틀랜타Atlanta에 있는 쟌스크릭한인교회의 담임목사로 초빙되었는데, 일찍이 그와는 깊은 관계를 맺고 있었다. 그는 서울신학대학교에서 나에게 배웠고, 또 후에 그가 애즈베리신학교에서 박사과정에 있을 때도 내가 인도하는 소그룹에 속해 있었다. 그뿐 아니라, 그는 신학대학교를 졸업한 후, 어느 곳에서 사역하든 나를 강사로 초청한 바 있었다.

　나의 전화를 받은 그는 즉석에서 나를 초청하면서 두 가지를 부탁했다. 하나는 교회에서 하나님의 말씀을 가르치라는 것이고, 또 하나는 애틀랜타 지역에서 목회하는 미주성결교회 목사들을 훈련해 달라는 것이다. 우리 부부는 모든 것을 정리하고 다시 미국으로 왔는데, 그때는 2020년이었다. 다시 정기적인 사역을 할 수 있다는 사실은 나로 한국을 떠날 수 있게 한 원동력이었다. 이렇게 해서 나는 한국과 미국 사이를 오가게 되었다.

37장

선교 여행

　은퇴 후에도 주일마다 하나님의 말씀을 전했는데, 그런 정기적인 사역은 2016년 12월 25일부로 끝났다. 그날 전민새생명교회에서의 설교로 정기적인 사역이 끝나서 실제로 은퇴한 셈이었는데, 그때 내 나이는 75세였다. 나는 태국에서 쉴 요량으로 바닷가의 콘도를 한 달간 빌리고, 가깝게 교제하는 라동운 집사 부부와 함께 갔는데, 2017년 1월이었다. 우리는 관광도 하고 맛있는 음식도 먹으면서 하루하루를 즐겁게 쉬고 있었다. 그런데 뜻밖의 일이 일어났다.

　나에게 35년 전, 훈련을 받았던 수왓^{Suwat} 목사가 전화를 한 것이다. 그는 우리를 데리러 오겠다고 하면서 방콕에서 집회를 인도해 달라는 것이었다. 우리가 태국에서 선교할 때, 15세였던 노이^{Noi}가 이제는 반왕자이교회^{Baan Wang Jai Church}의 지도자가 되어 우리를 초청한 것이었다. 그 교회는 장소를 빌려서 큰 대중집회를 기획했던 것이다. 오랜만에 태국 사람들을 위해 영어로 설교했는데, 그리운 얼굴들을 많이 만났다.

그곳에 한 달을 머무르면서 반왕자이교회에서 3주간 설교하고 하나님의 말씀을 가르쳤다. 다른 한 주에는 내가 선교사로 섬기던 무앙타이교회에서 설교했는데, 감회가 컸다. 난타차이 부부를 오랜만에 만나서 뜨거운 교제를 나누었다. 현재는 그들의 둘째 아들이 그 교회의 담임목사인데, 나의 설교도 그가 통역했다. 여하튼 그때의 만남이 계기가 되어 우리 부부는 반왕자이교회의 초청으로 그해 말에 방콕을 다시 찾았다.

그해 12월 12일부터 2018년 2월 11일까지 태국에 머물면서 주말마다 설교와 가르침을 반복했는데, 모두 25번이나 전했다. 우리가 그 교회에서 사역하는 동안 많은 사람이 와서 교제도 하고 말씀도 들었다. 우리는 항공권을 구입했고, 그들은 숙식과 교통편을 제공했다. 노이는 방콕에서 2시간 거리에 있는 사타힙Sattahip에 있는 집 12채로 숙박업을 하고 있었는데, 우리는 토요일에 방콕으로 가서 가르쳤고, 주일 사역을 마친 후 다시 사타힙으로 갔다.

하나님의 인도하심은 신비롭다! 정기적인 사역을 마치자 선교의 문을 열어주신 것이다. 그해, 그러니까 2017년은 선교 여행의 해라고 해도 지나치지 않을 것이다. 5월에는 아프리카로 선교차 갔고, 9월에는 동유럽을 갔기 때문이다. 아프리카 선교 여행은 윤원로 선교사의 초청으로 이루어졌다. 윤 선교사는 아프리카 선교를 37년이나 한 베테랑 선교사였다. 그는 엄청난 업적을 남긴 선교사 중의 선교사이다.

윤 선교사의 주선으로 우리 부부는 우선적으로 남아프리카에

2017년 5월 3일에 도착해서 김종석 선교사 부부의 안내를 받았다. 그곳에서 6일 동안 머물면서 3번 말씀을 전했다. 첫 번째로 조지횟 필드대학Gerge Whitefield College에서 설교했는데, 반응이 파격적이었다. 그리고 피스연합교회Peace United Outreach Church와 솜람델라교회Somlam Della Christ Church에서 각각 연합집회를 인도했는데, 설교 후 성도들은 춤과 찬양으로 뜨겁게 반응했다.

우리는 케이프타운Cape Town을 떠나서 요하네스버그Johannesburg와 에티오피아의 수도 아디스아바바Addis Ababa를 거쳐 카메룬Cameroon의 수도인 야운데Yaounde에 도착했다. 아프리카에는 거의 직행 편이 없기에 여기저기를 거쳐서 갔다. 우리는 윤원로 선교사와 곽여경 선교사의 따뜻한 영접을 받았다. 곽 선교사는 나의 제자였는데, 풀러신학교Fuller Theological Seminary에서 선교학으로 박사 학위를 취득한 후, 그곳에서 선교하고 있었다.

우선 윤 선교사가 세우고 목회하는 카메룬복음주의교회Evangelical Church in Cameroon에서 4일간 부흥회를 인도했다. 윤 선교사는 그 교회를 1,000여 명의 성도로 성장시켰다. 그 외에도 불어권에 150여 곳의 교회를 설립했다. 그뿐 아니라, 카메룬복음신학대학을 세웠으며, 그 신학대학의 학장으로 곽 선교사가 섬기고 있다. 그 외에도 중고등학교를 세웠는데, 윤 선교사의 부인이 교장으로 섬기고 있었다. 그뿐 아니라 윤 선교사는 의과대학도 설립했다.

그곳에 2주 있었는데 첫 주일에는 영어권 교회에서, 그다음 주일에는 윤 선교사의 교회에서 설교했다. 카메룬 방문의 하이라이트는 신학대학에서 가르친 로마서 강의였다. 여러 나라에서 온 신학생들의 열기는 대단했다. 예배 시간에 부흥을 위한 기도를 설교했을 때는 학생 전체가 무릎을 꿇고 울부짖으며 기도하는 큰 역사가 있었다. 학생들이 자진해서 추장만이 입는 전통적인 옷을 선물했는데, 지금까지 외부 강사 중 그런 선물을 받은 사람은 없었다는 것이다.

윤원로 선교사의 안내를 받으며 우리는 비행기로 코트디부아르 Cote D'ivoire의 수도인 아비장Abidjan으로 갔다. 그곳에서 사역하는 황찬호 선교사 부부의 따뜻한 영접과 대접을 받으면서 목회자들을 위한 세미나를 두 번 인도했다. 한 번에 2박 3일의 일정으로 "기독교 개론"을 가르쳤고 주일에는 어느 교회에서 설교했는데, 문제가 생겼다. 우리 부부가 말라리아에 걸린 것이다! 정신이 혼미해지면서 말도 제대로 할 수 없을 지경이 되었다.

우리는 한국을 떠나기 전에 서울대학병원에서 말라리아 예방접종도 받았고, 처방대로 말라리아 예방약을 매일 먹고 있었다. 그런데 첫날 숙소에서 모기에 물렸는데, 약 2주 후에 증세가 나타났던 것이다. 선교사들이 급하게 구해온 비싼 스페인제 약을 먹고 3일 후 극복할 수 있었다. 아프리카 사람들은 값싼 중국제 약을 먹고 그렇게 많이 죽는다는 것이다. 그렇게 해서 우리는 두 번의 세미나와 주일 예배 설교를 마칠 수 있었다.

아프리카의 마지막 여정은 케냐였는데, 그곳에 나의 제자였던 전용범 목사가 그 가족과 함께 선교 사역에 헌신하고 있었다. 전 선교사는 신학교 강의와 주일 설교를 부탁했는데, 신학교의 위치가 자동차로 10시간이나 걸린다는 것이다. 우리는 이미 지쳐있었는데, 그런 여행과 하루에 4번씩의 강의는 감당하기 버겁다고 느꼈다. 우리는 많은 숙고와 상의와 기도 끝에 그 일정은 취소하기로 했다. 다행히 대신 강의할 수 있는 교수가 있었다.

그래서 주일에는 나이로비한인연합교회에서 설교하는 것으로 케냐의 사역을 마무리했다. 강의 일정을 취소한 결과 7일간의 공백이 생겼다. 그래서 우리는 오랫동안 들었던 빅토리아폭포^{Victoria Falls}와 사파리에서 동물들을 보기로 했다. 빅토리아폭포는 세계 삼대 폭포 중 하나이다. 폭포도 놀라웠지만, 황게 사파리^{Hwange Safari}에서 본 여러 종류의 동물들은 인상적이었다. 50일간의 일정을 무사히 마치고 6월 22일에 귀국하게 하신 하나님께 감사했다.

세 번째 선교 여행은 동유럽이었는데, 사역보다는 관광에 더 치중했다. 이번에는 우리 부부만 가지 않고 두 부부를 초청해서 동행했는데, 송철웅 목사 부부와 최승열 목사 부부였다. 그들은 목회를 위해 일생을 보낸, 그래서 함께 하나님이 창조하신 나라들을 관광할 수 있는 자격을 충분히 갖춘 분들이었다. 그들은 한국에서 그리고 우리는 미국에서 각각 출발하여 독일의 뮌헨에서 만났다.

뮌헨을 랑데부 장소로 선택한 이유는 딱 한 가지였는데, 자동차의 렌트비가 다른 도시보다 훨씬 저렴했기 때문이다. 7인승 밴을 한 달간 빌리는데 160만원 정도였다. 나는 안내를 하고, 그들은 교대로 운전하면서 동유럽을 누볐다. 우리는 한 달 동안(9월 12일 ~10월 13일) 15개국을 다녔는데, 체코에서는 김은주 선교사의 안내로 현지인 교회에서 영어로 설교하면서 그곳의 그리스도인들과 정겨운 교제를 나누었다.

헝가리에서는 신기재 선교사가 섬기는 교회 부다페스트성결교회에서 송 목사가 설교했다. 신 선교사는 우리의 일정을 짜는 일에 도움을 많이 주었다. 알바니아에서는 의료선교에 헌신한 최조영 선교사 부부가 안내를 맡았다. 루마니아에서 오랫동안 선교에 헌신한 이영호 선교사의 도움도 받았다. 하나님의 나라가 이처럼 빛도 없이 이름도 없이 헌신한 분들 때문에 확장되고 있다는 사실에 감사할 따름이다. 뮌헨에서 두 가정은 귀국했고, 우리 부부는 러시아로 갔다.

세인트피터즈버그에서는 장석천 선교사 부부의 도움을 받으면서 주일에는 그가 섬기는 고려인 교회에서 복음을 전해 4명이 예수 그리스도를 구주로 영접했다. 그곳에서 기차를 타고 모스크바로 갔는데, 장로교단의 목사인 이활우 선교사가 우리를 맞이했다. 주일에는 그가 섬기는 고려인 교회에서 복음을 전했는데, 그 예배에 참석한 러시아인이 예수 그리스도를 구주로 영접했다. 그 후 성결교단의 목사인 우태복 선교사 부부와도 정겨운 교제를 가졌다. 그렇게 40일간의 여정을 마치고 귀국했다.

우리 부부는 2019년에 남미를 갔는데, 약 40일간의 여정이었다 (3월 2일~4월 13일). 이 여행을 위해서 아르헨티나에서 오랫동안 선교에 헌신한 강기안 선교사가 도움을 많이 주었다. 나는 칠레에서 나영석 선교사가 개척한 산티아고성결교회에서 설교했고, 아름다운 항구도시 리우데자네이루에 있는 리오동양선교교회에서 설교했다. 그리고 브라질의 쌍파울로성결신학교에서 "전도학"을 가르쳤다. 그곳에서 오래 헌신한 유정은 선교사가 시작한 신학교였다.

가는 곳마다 선교사들을 만나서 도움을 받고 교제도 했지만, 유정은 선교사는 특이했다. 첫째로 그는 결혼하지 않고 오로지 주님만을 위해 사는 귀한 여성 선교사였다. 둘째는 그녀의 포르투갈어는 유창했다. 셋째는 그녀의 가정을 열어서 우리와 함께 지냈다. 방문객을 위해 가정을 개방한다는 것은 쉽지 않은데도 주저하지 않았다. 그곳에 머무는 동안 지극정성으로 우리를 돌보면서 음식을 마련했다. 넷째는 그녀가 설립한 교회는 성령의 열기로 가득했다.

우리는 남미의 유명한 관광지도 둘러보았는데, 첫 번째가 모래사장으로 유명한 멕시코의 칸쿤Cancun이었다. 두 번째가 페루의 마추픽추Machu Picchu였고, 세 번째가 볼리비아의 우유니Uyuni 소금사막이었다. 네 번째가 아르헨티나의 엘칼라파테El Calafate였는데, 그곳에서 빙산을 관람했다. 다섯 번째가 남미의 스위스라고 불리는 바릴로체Bariloche였다. 마지막으로 세계적인 미항美港 리우데자네이루Rio de Janeiro였다. 선교와 관광을 허락하신 하나님께 감사하면서 우리는 남미를 떠났다.

38장

애틀랜타의 제자들

    우리 부부가 애틀랜타에 도착한 날은 2020년 2월 1일이었는데, 우리를 하츠필드잭슨공항에서 영접한 제자는 정찬웅 목사였다. 그는 애즈베리신학교에서 나의 지도로 철학 박사가 된 사랑하는 제자이다. 그는 애틀랜타에서 해밀턴밀한인교회Korean Church of Hamilton Mill를 개척해서 성장시키고 있었다. 그는 우리를 위해 개인의 비용으로 호텔을 잡아주어, 7일에 다른 호텔로 옮길 때까지 머물렀다. 7일부터는 그 교회의 부흥회를 인도하게 되어 교회가 숙소를 마련했다.

    그 교회는 2016년에 시작되었는데, 그동안 영적으로나 수적으로 부흥에 부흥을 거듭하고 있었다. 그렇게 부흥하는 교회에서 첫 번째 부흥회를 2019년에 개최하면서 나를 강사로 초청한 바 있었다. 2020년의 부흥회는 두 번째 부흥회였다. 우리가 애틀랜타에 정착하는데 정 목사의 도움이 컸다. 그는 우리가 구매한 중고 가구들을 수없이 운반해주었다. 그뿐 아니라, 그의 아내는 정기적으로 우리에게 김치를 공급하고 있다. 참으로 고마운 분들이다!

우리의 정착에 도움을 준 제자가 또 있는데, 서울신학대학교 신대원에서 공부한 국승호 목사이다. 그는 인도에서 22년이나 선교한 베테랑 선교사이다. 자녀들의 교육문제로 애틀랜타에 정착하면서 뿌리깊은교회를 개척하여 섬기고 있다. 그의 아내 송은혜도 같은 학교 교회음악과에 재학 중일 때 나에게 배웠을 뿐 아니라, 가까이 지낸 학생 중 하나였다. 그녀는 때때로 우리에게 먹거리를 보내주며, 그 부부는 필요할 때마다 도움을 주는 고마운 제자들이다.

한 번은 그 부부가 우리의 침대와 책장을 정리해주었다. 우리가 구매한 침대를 조립하지 못하고 있었는데, 그들이 해결해주었다. 한 번은 국 목사가 와서 열리지 않는 차고 문을 고쳐주었고, 또 한 번은 아들과 함께 와서 무거운 짐들을 날라주었다. 그 부부는 우리를 위로하기 위해 그 가족의 성탄 파티에 불러주기도 했고, 큰딸의 결혼 주례를 내게 맡기기도 했다. 국 목사는 나를 테니스 그룹에 초청해서 애틀랜타에서 테니스를 시작하게 한 고마운 분이기도 하다.

미주성결교회의 동남지방회에는 11개의 성결교회가 있는데, 그 중 안선홍 목사와 이철호 목사가 초대와 2대 지방회장을 각각 역임했고, 현재 3대 회장은 이혜진 목사이다. 그 지방회에 속한 일곱 교회의 담임목사들은 모두 나의 제자들이다. 그 가운데 이철호 목사는 서울신학대학교와 미성대학교America Evangelical University에서 "전도의 이론과 실제"와 "전도학"을 각각 수강했는데, 그는 기회가 생기면 전도하는 열정적인 전도자이다.

그의 초청으로 그의 리치몬드힐성결교회Richmond Hill Holiness Church에서 부흥회를 인도했다. 그뿐 아니라, 그 지역의 목회자들을 위해서 세미나를 개최하면서 나를 강사로 세웠다. 그 세미나에 참석한 감리교 목사의 소개로 미국교회에서 목회하는 한인 목회자들을 위한 세미나를 두 번 인도하게 되었다. 이 목사는 나의 저서, 『어린 양과 신부: 새롭게 접근한 요한계시록』을 구매하여 그 지역의 목사들과 지방회 목사들에게 나누어주기도 한 사려 깊은 제자이다.

애틀랜타 지역에 또 다른 제자가 있는데, 그는 김기원 목사이다. 그는 쟌스크릭한인교회가 어려웠을 때, 그 교회에서 3년이나 주일 설교를 감당하면서 교회를 안정시켰다. 그 후 크리스천타임스라는 주간지의 발행인인 이윤태 장로로부터 초청을 받아 애틀랜타주님의교회의 담임목사가 되었다. 그가 부임했을 때는 신자가 고작 7명이었으나, 이제는 제법 성장한 떳떳한 교회가 되었다. 그뿐 아니라, 그의 탁월한 지도력으로 아담한 교회도 건축하였다.

그 교회는 성결교회가 아닌 장로교회이나, 그래도 성결교회의 목사인 나를 초청하여 전도 부흥회를 두 번이나 인도하게 했다. 앞으로도 분기마다 두 번을 더 하겠다고 한다. 김 목사는 더 나아가서 나에게 수요일 저녁마다 그 교인들에게 하나님의 말씀을 가르치게 했는데, 2021년 8월 18일부터 시작한 성경공부의 교재는 『화목제물』이다. 그뿐 아니라, 그의 교회에서 모인 애틀랜타 목회자모임의 월례회에서 설교를 부탁하기도 했다.

애틀랜타 지역에 거주하는 제자 중 나이가 많은 분이 있는데, 그는 박성만 목사이다. 그는 고등학교에서 나에게 영어를 배운 제자이다. 그 후 우리는 헤어졌다가 기적적인 방법으로 다시 만났는데, 그 경위는 다음과 같다. 2002년 여름에 미국 남대서양장로교회 연합수련회에 강사로 초청받았다. 첫 강의가 끝나자 어느 부부가 나를 찾아왔는데, 바로 박 목사 부부였다. 1968년에 헤어졌으니 34년 만에 다시 만났는데, 그때부터 종종 만났다.

그다음 해인 2003년 초에 여섯 곳의 장로교회가 부흥회 초청을 했는데, 물론 박 목사의 교회도 그중 하나였다. 그 후로도 영어 및 이중언어 부흥회를 포함해서 새벽기도회 부흥회도 인도하게 했다. 또 테니스광이었던 그의 초청으로 나는 여섯 명의 목사 테니스광을 한국에서 데리고 그 교회에 간 적도 있었다. 그뿐 아니라, 장로교 연합 어버이수련회 강사일 때도 교제했다. 그는 35년의 사역 후, 은퇴해서 애틀랜타로 이주했는데, 정기적으로 만나 교제하고 있다.

다시 서울신학대학교 출신의 제자들로 가자. 이곳 애틀랜타에는 소위 삼총사가 있는데, 곧 이경원 목사, 이혜진 목사 및 안선홍 목사이다. 이경원 목사는 역사가 오래된 쟌스크릭한인교회에 2019년 6월 21일에 부임했고, 이혜진 목사는 2015년 11월 8일에 아틀란타벧엘교회를 개척했고, 안선홍 목사는 2009년 6월 21일에 섬기는교회를 개척했다. 그들의 특징은 조금씩 다른데, 이경원 목사가 말씀의 종이라면, 이혜진 목사는 기도의 용사이며, 안선홍 목사는 비전의 일꾼이다.

이경원 목사는 쟌스크릭한인교회에 부임 후, 100여 명의 성도와 6주간 수련회를 통해 교회의 10대 사명을 창출했다. 그 내용은 성령으로 예배하는 교회, 말씀으로 지배받는 교회, 서로를 위해 기도하는 교회, 성도를 제자로 세우는 교회, 서로 교제하는 교회, 치유의 역사를 일으키는 교회, 언행으로 전도하는 교회, 땅끝까지 선교하는 교회, 사랑으로 이웃을 섬기는 교회, 소유를 필요한 사람에게 나누는 교회 등이다. 목회자가 성도와 함께 교회의 사명을 창출한 곳은 이 목사뿐일 것이다.

이 목사는 말씀의 종이다! 그는 코로나 팬데믹으로 교회가 여러 모양으로 주춤하던 2020년에 다시 말씀의 종다운 사역을 펼쳤다. 4월 한 달 동안 전교인 신약성경 통독을 진행했고, 5월부터 4개월간 구약성경 통독을 진행했다. 그뿐 아니라, 9월부터 120일의 영적 전쟁을 선포하고 매일 교인들이 말씀과 기도 시간과 실천 사항들을 정해놓고 지키도록 했다. 그 기간이 끝난 12월 말에 확인한 결과 기드온의 용사들처럼 300명이 참여하여 큰 은혜를 경험하였다.

이 목사는 부임하면서 4개월에 성경 전체를 통독하는 프로그램을 시행하는데, 일 년에 두 차례씩 봄가을로 진행한다. 학기마다 100여 명이 참여하여 성경을 함께 읽으면서 서로 나누는 기쁨과 은혜는 지극히 크다. 2021년부터는 이 목사가 직접 발행하는 『말씀의 테이블』로 교인들이 QT를 하면서 말씀을 의지해서 신앙생활을 잘 할 수 있도록 하고 있다. 말씀의 종인 이 목사를 통해 쟌스크릭한인교회는 영적으로나 수적으로 부흥을 거듭하고 있다.

아틀란타벧엘교회를 개척한 이혜진 목사는 기도의 용사이다. 그는 기도라는 거룩한 습관을 부모로부터 물려받았는데, 특히 그의 어머니는 기도의 여장부였다. 그 어머니의 기도를 통해 기도의 용사로 일구어진 아들이 바로 이혜진 목사이다. 그의 기도 열기는 고스란히 성도들에게 전달되어, 그 교회의 성도들 가운데 많은 사람이 문자 그대로 기도의 용사들이 되었다. 예를 들면, 그 교회에 속한 성도들은 매일 저녁 8시에 각자의 자리에서 기도한다.

새벽기도회에 80여 명의 성도가 교회에서 뜨겁게 기도할 뿐 아니라, 매주 화요일 오전 10시에는 성도들이 교회에 모여서 중보기도를 하는데, 많은 기도 제목 중 특히 교회 건축을 위한 기도는 자못 뜨겁다. 대개 교회가 건축을 논의하면 반대하는 사람들이 많은 것이 상례인데, 이 교회는 오히려 교인들이 한마음이 되어 건축에 깊이 헌신하고 있다. 실제로 처음 설계한 교회 건물이 너무 작다면서 교인들의 발의로 두 번씩이나 설계를 확장했다.

매월 첫 주, 저녁 8시에 월삭 기도회에 200여 명이 올리는 기도는 얼마나 뜨거운지 모른다. 금요일 저녁 8시에 모이는 예배에도 350여 명이 모여 뜨거운 기도를 한다. 이 교회의 중보기도는 주일 예배에도 있는데, 20여 명이 예배를 위해 기도한다. 그런 중보기도가 응답되어 그 교회의 예배는 은혜가 넘친다. 코로나 팬데믹에도 불구하고 예배에 참여하는 교인들의 수는 애틀랜타의 어떤 교회보다 많다. 기도의 용사인 담임목사의 영적 지도력과 성도들의 기도가 합친 역사이다.

안선홍 목사는 비전의 일꾼이다! 그는 처음부터 '버겁도록 구제하고 선교하는 교회'라는 비전으로 교회를 개척했다. 교회를 개척한 후, 3년이 지나면서 남미의 멕시코와 과테말라 선교에 깊숙이 개입하여 섬기는교회의 건물보다 선교지의 교회를 먼저 건축했다. 주님은 그런 안 목사의 비전에 복을 주셔서 마침내 좋은 건물도 허락하셨다. 그의 비전에 따라 이경원 목사와 이혜진 목사가 힘을 합하여 남미 선교에 매진하고 있다.

그는 존폐 위기에 처한 아마존신학교를 주저하지 않고 맡아서 건물도 완성했을 뿐 아니라, 학교를 다시 열기에 이르렀다. 그뿐 아니라, 서울신학대학교 전 총장인 노세영 박사를 그 신학교의 교장으로 영입하여 미래를 향한 힘찬 걸음을 시작했다. 한발 더 나아가서,

그는 남미의 연합신학교의 학장직을 수락하고 신학교 건축에도 크게 이바지했을 뿐 아니라, 그 신학교에 연루된 선교사들을 물심양면으로 돕고 있다.

그는 선교지에서 성장한 학부 학생에게는 연 $3,000과 대학원 학생에게는 연 $5,600을 장학금으로 주고 있는데, 현재 그 혜택을 받는 학생은 10명이다. 2021년에는 코로나 팬데믹에도 불구하고 선교사들에게 $57만을 지원했고, 선교사도 9명이나 파송했다. 또 세계성결선교센터를 위해 20에이커(약 25,000평)의 부지와 건물을 구매했는데, 그 목적은 선교사 교육과 재충전을 위해서이다. 안선홍 목사는 주님과 동행하는 비전의 선지자이다.

39장

가르침

　이미 언급한 것처럼, 나의 영어 실력은 학교에서 밑바닥이었다. 그러다가 독하게 결심하고 영어를 공부했다. 그런 과정을 통해 나는 영어를 어려워하는 학생들을 이해하고 잘 가르칠 수 있었다. 성경도 마찬가지였다! 예수를 믿었을 때, 성경에 대해서 아는 것이 전혀 없었다. 그러나 영어처럼 독하게 결심하고 하나님의 말씀을 읽고, 암송하고, 연구하고, 씨름했다. 그 결과 성경을 어려워하는 성도들을 이해하고 잘 가르칠 수 있게 되었다.

　물론 처음부터 잘 가르친 것은 아니었다. 주님의 은혜로 신앙을 갖게 된 이후 하나님의 말씀을 가르칠 기회가 제법 주어졌는데, 그런 가르침을 통해 가르침의 은사가 조금씩 개발되기 시작했다. 삼선고등학교 학생들을 가르쳤고, 정신여자고등학교 학생들을 가르쳤고, 집에서 초신자들을 가르쳤고, 죠이선교회에서 가르쳤다. 그 후로도 소그룹에서, 세미나에서, 교회에서, 특별 집회에서 가르쳤는데, 여기에서는 학교에서 가르친 것만을 언급하고자 한다.

제일 먼저 가르친 곳은 서울신학대학교였는데, 거기에서 '교양 영어'를 가르치면서 신앙 서적을 교재로 택했다. 비록 평신도였지만, 신학생들에게 신앙적인 영향을 주려는 마음 때문이었다. 두 번째 가르친 곳은 수원야간성서대학이었는데, 수원중앙침례교회의 김장환 목사가 지구촌교회 이동원 목사로 그 학교를 운영하게 했다. 나와 친분이 깊었던 이 목사는 평신도인 나에게 '전도학'을 가르치게 했는데, 수강자들은 대부분 목사였다.

세 번째로 가르친 곳도 서울신학대학교였는데, 애즈베리신학교에서 공부를 마친 후였다. 그때 '아시아 선교', '전도학', '특수 전도', 및 '신학 영어'를 가르쳤다. 네 번째로 가르친 곳은 인도 마드라스성서신학교Madras Bible Seminary였다. 그곳에서 '로마서 강해'와 '제자론'을 가르쳤다. 그곳에서 가르치는 동안 학생들과 숙식을 나누었는데, 내 강의를 듣는 70여 명의 학생을 두 번씩이나 개인적으로 면담하면서 영적으로 도우려고 노력했다.

다섯 번째로 가르친 곳은 태국 방콕성서대학Bangkok Bible College이었는데, 내가 선교사로 태국에서 사역할 때였다. 그 대학 학장은 미국인 의사 선교사인데 영성이 뛰어난 분이었다. 그의 영적 지도력을 통해 많은 태국 학생들이 훌륭한 목사가 되었다. 나는 그곳에서 '전도학', '사도행전 강해' 및 '이단'을 가르쳤는데, 그 학장은 봄가을로 그 학교의 부흥회를 내게 맡기기도 했다. 물론 강의는 영어로 했는데, 감사하게도 실력이 출중한 분이 통역을 맡았다.

여섯 번째로 내가 가르친 곳은 다시 서울신학대학교였는데, 이때 교수가 되어 본격적으로 가르치는 사역에 몰두했다. 처음 학부에서 가르친 과목은 "전도의 이론과 실제"였는데, 1학년 전교생이 이수해야만 하는 교책 과목이었다. 그들이 학교에 입학하기 위해서는 반드시 교회에 출석해야 하는데도, 많은 학생이 구원의 확신이 없었다. 그 과목을 통해 얼마나 많은 학생이 예수 그리스도를 그들의 구주로 영접했는지 모른다. 주님의 은혜이자 역사였다!

후에 그 과목이 "기독교 이해"로 바뀌었는데, 학생들의 반응은 문자 그대로 폭발적이었다. 처음 한 시간은 학생들이 그룹으로 해당 내용을 발표했는데, 얼마나 놀라웠는지 모른다. 어떤 그룹은 연극으로, 어떤 그룹은 음악으로, 어떤 그룹은 대담 형식으로, 각각 발표했다. 그다음 한 시간은 내가 강의를 했다. 그리고 마지막 30분은 질의응답 시간을 가졌는데, 학생들은 무기명으로 질문하면서 그들이 당면하고 있는 문제들을 털어놓았다.

신학생들을 위해 "웨슬리 신학"을 가르쳤고, 선교영어과 학생들을 위해 "선교 영어"와 "영어 설교"를 가르쳤는데, 이 두 과목에서는 처음부터 끝까지 영어로 강의하고 발표했다. 특히 "영어 설교" 과목을 수강하는 학생들 가운데는 영어로 의사 표현을 자유자재로 하는 학생들도 적잖았다. 그 과목을 수강하는 학생들의 수가 대략 12명이어서 함께 식사도 하면서 가깝게 지내려고 노력했다. 영어로 설교를 하겠다는 학생들의 열의에 감동되었기 때문이다.

신학대학원에서도 "전도의 이론과 실제"를 가르치면서 목회자가 될 학생들에게 전도법을 전수했다. 그들은 학기 중 10명에게 전도하고 보고를 해야 했는데, 그들이 수업시간에 보고할 때, 미숙한 점들을 다듬어주었다. 그 외에도 "전도 신학", "회심론", "교회갱신", "로마서를 통한 전도", "제자화의 이론과 실제", "존 웨슬리의 전도",

"복음전도의 성경적 모델", "전도학", "신약성경의 복음전도", "변증론", "타문화권 선교방법론", "설교학" 등을 가르쳤다.

일곱 번째로 내가 가르친 학교는 미국 애즈베리신학교였다. 이미 상술上述한 대로, 서울신학대학교에서 안식년을 맞이했는데, 그 학교에서 일 년 동안 가르쳐달라는 요청을 받았다. 나는 그 학교에서 세 과목을 가르쳤는데, "웨슬리의 선교 방법"Wesleyan Methods of Mission, "로마서를 통한 전도"Evangelism through Romans 및 "전도의 성경적 모델"Biblical Models of Evangelism이었다. 그곳에서 학생들과 깊은 교제를 나눈 것은 크나큰 보람이었다.

서울신학대학교 교수이면서 종종 다른 학교로 출강했는데, 그중 하나는 명지대학교 국제대학원에서의 영어 강의였다. 그 대학이 세계화를 강조하면서 영어로 강의하는 대학원을 만들었고, 그곳에서 두 학기 동안 "개인 전도"와 "제자론"을 가르쳤다. 나의 과목을 택한 학생 대부분은 영어 강의를 이해하고 잘 따라왔으나, 개중에는 그렇지 못한 학생들도 있어서 영어로 가르치는 것이 만만치 않았다. 그 학교는 내가 가르친 여덟 번째 학교였다.

그다음 출강한 학교는 한세대학교 신학대학원이었다. 그 학교에서 "전도학"과 "제자론"을 가르치는 동안 학생들의 뜨거운 기도에 감동되었다. 그러나 성경에 대한 이해가 부족하다는 것을 감지하고 그들을 돕기로 작정하여 만든 과목이 "복음전도의 성경적 모델"이었다. 학생들의 반응도 매우 좋았다. 그래서 그 과목을 서울신학대학교에서 가르쳤는데, 역시 반응은 파격적이었다. 그 후 애즈베리신학교에서도 그 과목을 가르쳤고, 그 결과 그 제목의 책이 나왔다.

그다음 출강한 학교는 일본 동경에 있는 작은 신학교였다. 한국의 여자 선교사가 세운 학교인데, 이동원 목사의 소개로 그 학교에서 두 학기 강의했다. 성결교단에서 파송한 선교사가 나의 강의를 일본어로 통역했는데, 참으로 유창하게 잘 했다. 그곳에서도 "전도학"과 "제자론"을 가르쳤다. 특히 제자 삼는 사역의 중요성을 강조했는데, 그 이유는 일본의 교회가 소수로 이루어진 정예부대와 같기 때문이었다.

그뿐 아니라 교회들이 세운 지방신학교에서도 강의했는데, 중앙신학교와 둘로스신학원이었다. 중앙신학교는 중앙성결교회를 중심으로 운영되는 학교였고, 둘로스신학원은 강남중앙침례교회에서 운영하는 학교였다. 앞의 학교에서는 "전도"와 "웨슬리의 전도법"을 강의했으나, 뒤의 학교에서는 "전도학", "제자훈련과 전도", "요한일서 강해", "일대일 양육과 제자훈련"을 가르쳤다. 그곳에서 훈련받은 학생들이 후에 나를 대학연합교회에 소개하였다.

열세 번째로 내가 가르친 학교는 애즈베리신학교였는데, 정식 교수로 부임하여 가르쳤다. 그곳에서는 "개인전도"Interpersonal Evangelism, "회심"Conversion, "전도 신학"Theology of Evangelism, "전도와 제자도"Evangelism & Discipleship, "복음전도의 성경적 모델"Biblical Models of Evangelism, "로마서를 통한 전도"Evangelism through Romans, "선교를 위한 교회갱신"Renewing the Church for Mission 등을 가르쳤다.

애즈베리신학교 교수로서도 역시 종종 출강을 했는데, 이번에는 범세계적이었다. 우선 중국 청도에 있는 성서신학원에서 강의했는데, 강의 제목은 "신구약개론"이었다. 그다음 남미의 파라과이에 있는 남미연합성결신학교에서 "성결론"을 강의했다. 이 두 학교에서는 통역을 통해서 강의했다. 그뿐 아니라 성결교단이 미국에 세운 미성대학교America Evangelical University에서 두 번을 가르쳤는데, "전도학"과 "전도와 제자훈련"이었다.

정기적인 사역을 마친 후에도 계속해서 가르쳤는데, 리버티대학교Liberty University의 한국 분교에서 "전도와 제자훈련"을 가르쳤다. 그 대학교는 저명한 전도학 교수들이 여러 명 있었는데, 내가 초청을 받은 것은 특별한 은혜였다. 다시 남미 브라질로 가서 브라질성결신학교Brazil Holiness Bible Seminary에서 "전도학"을 가르쳤다. 그 후 아프리카의 카메룬에 있는 카메룬성결신학교Cameroon Evangelical Seminary에서 "로마서"를 가르쳤다.

내가 가르친 스무 번째이자 마지막 학교는 미국 언더우드대학교Underwood University였다. 그 학교에서 이미 2013년에 "전도와 상황화의 원리"를 가르친 바 있었는데, 2020년에 애틀랜타로 이주한 후, 다시 가르치게 되었다. 내가 가르친 과목은 나의 최근 저서인『화목제물』이었는데, 학생들이 참으로 좋아했다. 그 책의 내용은 20개의 각기 다른 제목을 다룬 것인데, 신구약을 넘나드는 내용을 학생들이 좋아했던 것 같다.

이렇게 일평생을 가르치면서 내게 주어진 유익은 참으로 많았는데, 무엇보다도 끊임없이 연구한 것이었다. 그렇게 찾아낸 성경의 진리를 후학에게 전수한다는 것은 놀라운 기쁨이었다. 그 진리가 학생들의 사고와 사역의 방향을 제시하기 때문이다. 그렇게 연구하고 가르친 내용을 저술로 옮길 수 있었던 문서선교는 또 다른 유익이었다. 그뿐 아니라 학생들과 인격적인 관계를 맺는 것도 큰 유익인데, 그런 관계는 그들이 교계의 지도자가 되었을 때도 지속하는 영원한 관계이다.

나를 불러주시고 가르침의 은사를 허락하신 하나님의 은혜는 참으로 컸다. 그런 은혜가 없었다면, 어떻게 내가 그렇게 많은 저술을 남겼고, 어떻게 그렇게 많은 설교를 했고, 어떻게 그렇게 많은 사람을 훈련했으며, 또 어떻게 그렇게 많은 사람에게 하나님의 말씀을 가르칠 수 있었겠는가? 그뿐 아니라, 20개의 학교에서 그것도 세계 여러 곳에 있는 학교에서 가르칠 수 있었겠는가? 100% 전적인 "하나님의 은혜"라고 말할 수밖에 없다 (고전 15:10).

40장

저술

    나는 글을 쓸 줄 모르는 사람이었다. 초등학교 시절, 6 · 25동란으로 공부도 적절하게 하지 못했는데, 문학작품에 접할 기회는 더군다나 없었다. 중고등학교 시절에는 가난에 찌들어 방 하나를 8명의 가족이 공유한 상태에서 문학과는 거리가 먼 삶이었다. 수업료 문제로 학교에도 제대로 가지 못한 처지였다. 대학 시절에도 상황은 조금도 나아지지 않았는데, 거기에다 군대 생활까지 겹쳐서 글을 읽고 쓴다는 것을 꿈도 꾸지 못했다.

    내가 글을 쓰지 않으면 안 되는 교육 환경은 미국에서 공부할 때였다. 영어로 논문을 써야 하기에 얼마나 마음고생을 많이 했는지 모른다. 그러다가 저명한 마틴 루터 킹 목사 등을 배출한 보스턴대학교Boston University에서 학위 논문을 쓰게 되었는데, 참으로 힘들었다. 어떤 때는 하루에 겨우 한 줄밖에 쓰지 못했다. 그런데 그렇게 고생하면서 배운 것이 있는데, 그것이 나의 저술에 기틀이 되었다. 첫째는 문장이 길어서는 안 된다는 사실이었다. 한 문장에 한 아이디어만 있어야 한다는 것이다.

둘째는 논문에서 내용content도 중요하지만, 형태format도 못지않게 중요하다는 사실이다. 이 책을 예로 들어 설명해 보자. 이 책의 모든 문단은 7줄로 이루어졌다. 그뿐 아니라, 모든 장chapter은 20문단으로 구성되어 있다. 물론 이런 형태는 컴퓨터에 의한 것이기에, 실제로 책으로 편집되면 약간씩 달라질 수 있다. 그런 형태에 맞추기 위해서는 절제해야 하고 또 필요할 때마다 조절해야 한다. 적잖은 경우 내용을 추가하고 싶은 욕구도 포기해야 한다.

그렇다고 저절로 글을 쓰게 된 것은 아니었다. 몇 단계를 거쳤는데, 첫째 단계는 번역이었다. 많은 영어 서적을 번역하면서 나도 모르는 사이에 저술의 구성을 익힌 것 같다. 둘째 단계는 서울신학대학교 교수였을 때였는데, 교수는 정기적으로 논문을 발표하거나 저술을 제출해야 한다. 논문을 작성하기가 얼마나 어려웠는지 모른다. 처음에는 나의 영어 논문을 번역해서 제출하기도 했다. 그러면서 차츰 글을 쓰는 즐거움을 누리게 되었다.

셋째 단계는 목회와 세미나가 저술에 도움을 주었다. 나는 교회에서 대부분 성경 중 어느 책을 택하여 풀어나가는 강해 설교에 치중했는데, 그 설교들의 모음이 곧 책이었다. 열린교회에서 빌립보서 강해 설교는『고난 중에도 기뻐하라』를 탄생시켰고, 보스턴소망교회와 흑석중앙교회에서 룻기 강해는『눈물로 빚어낸 기쁨』과『진흙 속에서 피어난 백합화』를, 전민새생명교회에서 다니엘 강해는『다니엘의 역설적인 인생』을 탄생시켰다.

세미나들을 통해서도 세 권의 책이 출판되었는데, 그중 하나는

『로마서에서 제시된 구원과 성화』이다. 내가 평신도였을 때부터 로마서를 많이 가르친 결과물이었다. 목회자들에게 요한계시록을 여러 번 가르친 결과물이 『어린 양과 신부: 새롭게 접근한 요한계시록』이었다. 나는 소그룹을 지도할 때 대부분 요한일서도 포함했는데, 그 이유는 요한일서를 통해 거룩한 삶과 사랑의 삶이 무엇인지 가르칠 수 있었기 때문이다.

역사적으로도 요한일서를 통해 영적 부흥이 일어난 경우도 제법 많았다. 나는 그런 복합적인 이유로 그 책을 가르쳤고, 그 결과가 『거룩한 삶, 사랑의 삶』이었다. 105절밖에 안 되는 서신이 648쪽의 방대한 책으로 탄생한 것이다. 그 책은 예화도 없이, 단어와 문단을 해석해 나갔다. 이 책에서도 형태를 중시하면서, 장마다 13번씩 강해를 했다. 거기다가 그 책의 목적을 3장 더해서 68장이나 되는 책으로, 기독교 출판 역사상 이처럼 방대한 요한일서 강해서는 없을 것이다.

나의 저술 가운데 특이한 책들도 있는데, 그것은 성경의 어떤 장 하나를 분석하면서 강해한 것들이다. 예를 들면, 성부의 시대에서 성자 예수 그리스도의 시대로 넘어가는 엄청나게 중요한 내용이 마태복음 3~4장에서 묘사되고 있다. 그 묘사를 강해한 책이 『회개하라! 천국이 가까이 왔느니라』이다. 그리고 성자의 시대에서 성령의 시대로 넘어가는 너무나 중요한 사도행전 2장을 강해한 결과, 『성령의 시대로!』가 탄생하였다.

유대인의 7절기를 제시한 레위기 23장도 빼놓을 수 없을 만큼 중요한 장이다. 그 유대인의 절기가 고스란히 기독교의 중대한 절기로 연결되기 때문이다. 더군다나 그 절기가 함축하는 종말론은 그야말로 압권이랄 수밖에 없다. 그 책이 『유대인의 절기와 예수 그리스도』이다. 그뿐만 아니라, 요한복음 3장의 중요성을 모르는 그리스도인은 없다. 1~16절을 강해하면서 40장으로 엮어진 『성령으로 난 사람』이 탄생하였다.

여름방학에 미국의 여러 한인교회에서 부흥회를 인도하고 있었을 때였다. 어느 날 아침 호텔에서 마태복음을 읽으면서 묵상하고 있었다. 예수님이 바다 위를 걸으신 내용을 읽게 되었는데, 그 말씀에 압도되었다. "배에 있는 사람들이 예수께 절하며 이르되, '진실로 하나님의 아들이로소이다' 하더라" (마 14:33). 그 전에도 예수님께 절한 사람들이 있었고 (마 8:2, 9:18), 그분이 하나님의 아들이라는 고백도 있었다 (마 3:17, 9:29).

그러나 예수님을 인간적인 욕망을 갖고 따르던 제자들이 그분을 하나님의 아들로 깨닫고 절한 것은 처음이었다. 이런 행위와 고백은 후에 베드로의 신앙고백에 기초가 되었다 (마 16:16). 나는 이 말씀을 묵상하면서 감격했고, 또 연구했다. 그 결과로 탄생한 책이 『절하며 경배하세』이다. '절하다'라는 동사 하나로 16장의 책이 나온 것이다. 나는 이 책을 나의 27권의 저서 중에서 가장 영적인 책이라고 여기고 있다.

그 책이 한 단어로 이루어졌다면, 한 구절로 이루어진 책도 있다. 『하나님의 사람들』인데, 마태복음 1장 1절을 강해한 것이다. 한 절로 설교를 14번 했는데, 영어본으로 발행할 때는 1번 추가해서 15번 했다. 이 강해는 보스턴소망교회에서 시작했으나, 성도들의 소극적인 반응 때문에 4회만 했다. 그러나 나는 그 구절을 20여 년 동안 묵상했고, 마침내 산돌교회에서 15번 설교했다. 많은 목회자가

이 책의 내용으로 설교하면서 강해 설교의 위력을 과시하기도 했다.

전도설교자는 두말할 필요도 없이 하나님의 말씀에 깊이 들어가야 한다. 그렇게 숙달한 말씀을 조직해서 설교해야 한다. 그런 이유로 전도자는 성서신학과 조직신학에 숙달해야 한다. 이처럼 두 가지를 조합해서 저술한 책들도 있는데, 곧 『복음을 전하세』와 『현대인을 위한 복음전도의 성경적 모델』이다. 앞의 책은 복음전도가 성부의 사랑, 성자의 비하卑下와 승귀乘貴 및 성령의 역사와 연결된 사실을 전하려고 했다.

뒤의 책은 예수 그리스도가 복음을 손수 전하신 성경 본문을 풀이한 것이다. 그분이 이 세상에 오신 목적은 그분이 친히 말씀하신 대로이다. "인자가 온 것은 잃어버린 자를 찾아 구원하려 함이라"(눅 19:10). 그분은 잃어버린 자들을 위해 십자가에서 죽으셨다. 그렇게 죽기 전에도 여러 사람에게 전도하셨다. 그분이 전도하신 개인 전도는 모든 전도자에게 중요한 모델이 된 셈이었다.

그분의 개인 전도를 알아보기 위하여 그 책이 저술되었다. 그 책에 수록된 9가지의 복음전도는 복음 설교자들에게 하나의 도구가 될 수 있다. 그들이 그 내용으로 복음을 설교할 수 있도록 구성되었기 때문이다. 이런 책들은 설교자들이 복음을 성경적으로 능력있게 전할 수 있도록 돕기 위해 저술된 것이다. 설교자들이 이 책들을 읽고 복음 설교에 적용한다면, 많은 유익이 있을 것이다.

복음전도자는 그의 전도를 통해 구원받은 사람들을 반드시 양육해야 한다. 갓난아이를 엄마가 돌보는 것처럼 돌보아야 한다. 그런 양육을 위하여 나는 두 권의 책을 저술했는데, 『더 북』과 『기독교의 8가지 핵심진리』이다. 앞의 책은 구원받은 그리스도인은 하나님의 말씀을 먹으면서 성장해야 한다는 사실을 강조했다. 그런 목적으로 "성경은 무엇인가?", "성경은 어떻게 읽을 것인가?", "성경은 왜 주어졌는가?"의 내용을 다루고 있다.

그다음 책, 『기독교의 8가지 핵심진리』는 다분히 조직신학의 냄새를 풍기나, 결코 조직신학이 아니다. 어린 그리스도인이 알아야 할 신앙의 핵심적인 내용을 제시했는데, 이 책을 저술하게 된 동기 중 하나는 존 스토트 John Stott 박사의 『기독교의 기본 진리』였다. 그 책이 많이 읽힌 것만큼 내용이 충실하지 않다고 느꼈다. 또 다른 동기는 내가 서울신학대학교에서 "기독교의 이해"를 가르치면서 교재의 필요성을 느꼈기 때문이다.

그 외에도 『전도학 개론』과 『십자가의 도』를 저술했는데, 앞의 책은 교수로서 교재의 필요성 때문이었다. 뒤의 책은 전도의 핵심 메시지가 십자가인데, 그 십자가를 한평생 전하면서 그 의미를 제시할 의무감 때문이었다. 『불타는 전도자 존 웨슬리』는 나의 박사 논문이 존 웨슬리의 소그룹에 관한 것인데, 그 내용을 확장한 것이다. 논문 가운데 책의 일부가 된 것도 있다. 그 책은 "기독교 이해"라는 과목의 교재였는데, 학생들에게 웨슬리를 소개하는 기쁨도 컸다.

근자에 『화목제물』을 발행했는데, 그 책은 신구약을 넘나들며 중요한 20가지의 주제를 풀이한 것이다. 그중에서 8장이 복음 제시로, 복음에 대한 나의 남다른 헌신과 열정의 열매였다. 미국 언더우드대학교의 신학부에서 그 책을 교재로 가르쳤는데, 반응이 폭발적이었다. 그리고 목사들로 이루어진 소그룹에서 그 책의 내용을 가르쳤고, 또 어느 장로교회에서는 그 책으로 성도들을 가르쳤다. 그뿐 아니라, 현재는 내가 섬기는 쟌스크릭한인교회에서도 그 책으로 성도들을 가르치고 있다.

전혀 문학도 모르고 글도 쓸 줄 모르던 무식했던 내가 이처럼 수십 권의 책을 저술할 수 있었던 것은 처음부터 끝까지 주님의 전적인 은혜였다. 주님은 '미련하고 약하고 천한' 나를 계발하셔서 입술로는 복음을 선포하게 하셨고, 손으로는 글을 써서 복음을 전하게 하셨다 (고전 1:27-28). 그렇게 해주시지 않았다면, 어떻게 내가 한글 저서 27권, 영어 저서 6권, 편저서 7권, 기독교 영어 번역서 30권 등 모두 70권을 세상에 내놓을 수 있었겠는가?

41장

복음전도

　부활하신 우리 주 예수 그리스도는 제자들을 10번이나 만나주셨는데, 그 가운데 5번에는 특별한 부탁을 하셨다. 그것은 그분이 제자들에게 직접 주신 마지막 부탁이었기에 그만큼 중요했다. 그렇다면 그처럼 중요한 부탁은 무엇이었는가? 한마디로 말해서, 그것은 '하나님 나라를 건설'하라는 것이었다. 제자들이 무엇을 그리고 어떻게 해야 하나님의 나라를 건설할 수 있겠는가? 그 질문에 대한 대답이 5번씩이나 부탁하신 '지상명령'이었다.

　지상명령의 핵심은 '복음전도'이다. 그리스도 예수의 부탁을 직접 인용해보자. "너희는 온 천하에 다니며 만민에게 복음을 전파하라"(막 16:15). 이 지상명령은 세 가지를 포함하고 있는데, 곧 장소와 대상과 명령이다. 장소는 '온 천하'인데, 이것은 오대양 육대주를 가리킨다. 대상은 '만민'으로, 전 세계의 남녀노소 모두를 가리킨다. 명령은 '복음을 전파하라'이다. 그러니까 이 지상명령의 골자는 '복음전도'이다! 복음을 전해야 하나님의 나라가 건설된다는 말이다.

주님은 이처럼 중요한 복음을 전하라고 제자들을 파송하셨는데 (요 20:21), 복음을 효과적으로 또 능력있게 전파하는 방법과 내용도 알려주셨다. 방법은 '제자훈련'인데, 훈련을 통해 그리스도인들이 변화될 뿐 아니라 유능한 전도자들이 되기 때문이다 (마 20:19). 복음의 내용은 두말할 필요도 없이 '예수 그리스도의 죽음과 부활'이다 (눅 24:46). 그분이 '만민'의 죄를 위해 죽으셨을 뿐 아니라, 그들이 용서되었다는 은혜를 알려주기 위해 부활하셨기 때문이다.

어떻게 12명이라는 극소수의 제자가 '온 천하를 다니며 만민에게 복음을 전파할' 수 있는가? 주님은 그들에게 불가능한 명령을 주셨단 말인가? 물론 아니다! 주님은 그들의 한계를 너무나 잘 아셨다. 그들이 주님으로부터 특별한 도움을 받지 않으면 결코 하나님의 나라를 건설하기 위해 '만민에게 복음을 전파'할 수 없다는 것을 아셨고, 해결책이 바로 성령의 강림과 충만이었다. 그분의 약속이다. "오직 성령이 너희에게 임하시면 너희가 권능을 받으리라" (행 1:8).

주님은 나에게 회개와 십자가의 메시지를 안겨주셨다. 그 목적은 너무나 분명했는데, '만민에게 복음을 전파하게' 하기 위함이었다. 그 지상명령에 순종하기 위해 평생을 복음전도에 매진했다. 물론 실패할 때도 적잖았지만, 그래도 그분의 도움으로 높고 낮은 사람들에게 기회가 주어질 때마다 복음을 전했다. 나는 개인적으로도, 학교에서 가르칠 때도, 부흥회를 인도할 때도, 복음을 전하려고 했다. 주님의 지상명령을 거부할 수 없었기 때문이다.

내가 구원받은 후, 첫돌이 되는 날이었다. 그날은 죠이선교회의 여름 수양회 기간 중이었다. 나는 주님께 감사하면서 의미 있는 시간을 보내기 위해 강당의 2층 구석방을 찾았다. 막 기도를 시작했는데, 어떤 청년이 옆에 앉는 것이었다. 나의 감사기도가 중단될 수밖에 없었다. 불도 켜지 않은 깜깜한 밤이었는데, 그 청년은 그곳으로 나를 찾아왔다. 이유인즉 구원받기를 원해서였다. 나는 그 청년에게 암송한 성경 말씀으로 복음을 전했다.

그 청년은 예수 그리스도를 그의 구주로 영접하였다. 비록 감사의 기도는 중단되었지만, 얼마나 뜻깊은 돌잔치였는지 모른다. 내가 구원받은 기념일, 바로 그날에 한 청년을 구원으로 인도할 수 있다니, 얼마나 감사한가? 그뿐 아니라, 여름 수양회 기간 중 출애굽기를 가르치면서도 복음을 전했다. 12장에 나오는 유월절을 풀어나가면서 예수님의 죽음과 연결했다. 그리고 구원의 초청을 했더니, 10여 명이 예수 그리스도를 영접했다.

나중에 알게 되었는데, 그 가운데 한 청년은 속았다고 여겨져서 수양회에서 나갔다. 몇 달 후, 600여 명이나 되는 전도 상담자를 훈련하기 위해 대전에 갔을 때, 그 청년을 다시 만났다. 그 청년은 어느 날 밤 예수님의 십자가를 생각하면서 그렇게 많이 통곡했다는 것이다. 이것이 복음의 능력이 아니라면 무엇이란 말인가? (고전 1:23-24). 그는 여동생도 믿게 했는데, 후에 그녀가 영국에 유학하면서 학교에 나를 소개하여 그 신학교에서도 말씀을 전할 수 있었다.

한 번은 죠이선교회 지도자 세미나에서 설교하게 되었다. 40여 명이 모였는데, 그 가운데는 예수를 전혀 모르는 어느 깡패가 있었다. 그는 그 세미나에 올 수 없는데도 온 것이었다. 나는 준비한 메시지를 제쳐놓고 그 한 사람을 위해 복음을 전했고, 그는 그날 기적적으로 구원을 받았다. 그가 변화된 후, 죠이선교회에 적극적인 도움을 주었을 뿐 아니라, 내가 집을 건축할 때도 나를 대신하여 그가 상주하면서 모든 것을 관리해주는 도움을 주었다.

내가 미국 유학을 위해 죠이선교회에서 고별 메시지를 준비했는데, 김현수 형제가 교회를 한 번도 가본 적이 없는 장모님을 모시고 왔다. 나는 고별 메시지와 복음 사이에서 무척 갈등했는데, 마침내 복음을 택했다. 요한복음 4장의 사마리아 여인에 대해 설교했는데, 그 메시지는 그녀의 삶을 고스란히 묘사했다는 것이다. 그날 밤 그녀는 구원을 받았다! '온 천하보다 귀한 영혼'이 주님 앞에 돌아온 것이다 (마 16:26). 얼마나 귀한 역사인가!

나는 부흥회도 많이 인도했는데, 거의 매번 복음을 포함해서 메시지를 전했다. 한 번은 샌프란시스코에 있는 산호세중앙교회의 부흥회에서 설교하는데 갑자기 반주자가 교회 밖으로 뛰어나가더니 대성통곡을 했다. 그녀는 목사의 딸로 모태 교인이었을 뿐 아니라 일생을 반주자로 헌신했는데, 그날 구원받지 못한 사실을 깨닫고 그렇게 눈물로 회개하면서 예수 그리스도를 그녀의 구주로 받아들였다. 그날 저녁 집회에서 반주하는 그녀의 얼굴은 마치 천사와 같았다.

종종 연합 집회도 인도했는데, 한 번은 기독교대한성결교회의 권사들을 위해 부흥회를 인도했는데, 전국에서 1,100명이나 모였다. 언제나 그랬던 것처럼, 그날도 첫 설교에서 복음을 전했다. 설교 후, 구원초청을 하자 800명 정도가 그리스도 예수를 구주로 영접하겠다고 하면서 일어났다. 물론 그렇게 일어난 권사들 모두가 구원받지 않았다고 생각하지 않지만, 그래도 구원의 확신이 부족했거나 아니면 구원받지 못한 권사들이었을 것이다.

'선교 한국'은 제법 널리 알려진 대학생 집회이다. 2년에 한 번씩 열리는데, 그때마다 전국에서 대학생이 5,000명 넘게 참석하여 선교에 대한 헌신을 다짐한다. 대부분의 주강사는 외국의 저명한 목사들이었는데, 한 해에는 주강사로 내국인 세 명을 초청했다. 첫날에 복음을 전하라고 나를 초청했고, 둘째 날에 제자훈련을 위해 옥한흠 목사를, 그리고 셋째 날에 성령 충만을 위해 하용조 목사를 각각 초청했다. 마지막 이틀은 역시 외국인들이 초청되었다.

나는 로마서 3장 21~26절을 본문으로 복음을 전했고, 그리고 구원의 초청을 했다. 너무나 강단을 비추는 불빛이 강해서 회중은 거의 보이지 않았으나, 학생들이 적극적으로 반응했다는 것은 알 수 있었다. 일주일 후쯤 한국선교훈련원 원장인 이태웅 박사가 전화했다. 그가 마지막 날에 설문조사를 했더니, 첫날 집회에서 구원을 확신하게 된 학생이 자그마치 1,300명이라는 것이다. 그와 나는 함께 큰 구원의 역사를 이루신 주님을 찬양했다.

사랑의교회의 '새생명축제'는 널리 알려진 전도 프로그램이다. 모든 교인이 거의 10개월간 준비한 후, 10월에 그 축제를 개최하는데, 평균 6,000명이 초청을 받아서 참여한다는 것이다. 6번의 집회에 각자의 스케줄에 맞는 시간에 참여한다. 나도 그 축제에서 몇 번 설교하며 구원의 초청을 했는데, 많은 사람이 호응했다. 통계에 의하면 대략 3,000명이 6번의 집회에서 구원의 초청에 응해서 구원을 받는다는 것이다. 얼마나 놀라운 전도 방법인가!

내가 흑석중앙교회에서 협동 목사로 사역한 때가 있었다. 처음에는 청년부를 맡는데, 청년들은 토요일 저녁 6시 30분에 모였다. 그 교회에서도 전도폭발로 청년과 장년을 각각 훈련했다. 나는 보통 오후 3시에 교회로 가서 청년을 한 사람씩 불러서 복음을 전했다. 그 청년 중 반주자가 있었는데, 그녀는 예배를 빠진 적이 없는 귀한 청년이었다. 그러나 그녀는 구원의 확신이 없었기에 그 청년에게 복음을 전했다.

그녀는 이렇게 대답했다. '내가 왜 구원을 받아야 하나요?' 그날 전도는 실패였다. 나는 그녀를 위해 간절히 기도했는데, 한 달 후에 다시 불렀다. 갑자기 그녀가 눈물을 흘리면서 예수 그리스도를 구주로 영접했다. 청년회는 찬양 → 말씀 → 소그룹 교제로 이어지는데, 그녀가 들어있는 그룹의 청년들이 하나같이 눈물을 흘리는 것이었다. 집회가 끝난 후, 그들이 눈물을 흘린 이유를 물으니 반주자가 울면서 그날 구원받았다는 간증에 모두 감격했다는 것이다.

나는 결혼 주례도 여러 번 했는데, 신랑 신부가 구원을 확신해야 주례했다. 그들의 구원을 체크하기 위해 개인적으로 만났다. 한 번은 나의 제자가 약혼녀를 데리고 우리 집을 방문했다. 그녀는 일생을 장로교회에 다니는 신실한 교인이었으나, 구원의 확신은 없었다. 나는 제자와 대화하고 아내는 그녀에게 복음을 전했는데, 그녀는 그렇게 많이 울면서 예수 그리스도를 그녀의 구주로 영접했다.

어느 장로교회에서 복음을 전한 적이 있는데, 그 교회는 대형교회였다. 며칠 후, 그 교회의 장로가 전화해서 만나자는 것이었다. 물론 나는 거절했지만, 그는 계속 전화하면서 만나야 한다는 것이다. 결국, 내 사무실에서 만났는데 그 장로는 문에 들어서자 무릎을 꿇고 내게 기어왔다. 이유인즉 구원의 확신이 없으니 살려달라는 것이다. 체면 때문에 그의 담임목사에게는 알릴 수 없다는 것이다. 그날 그 장로는 그리스도 예수를 자신의 구주로 영접했다.

바울 사도는 디모데에게 주님의 지상명령과 같은 부탁을 남겼다. "하나님 앞과 살아 있는 자와 죽은 자를 심판하실 그리스도 예수 앞에서 그가 나타나실 것과 그의 나라를 두고 엄히 명하노니, 너는 말씀을 전파하라⋯그러나 너는 모든 일에 신중하여 고난을 받으며 전도자의 일을 하며 네 직무를 다하라" (딤후 4:1-2, 5). 주님의 제자들의 중요한 직무는 전도자의 일, 곧 복음을 전하는 것이다. 십자가의 복음을 전하면서 하나님의 나라를 확장하라는 우리 주님의 간곡하면서도 엄중하신 "지상명령"이다!

연대기

1941. 9. 20.	출생
1949~1954	교동초등학교
1954~1960	중앙중고등학교
1961~1963	군대
1963~1968	고려대학교/대학원
1966. 8. 15.	거듭남
1967~1972	중고등학교 영어교사 (삼선/성수/신일)
1968. 1.	성령 충만
1969	신의 직장
1971	뉴질랜드 빅토리아대학교 유학 (Diploma)
1971	십자가를 전하라고!
1971	태국 교수 우본완의 구원
1972~1973	동양선교회 (OMS) 한국지부 총무 (제이비 크라우스와 만남)
1972	서울신학대학교 영어 강사
1972. 11. 11.	이혜숙과 결혼
1973	첫 번째 부흥의 바람
1973~1981	동양선교회 (OMS) 특수전도부 부장
1974	강원도의 민통선 내의 감리교회 부흥
1975	수원야간성서대학 강의
1976	목사로 부르심
1976~1978	미국 애즈베리신학교 (M.A.)
1976	애즈베리신학교 예배에서 첫 설교
1977. 1.	전도폭발 훈련에 참여

1979~1981	서울신학대학교 (M.Div.)
1979	인도에 첫 번째 교회 건축
1980~1981	서울신학대학교 강의
1981	인도 마드라스성서신학교 강의
1981	기독교대한성결교회 목사 안수
1981~1983	태국 선교사
1983	카렌족 목사들의 회개
1982~1983	태국 방콕성서대학 강의
1982	태국 운전기사의 회심
1983~1984	미국 애즈베리신학교 (M.Th.)
1985~1990	미국 보스턴대학교 (Th.D.)
1986~1990	보스턴소망교회 개척 목사
1990~2006	서울신학대학교 교수
1992	중앙신학교 강의
1993	첫 번째 기념 여행
1994~현재	세계복음화문제연구소 소장, 도서출판 세복 발행인
1996~2000	열린교회/한밀교회 개척 목사
1998~1999	한세대학교 신대원 강의
2001	서울신학대학교 안식년
2001	애즈베리신학교 방문 교수
2001~2012	애즈베리커넥션 (Asbury Connection) 연례 집회
2002	두 번째 기념 여행
2002~2008	산돌교회 개척 목회
2003~2004	둘로스신학원 강사
2006	제1차 비전 투어
2006~2007	일본신학원 강사
2007	명지대학교 국제대학원 강사
2007~2008	서울신학대학교 석좌교수

2008	제2차 비전 투어
2008~2012	애즈베리신학교 교수/석좌교수
2008	세 번째 기념 여행
2009	중국 청도성서신학원 강사
2010	남미연합성결신학교 강사
2010~2011	미국 미성대학교 강사
2012	국제크리스천학교 교목
2013~2015	나눔교회 개척
2014	동양선교회 (OMS) 총재 제이비 크라우스 소천
2014	미국 리버티대학교 강의
2015~2016	대학연합교회 설교목사
2017	전민새생명장로교회 설교목사
2017. 5.	카메룬성결신학교 강의
2018. 11. 17~현재	한국성결신문 정기 기고
2019. 4.	브라질성결신학교 강의
2020. 2. 1.	미국 애틀랜타로 이주
2020	미국 언더우드대학교 강의
2021. 8. 14~현재	크리스찬타임스 정기 기고
2021. 8. 18~현재	애틀랜타, 주님의교회 성경 강의
2022. 2. 9~현재	애틀랜타, 쟌스크릭한인교회 성경 강의

인물 색인

2. 외국인

저술 목록

한글

『거룩한 삶, 사랑의 삶: 요한일서 강해』

『고난 중에도 기뻐하라: 빌립보서 강해』

『눈물로 빚어낸 기쁨: 룻기 강해』

『다니엘의 역설적인 인생』

『로마서에서 제시된 구원과 성화』

『어린 양과 신부: 새롭게 접근한 요한계시록』

『진흙 속에서 피어난 백합화: 룻기 해석』

『성령으로 난 사람: 요한복음 3장 1-16절 강해』

『성령의 시대로!: 오순절★복음★교제』

『우리에게 일용할 양식을 주소서: 주기도문 강해』

『유대인의 절기와 예수 그리스도』

『하나님의 사람들: 마태복음 1장 1절 강해』

『회개하라! 천국이 가까이 왔느니라: 마태복음 3-4장 강해』

『복음을 전하세: 복음전도의 성경적 근거』

『불타는 전도자 존 웨슬리』

『십자가의 도』

『전도학 개론』

『주님의 지상명령: 성경적 의미와 적용』

『현대인을 위한 복음전도의 성경적 모델』

『기독교의 8가지 핵심진리』

『더 북』

『이렇게 예수 그리스도의 제자가 되자』

『절하며 경배하세』

『화목제물』

『기독교 신앙에 대한 질의응답 50』

『신앙 난제에 답하다 110』

『나의 주님, 나의 인생』

『예수 그리스도의 피』

영어

A Collection of Life Stories

Born of the Spirit

John Wesley the Evangelist

The Genealogy of Jesus Christ

The Great Commission

The Jewish Festivals and Jesus Christ

편저

『나는 어떻게 예수님을 만났는가?』

『복음주의 실천신학개론』

『불교권의 선교신학과 방법』

『선교세계 제1집』

『전도학』

『회심: 거듭남의 의미와 적용』

How I Met Jesus

번역

『주님의 전도계획』 The Master Plan of Evangelism by Robert E.
Coleman

『앞날의 소망』 Hope for the Future by Billy Graham

『예수의 젊은이들』 *The Jesus Generation* by Billy Graham

『너희는 나를 누구라 하느냐』 *Who Do You Say That I Am?* by John
Seamands

『성령의 충만을 받으라』 *On Tiptoe with Joy* by John Seamands

『타문화권 복음전달의 원리와 적용』 *Tell It Well: Communicating
the Gospel across Cultures* by John Seamands

『그리스도의 마음』 *The Mind of Christ* by Dennis Kinlaw

『성령 안에서 설교하라』 *Preaching in the Spirit* by Dennis Kinlaw

『온전한 굴복, 성령의 바람』 *Full Surrender* by J. Edwin Orr

『성령님, 나를 변화시켜 주세요』 *The Holy Spirit in the Christian
Life* by Curry Mavis

『위대한 그리스도인들은 어떻게 성령의 충만을 받았는가』 *The Deeper
Experiences of Famous Christians* by James Lawson

『성령과 동행하라』 *Embrace the Spirit* by Steve Harper

『기도하는 삶을 살자』 *Live a Praying Life* by Jennifer Kennedy Dean

『주여, 부흥을 주옵소서』 *Heart-Cry for Revival* by Stephen F. Olford

『진정한 부흥』 *Revival of Religion* by Charles G. Finney

『용감한 사랑, 변화시키는 능력』 *Outrageous Love, Transforming
Power* by Terry Waddle

『거듭나서 십자가에 못 박히다』 *Born Crucified* by Leslie E. Maxwell

『고난의 비밀』 *The Mystery of Suffering* by Hugh Hopkins

『거룩한 삶을 산 믿음의 영웅들』 *Heroes of the Holy Life* by Wesley
L. Duewel

『왜 하나님은 무디를 사용하셨는가』 *Why God Used D. L. Moody* by
R. A. Torrey

『독자적인 성경공부』 *Independent Bible Study* by Irving L. Jensen

『알기 쉬운 히브리서』 *Everyone's Guide to Hebrews* by Neil R. Lightfood

『누가복음 하: 풀핏 성경주석』 *The Gospel of Luke* by M. Land & J. Marshal

『빌립보서: 뉴인터내셔널 성경주석』 *The Epistle of Paul to the Philippians* by Jacobus J. Muller

『요한계시록: 뉴인터내셔널 성경주석』 *Revelation* by Robert Mounce

『조용한 시간』 *Quiet Time* by Frank Houghton

『참된 그리스도인이 되려면』 *On Being a Real Christian* by G. Christian Weiss

『결혼을 앞두고』 *Towards Christian Marriage* by W. Melville Capper & H. Morgan Williams

『당신의 생애도 변화될 수 있다』 *Your Life can Be Changed* by Alan Walker

『친구여, 들어보지 않겠소?』 *Friends, Would You Listen?* by Charles H. Spurgeon

논문

I. 한글 논문

1. 『신학과 선교』

1) "요엘서에 나타난 부흥의 모형", 제16집 (1991): 241-58.

2) "John Wesley에게 미친 가정의 영향", 제17집 (1992): 233-252.

3) "John Wesley의 신앙 형성에 미친 신비주의의 영향", 제18집 (1993): 315-332.

4) "독일의 경건주의가 존 웨슬리에게 미친 영향", 제19집 (1994): 345-368.

5) "John Wesley의 효과적인 소그룹 운동의 형성과정", 제20집 (1995): 257-281.

6) "성경적 교회갱신의 원리", 제21집 (1996): 197-226.

7) "누가복음에 제시된 지상명령", 제22집 (1997): 339-355.

8) "복음의 의미", 제24집 (1999): 217-236.

9) "유월절에 함축된 복음", 제25집 (2000): 653-687.

10) "고넬료의 회심", 제28집 (2003): 353-384.

11) "주님이 마지막 지상명령", 제30집 (2004): 531-547.

12) "복음전도와 성령의 역할", 제31집 (2005): 391-416.

13) "지상명령에 제시된 복음전도", 제32집 (2006): 343-365.

2.『교수논총』

1) "요한계시록의 선교학적 이해", 제2집 (1991):

2) "마태복음에 나타난 지상명령에 대한 소고", 제4집 (1993): 73-83.

3) "요한 웨슬리의 복음전도 정신", 제7집 (1996): 185-206.

4) "John Wesley에게 미친 청교도의 영향", 제5집 (1994):269-291.

5) "John Wesley가 제시한 복음의 문", 제8집 (1997): 297-323.

6) "존 웨슬리가 전한 복음의 능력", 제9집 (1998): 397-423.

7) "요한복음에 기록된 지상명령", 제10집 (1999): 569-589.

8) "원형복음", 제11집 (2000): 731-752.

9) "간음 중에 잡힌 여인: 정죄와 용서 사이에서", 제13집 (2002): 527-553.

10) "주님의 지상명령", 제15집 (2004): 423-439.

11) "복음전도의 성경적 당위성", 제16집 (2005): 515-530.

3.『활천』

1) "성탄절의 영적 의미", 제493집 (1994, 12): 46-50.

2) "왜 기도가 막힙니까?", 제490집 (1994, 9): 36-38.

3) "왜 전도를 못하는가?", 제515집 (1996, 10): 14-21.

4) "무앙타이 교회의 전망", 제399집 (1982, 10): 75-78.

5) "하나님, 탕자가 돌아왔습니다", 제651집 (2008, 2): 26-31.

4.『성결』

1) "절기" 제478호 (2010, 3-4): 36-43.

2) "안식일" 제479호 (2010, 5): 102-111.

3) "유월절" 제480호 (2010, 6): 89-96.

4) "유월절과 예수님" 제481호 (2010, 7): 86-94.

5) "무교절" 제482호 (2010, 8): 85-92.

6) "첫 이삭 절기" 제483호 (2010, 9-10): 80-88.

7) "오순절" 제485호 (2011, 1-2): 75-88.

8) "나팔절" 제486호 (2011, 3-4): 89-99.

9) "초막절" 제487호 (2011, 5): 38-47.

5. 『홍성철 교수 정년 기념 논문집』

1) "나의 선교, 나의 경험, 나의 제언" (2006): 9-20.

2) "요한계시록의 선교학적 이해" (2006): 21-45.

3) "요엘서에 나타난 부흥의 모형" (2006): 47-73.

4) "성경적 교회갱신의 원리" (2006): 74-102.

5) "영성 훈련의 모델과 적용" (2006): 103-154.

6) "간음 중에 잡힌 여인" (2006): 156-179.

7) "최초의 이방인 회심" (2006): 180-211.

8) "원형 복음" (2006): 213-231.

9) "전도설교" (2006): 232-251.

6. 『전도학』

1) "복음전도와 성자 하나님" (2012): 37-59.

2) "복음전도와 성령 하나님" (2012): 61-93.

3) "복음전도와 인간" (2012): 95-112.

4) "복음전도와 하나님의 말씀" (2012): 143-172.

5) "복음전도와 설교" (2012): 273-296.

6) "복음전도와 지상명령" (2012): 299-324.

7) "세속적인 사람들을 위한 전도" (2012): 407-433.

7. 『선교 세계』
   1) "The Co-Mission: 소련의 교사훈련을 통한 복음화의 방법", 제1집 (1992): 71-84.
   2) "나의 선교, 나의 경험, 나의 제언: 태국 선교를 중심으로", 제2집 (1994): 119-120.
   3) "존 웨슬리의 복음 이해", 제3집 (1996): 25-42.

8. 기타
   1) "태국 불교인도 엘렝틱스를 경험할 수 있는가?" 『불교권의 선교신학과 방법』 (1993): 135-156.
   2) "회심의 조감도", 『회심: 거듭남의 의미와 적용』 (1994): 11-33.
   3) "세속화와 회심", 『회심: 거듭남의 의미와 적용』 (1994): 149-173.
   4) "하나님이 보낸 제자 조련자 로버트 콜먼", 『빛과 소금』 (1994, 10): 120-127.
   5) "회심의 조감도", 『실천신학 논단』 대한기독교서회 (1995): 543-566.
   6) "세속화와 회심", 『실천신학 논단』 (1995): 543-566.
   7) "영어와 그리스도", 『나는 어떻게 예수님을 만났는가?』 (1996): 229-238.
   8) "전도학", 『복음주의 실천신학 개론』 (1999): 131-170.
   9) "기독교 가정 세미나", 김해제일성결교회 (2002): 1-12.
   10) "영성 훈련의 모델과 적용", 웨슬리 회심 기념강좌 (2002): 1-39.
   11) "전도설교", 전국 목회자 세미나 (2006): 107-133
   12) "먼저 명목상의 교인을 전도하라", 『목회와 신학』 (2019, 3): 45-49.
   13) "마지막 때의 주해, 『어린 양과 신부: 새롭게 접근한 요한계시록』", 『월간 목회』 (2021, 8): 220-223.

II. 영어 논문

1. "On the Great Commission", *Evangelical Journal 12* (1994): 67-74.

2. "How Can Christians Have an Elenctic Witness among Buddhists?" *Korea Journal of Theology 1* (1995): 429-451.

3. "The Pattern of Revival Put Forth in the Book of Joel", *Korea Journal of Theology 2* (2000): 24-51.

4. "The Concept of Holiness as an Organizing Principle for Theological Disciplines", *Theology and Mission 1* (2002): 191-204.

5. "The Missiological Understanding of the Book of Revelation", *Korea Journal of Theology 3* (2002): 347-377.

6. "Paul's Conversion", *Korea Journal of Christian Studies 25* (2002): 239-259.

7. "On the Great Commission", *The Collection of Research Papers for Sung Chul Hong's Retirement* (2006): 252-265.